藝術影響世界

本书为国家社科基金艺术学一般项目
"中西陶瓷艺术交融图像史研究（1553—1858）"
（项目编号：23BG118）阶段性成果

ART INFLUENCES THE WORLD

吴若明 著

互视

明清陶瓷艺术的欧洲流传与图像交融

人民美术出版社
北京

图书在版编目（CIP）数据

互视：明清陶瓷艺术的欧洲流传与图像交融 / 吴若明著. -- 北京：人民美术出版社，2025.1. --（艺术影响世界）. -- ISBN 978-7-102-09533-2

Ⅰ．F752.948

中国国家版本馆CIP数据核字第2024R61B30号

互视
明清陶瓷艺术的欧洲流传与图像交融
HUSHI MING-QING TAOCI YISHU DE OUZHOU LIUCHUAN YU TUXIANG JIAORONG

编辑出版	人民美术出版社
	（北京市朝阳区东三环南路甲3号　邮编：100022）
	http://www.renmei.com.cn
	发行部：（010）67517611
	网购部：（010）67517604
著　　者	吴若明
责任编辑	张　文
封面设计	翟英东
版式设计	茹玉霞
责任校对	李　杨
责任印制	胡雨竹
制　　版	北京字间科技有限公司
印　　刷	天津裕同印刷有限公司
经　　销	全国新华书店

开　本：787mm×1092mm　1/16
印　张：14.5
字　数：240千
版　次：2025年1月　第1版
印　次：2025年1月　第1次印刷
ISBN 978-7-102-09533-2
定　价：89.00元

如有印装质量问题影响阅读，请与我社联系调换。（010）67517850

版权所有　翻印必究

出版说明

人类文明的发展，离不开不同文明之间的交流与互鉴，习近平总书记指出："文明因交流而多彩，文明因互鉴而丰富。"中华文化一方面吸收外来文化的精华以滋补本民族的文化血脉；另一方面，在与域外他国文化系统的交流中，也闪耀着中华文明独有的艺术之光，对人类文明的发展做出了自己独有的贡献。今天，在全球化的进程中，科技、贸易的壁垒并不能阻挡不同地域间人文精神的交流与互鉴。

在艺术史研究领域，理论探讨越来越具有跨学科、跨地域、跨种族的特点，艺术研究的边界不断拓宽、学科不断交叉。中国艺术史学者的研究视角、提出的问题得到越来越广泛的关注，愈发具有世界性，引起全球汉学界和艺术学界的广泛关注。"艺术影响世界"丛书策划的初心，是编辑出版一批能反映我国优秀传统文化艺术对其他国家艺术和生活产生影响的学术专著，集中体现中华文化的感召力和吸引力，同时关注文化在交流中的相互助益。不同文明的交流互鉴，不是单方面的文化输出，而是一个文化综合创新的过程，就像费孝通先生所说的"各美其美，美人之美，美美与共，天下大同"。这是基于中华文明内在精神的话语表达，也折射出中国人一以贯之的整体思维方式。

本套丛书的作者多采用新材料、新角度、新观点进行论述，叙事尽量还原事物发展的文化语境和历史背景，让读者在网状的艺术史生发与延展中感受文明交流互动的点点滴滴，给热爱传统文化的人们更多的力量和启发。

人民美术出版社

目录

绪论 3

上篇　陶瓷贸易与风尚之变 9

第一章　物之流动：明清陶瓷的海外贸易 11
第一节　进阶贸易：明代瓷器的传播史 12
第二节　朝贡体系：永宣青花与中外交流 14
第三节　大航海时代：明代中晚期瓷器的远销欧洲 20
第四节　一口通商：清代瓷器贸易与广州十三行 21

第二章　风尚之变：明清外销瓷的术语、风格与范式变迁 23
第一节　名辨：混淆的克拉克瓷 24
第二节　转型期：外销瓷器型设计与境外术语 30
第三节　"棱式风尚"：一种风格的形成与影响 39
第四节　隐性与显性：审美范式的时代变迁 45

第三章　图像转向：明清外销瓷装饰自然图像和主题偏好 49
第一节　传统祥瑞与风景调式 51
第二节　图像流动：家族徽章与东方瓷 62
第三节　视觉交错：贸易转折与"嵌入式"外国花卉 67
第四节　偏好之物：蓝色郁金香 71

中篇　东方叙事的他者观看　　　　　　　　　　　　81

第四章　叙事与否？明清外销瓷山水图像的隐逸叙事和
　　　　瓷中画境　　　　　　　　　　　　　　　　84
　　第一节　《桃源仙境图》图式与文本　　　　　　85
　　第二节　《渔乐图》图式、元素与意境　　　　　86
　　第三节　明末清初隐逸山水与瓷器图式再现　　　88

第五章　士人崇尚："刀马人"、才子佳人和孝子楷模　94
　　第一节　互文之图像：画片儿、"刀马人"与才子佳人　95
　　第二节　迁移的孝瓶：清代孝图像的语图互文与文化嫁接　98

第六章　远方伊人：东方"伊丽莎"与女妇婴童之寄寓　114
　　第一节　明清陶瓷中的女性题材和东方"伊丽莎"
　　　　　　形象辨考　　　　　　　　　　　　　114
　　第二节　明清陶瓷庭园仕女图与中欧宫廷女性生活　127
　　第三节　寄寓之真实：明清外销瓷女妇婴童图考与
　　　　　　元素解读　　　　　　　　　　　　　132

下篇　中国陶瓷的欧洲镜像　　　　　　　　　　　　　143

第七章　明清陶瓷在德国：珍宝、时尚和技术更迭　　　145
　　第一节　收藏路径：从王室、藏家到政治外交　　　146
　　第二节　欧洲瓷器诞生：萨克森宫廷和皇家瓷厂　　162
　　第三节　宜兴紫砂与波特格尔陶：传统手工艺的
　　　　　　区域之变与当代转化　　　　　　　　　　181

第八章　异域重构：明清陶瓷的欧洲图像记忆与风格转译　188
　　第一节　图像记忆：《视觉的寓言》绘画中的明代瓷器　189
　　第二节　"中国风"的序曲：荷兰风俗画与东方隐喻　196
　　第三节　风格转译：明清释道人物瓷器的欧洲流传与
　　　　　　普龙克图式再现　　　　　　　　　　　　199

参考书目　　　　　　　　　　　　　　　　　　　　　211

后记　　　　　　　　　　　　　　　　　　　　　　　222

让我们去看看那些瓷器吧!

它们的美丽在召唤着我,吸引着我。

它们来自那个新世界。

没有比它们更美的事物了。

它们是多么富有魅力,多么精美啊!

它们的产地是中国。[1][2]

Allons à cette porcelaine!

Sa beauté m'invite, m'entraine.

Elle vient du monde nouveau.

L'on ne peut rien voir de plus beau.

Qu'elle a d'attraits, qu'elle est fine!

Elle est native de la Chine.

---

[1] 法语短诗,法国诗人米尔顿(Mirliton)作,上海财经大学刘向军译,创作背景为作者刚得知一个瓷器展销会,就奔走相告,呼朋唤友,携手去看。
[2] (法)艾田蒲著,许钧、钱林森译:《中国之欧洲》下卷,桂林:广西师范大学出版社,2008年,第43页。

绪论

陶瓷是中国古代器物艺术中重要的组成部分，是古代中国向世界宣传的重要名片，在不同区域文化交流中融合发展，同时也影响着世界陶瓷艺术。

明清陶瓷不仅是可观的艺术品，也是日用器物，更是一种流通性的贸易商品。在全球贸易影响下，从中国景德镇出发，再到漳州、广州，日本伊万里、有田町，抑或德国麦森、荷兰代尔夫特……中国明清陶瓷的海外流传，不只是器物的单向流通，更是中国艺术在跨文化背景下的交融体现，并对欧洲等区域陶瓷的生产产生了重要影响。

图像，作为无声的语言，以瓷器为媒介，传递着中国古代文化艺术精粹的同时，又因文化的交流而汲取海外市场带来的时尚元素。中西交融的陶瓷图像，不仅是装饰图案，更承载着中西方文化艺术的交流，以实物的形式成为中西方文明交融发展的历史见证。

一、读图：陶瓷图像

明清时期是中欧交流和陶瓷贸易发展的重要时期，随着新航路的发现和大航海时代的到来，葡萄牙、西班牙、英国、荷兰等国的欧洲商人陆续抵达亚洲，大量中国瓷器开始运销欧洲。在贸易中，由于定制方的干预和不同文化的影响，促进了中欧瓷器图像的交融发展。这一时期的明清外销瓷装饰技法多样，早期以青花釉下彩绘为主，碗、盘器型为多。在航海贸易的发展和胎釉技术的进步下，除日常器皿外，装饰且造型偏大的瓶、罐等也成为外销瓷中的主要器型，外销瓷的纹饰有五彩、粉彩等多种色彩。这些东方器皿的纹饰，在中欧交流中借鉴了中西画片儿①的图像内容，体现了跨文化间以器物为整体和源点的图像交融与渐变发展。

随着装饰技术发展和审美范式变迁，青花、古彩、粉彩共同绘制出明清陶瓷的各种风貌，并在跨文化的贸易中书写外销瓷多元、交融图像的世界史。图画侧重于各种不同物质载体的平面图画作品本体，图像则具有比图画更广的范畴，不仅包括二维属性的图片本身，还涉及元图像所衍生的多维图像范式，并涵盖没有媒介载体的虚拟影像，甚至包括精神图像、记忆图像、知觉图像、语言图像等，图像的跨文化传播不是"影响—接受"的模式，而是"图像—媒介"的全球流通。②

鉴于艺术风格研究方式的思维局限，19世纪以来注重历史关联的图像学逐渐发展成为艺术史研究中的主要研究方式之一。20世纪，瑞士艺术史学者海因里希·沃尔夫林（Heinrich Wolfflin）在艺术史的研究中，体现了对杰克伯·布克哈特（Jacob Burckhardt）观点的继承，并更注重艺术内在的运作方式。在其《艺术风格学：美术史的基本概念》中，艺术风格理论是可以被单独讨论的，图像的研究以本体形式为主，规避历史文化等因素。

艺术史的发展主要为风格分析、图像学和情境分析三个方向，历史和图像之间的关系也逐渐清晰化。③图像学的出现最早可以追溯到16世纪末意大利学者切萨雷·里帕（Cesare Ripa）的《图像学》，其建立起西方寓意图像志体系。④书中对多种象征主题进行了文字描述，在17世纪初再版时不仅丰富了象征主题的数量，而且增加了版画插图，成为诗人、艺术家创作时的基本工具书。19世纪，图像志出现，其注重图像的主题在不同历史中的传承、发展和具体内涵。

① 画片儿是印刷的小幅图画，即各种版画等粉本，是明清外销瓷图像交融过程中重要的媒介。

② 唐宏峰：《从全球美术史到图像性的全球史》，《美术》，2024年第2期。

③ 戴丹：《西方中国艺术史学史和方法论》，《南京艺术学院学报（美术与设计版）》，2008年第2期。

④（意）切萨雷·里帕著，（英）P.坦皮斯特英译，李骁中译，陈平校译：《里帕图像手册》，北京：北京大学出版社，2019年，第1页。

图像志的研究包括对图像本体的描述、主题间的联系和艺术家表达的深层含义三部分，即前图像志、图像志描述和图像志阐释。①

20世纪上半叶，在图像志基础上，图像学研究得以发展，并展开对作品的社会、文化等综合因素的深入研究。图像学研究的开拓者阿比·瓦尔堡（Aby Warburg）的研究从图书馆展开，并在德国汉堡设立了瓦尔堡图书馆，图像的研究成为文化的衍生产物。瓦尔堡的图像学研究借鉴了风格分析的部分理念，并将装饰图像的分类运用在经典绘画作品中，即图像的关联性原则，经典图像吸引艺术家的重复创作，包括特定样式的传承，也有可变动的附加部分。同时，其注重赞助人影响下的文献关系，如一些绘画的创作计划由赞助人制定，这些作品都有相对应的文本，必须结合文献学和视觉分析，才能对经典画作的表象和内涵充分阐释。②

图像是艺术史研究中不可或缺的对象，也是不同艺术媒介呈现在观者面前的直观形式。20世纪以来，随着图像学方法论的发展，图像的内涵与衍生被赋予了更多的阐释，相关论述更多地关注到图像与历史、古物、技术等多重领域的关联性。陶瓷图像不是局限于某一观赏角度的二维图片，而是立体空间图像的多重观看。这种多重观看一方面是基于陶瓷图像的三维本体和二维呈现；另一方面，其不仅体现了对器物所呈现图像的内容解读，还体现了对文化艺术、全球贸易与全球史的多维认知。

二、博弈：图像与历史

陶瓷图像缘何而来？所表现的内容能否真实地反映明清时期自然景象和社会百态？阐释者要做的就是尽可能地确定作者的意图。不仅是画面本身的原意，更是画面所反映的，由观者阐释、发挥的意味和含义，而关于含义的问题具有发散性，不再局限于艺术品本身的表达，还有相关的政治和社会因素。③

在图像志阐释和图像学研究中，艺术史学家需要关注艺术家通

① 常宁生：《艺术史的图像学方法及其运用》，《世界美术》，2004年第1期。

② Aby Warburg, *The Renewal of Pagan Antiquity: Contributions to the Cultural History of the European Renaissance*, Los Angeles: Getty Research Institute for the History of Art and the Humanities, 1999.

③（英）E. H. 贡布里希著，杨思梁、范景中译：《象征的图像——贡布里希图像学文集》，南宁：广西美术出版社，2015年，第30—31页。

过图像传达的特定历史、文化属性，并深入探析其背后所隐喻的历史社会内涵。图像学研究不再局限于图像本体的审美研究，更注重与历史的关联。历史是图像产生的社会背景，图像还原的是历史的时代剪影。明清陶瓷正是这样的历史在场者，它们不仅是商品和藏品，更是作为"历史在场者"真实地反映着逝去的时代，以艺术图像的形式记载着"真实的幻象"，为认知、解读和还原历史提供信息，甚至是辅证。

布克哈特曾将传世图像作为"往昔人类精神发展诸阶段之见证"，以解读特定历史时期的思想观念，并借助视觉语言，将文化史研究方法称作"镶嵌艺术法"。但由于艺术家在创作中的主观性因素，过于依赖图像又不可避免地容易陷入过度理解的误区，艺术图像仅是有效的历史文献之一。[①] 英国艺术史学者弗朗西斯·哈斯克尔（Francis Haskell）的《历史及其图像：艺术及对往昔的阐释》注重文化史研究，从古物和图像角度，具体分析历史与图像的关联，并根据古物图像分析艺术史中的图像界定问题。

呈现在世人面前的古物图像具有三层概念关系：原始图像、再现图像、衍生图像（图1）。原始图像，即根据考古发现的具有历史本原面貌的古物图像，也是图像研究参照的基础；再现图像，即在历史同期或后期，有意识地将特定古物以绘画等技法表现在艺术载体中，较为真实地还原了古物图像，对于相关研究具有很好的参考性；衍生图像，即在原物的基础上作出改动、再创造、重组等而使其脱离了历史原貌，已具有单独研究的可能性。

① 曹意强：《可见之不可见性——论图像证史的有效性与误区》，《新美术》，2004年第2期。

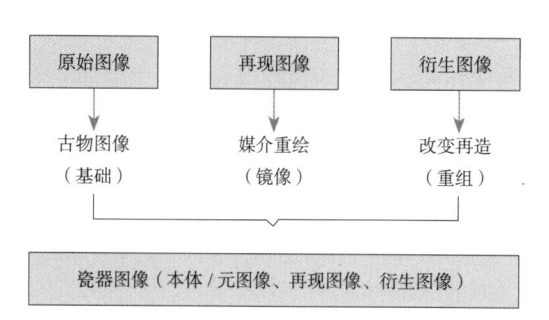

图1　古物图像（陶瓷图像）的三层概念关系示意图

尽管在历史和艺术史发展中，图像与历史间充满了对立和矛盾，但在古物研究中，图像来自古物，可通过其他媒材再现，也可作为独立的衍生图像。这样的古物图像与历史不再冲突，而构成相互解读的因素。事实上，艺术本身的产生并非艺术家的偶然奇思，而总是与同时代的政治、社会紧密相关，古物作为历史在场者，可以阐释历史相关问题，提供关于历史原型的可靠信息。当古物的生成时间和所表现的内容时间有所偏差时，则需要思考其表现的历史面貌是否归属于该创作的历史时期，而不仅仅是内容本身展示的部分，这些问题可能会在纪念章、钱币、绘画、建筑、服饰等各类载体中遇到。因此，即使参考古物图像，在实际研究中仍须注意古物图像和历史的辩证关系，特别是在图像和文本有所矛盾时，这样的辩证关系更值得反思。

在艺术史的图像与历史博弈讨论中，历史图像学或正成为一种可能性的发展方向。[①]中西方文化交流背景下的陶瓷图像解读，既不能简单、直接地进行图像比较，也不能单一地研究跨文化下的差异，而应从历史图像学的角度出发，去寻找图像的全球史。

三、互视：图像交融

瓷器是土与火的艺术，是与国同名（China）的器物，更是历史上中国对外宣传的名片。中国陶瓷自唐以来，陆续销往东南亚、西亚、中东等地。16—18世纪，制瓷手工业格局和瓷器种类较宋元时期都有了很多变化和发展，海外贸易模式也发生重大变化，中国陶瓷是参与全球化进程的"世界商品"，在丝绸之路中发挥了重要作用。在销往欧洲的过程中，中国瓷器的器型、装饰图像、题材都表现了"西风东渐"的影响，以迎合欧洲"新市场"，并影响欧洲"中国风"的形成，交融图像也由此而发展。

本书借鉴米切尔（W. J. T. Mitchell）图像学研究[②]及米尔佐夫（Nicholas Morozoff）《视觉文化导论》[③]等理论基础，采取图像

[①] 历史图像学的发展受到图像学、历史考古学、情境分析等多方面影响，强调物在社会中的多维观看，近年来备受艺术史学者的关注，在中国美术学院孔令伟等师友与笔者的交流讨论中，多次提及历史图像学的发展趋势，特此致谢。

[②]（美）W. J. T. 米切尔著，兰丽英译：《图像理论》，重庆：重庆大学出版社，2021年。

[③]（美）尼古拉斯·米尔佐夫著，倪伟译：《视觉文化导论》，南京：江苏人民出版社，2006年。

学"互视性"新视角,从跨文化视域出发,综合分析跨文化视野下中国外销瓷在欧洲的流传和图像交融,在中国外销瓷的传统中国图像、欧洲定制图像两个类别的基础上,增加交融图像这一类别,其不仅是中西方元素的简单混合,更是中西方审美的"互视"成像。本书进一步丰富了中国陶瓷艺术史的研究内容,将原本独立研究的中国瓷器和欧洲瓷器以融合视角分析其交叉区域,即中国陶瓷在迎合海外市场中所产生的交融图像,以及欧洲在中国影响下的交融图像。通过具体案例,建构图像与文化传播的关联模块,为当下中国艺术图像提供资料参考和历史借鉴。

交融图像"互视性"的观点,是对过去外销瓷构成体系二元构成的重构,即在被销往外国的中国传统瓷器与欧洲定制图样的"全欧式"中国外销瓷器之外,还普遍存在交融图像的外销瓷。具有"交融图像"的外销瓷在发展过程中既借鉴了中国传统瓷器装饰,又不同于同期内销市场瓷器图像,也不完全复制欧洲固有样式。本书提出并建立一套多元一体的"交融图像体系",形成"器—史—图—论"相互维系的研究格局(图2),开启外销瓷艺术风格与器物美学史结合的新视野,重点探讨在中西方文明碰撞的大航海时代,作为传播者的明清外销瓷如何在其装饰图像中受到交互影响,体现中国制陶者与欧洲消费者间因物之流动而引起彼此潜在的互视与交流。

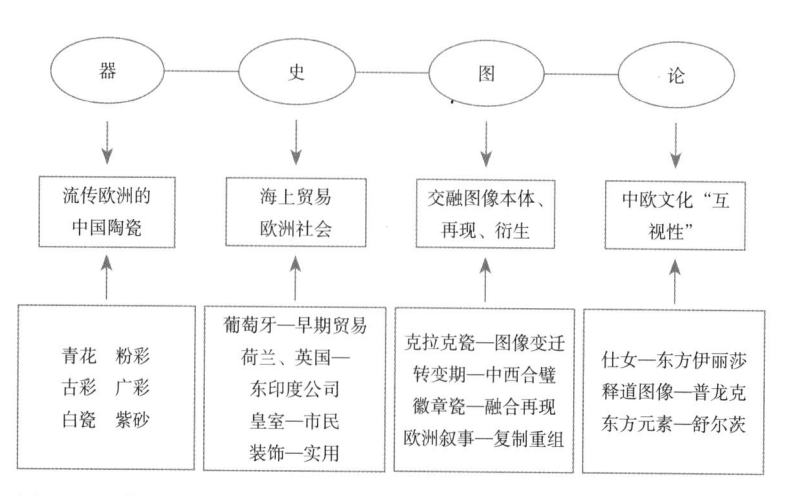

图2 "器—史—图—论"相互维系的研究格局

上篇

陶瓷贸易与风尚之变

1498年，葡萄牙航海家瓦斯科·达·伽马（Vasco da Gama）到达了印度西南部的卡利卡特，由此打破了奥斯曼土耳其在亚欧贸易间的垄断权，开辟了欧洲人前往东方的"新航路"。1513年，葡萄牙探险家乔治·阿尔瓦雷斯[1]（Jorge Álvares）在马六甲华裔商人的指引下，出现在了中国南海之滨。[2]随着葡萄牙商人来到大明朝的广州屯门（在今香港境内），贸易全球化的时代开始到来。[3]

16世纪中期，在景德镇有1万余人积极参与到大规模工业化的陶瓷产业中。景德镇瓷器对于当地、全国乃至国际都有重大的经济影响力，成千上万的瓷器从这里输入各地市场。以景德镇为主的陶瓷名家和手工艺人一方面追求宫廷用具技术与品质的考究，另一方面也迎合潮流和新的顾客群体品味，受国外的式样的影响，创造了不同文化背景下的丰富纹样。[4]1567年，明朝解除海禁后，国际贸易又一次兴起，但是以青花为主，不再是白瓷青瓷。[5]17世纪后，荷兰东印度公司开始在全球贸易中渐渐占据主导地位，数以万计的中国瓷器开始大规模销往欧洲，欧洲市场取代中东地区，成为中国瓷器新的客户主体，并开始影响中国外销瓷器纹样主题。[6]高额的利润也促成贸易量的剧增，并形成瓷器贸易网络，仅明代1602—1644年荷兰东印度公司贩运的中国瓷器，总数就达420万件。[7]漳州窑主要承担了对于东南亚出口的产品生产，基本相当于景德镇之于欧洲市场的关系。

---

[1] 也译作乔治·欧维，又译欧华利、欧维治等。

[2] Trude Dijkstra, *Printing and Publishing Chinese Religion and Philosophy in the Dutch Republic, 1595-1700*, Leiden: Brill Press, 2022, p. 26.

[3] 也有学者将欧洲（葡萄牙）首次在中国的抵达和直接接触时间界定在1514年，见鲁东观察使：《1514：发现大明》，北京：北京时代华文书局，2016年。

[4] （美）杜朴、文以诚著，张欣译：《中国艺术与文化》，北京：北京联合出版公司，2014年，第318页。

[5] （德）吉乐：《海上丝绸之路的陶瓷：外销瓷如何塑造全球化的世界》，北京：中国科学技术出版社，2022年，第17页。

[6] John Goldsmith Phillips, *China-Trade Porcelain*, Cambridge: Harvard University Press, 1956, p. 19.

[7] 叶文程：《宋元明时期外销东南亚瓷器初探》，载《中国古外销瓷研究论文集》，北京：紫禁城出版社，1988年，第69页。

第一章

物之流动：明清陶瓷的海外贸易

自葡萄牙人登陆澳门以来，希望能将澳门作为远东贸易基地和货物中转站，不仅将外国货物运至澳门再销往内地，同时通过交换或采购的方式把大量中国商品运往日本、东南亚及欧洲各地。较为粗糙的瓷器卖往日本、东南亚等地，较为精细的卖到印度、波斯及东非等地，质量最为上乘的，则运往里斯本。16世纪中叶至17世纪早期，葡萄牙以澳门为据点主导着全球贸易，并将这里发展成东亚地区最大的商品集散地。[1] 在澳门圣保禄学院遗址（包括圣保禄教堂、教学区南翼建筑及炮台三地）的考古发掘中，出土了多种瓷器，78%是青花瓷，且青花中的70%为克拉克瓷。据推测，出土瓷器的生产时间为明代万历至崇祯年间，烧造于景德镇观音阁等窑址。[2]

自17世纪初期，荷兰东印度公司不断购入大量的以克拉克瓷为主的中国外销瓷运销欧洲（表1-1），并对购买瓷器的器型及同类器型不同尺寸在订单中都记载了相关要求。从1614—1635年荷兰东印度公司的部分瓷器贸易记录中可以看到，装满中国瓷器的商船大多经由中国台湾到达巴达维亚，再从巴达维亚抵达荷兰中心城镇阿姆斯特丹或荷兰西南部港口城市米德尔堡。

[1] 中国社会科学院考古研究所、澳门特别行政区政府文化局编著：《澳门圣保禄学院遗址发掘报告（2010~2012）》，北京：科学出版社，2021年，第181页。

[2] 中国社会科学院考古研究所、澳门特别行政区政府文化局编著：《澳门圣保禄学院遗址发掘报告（2010~2012）》，北京：科学出版社，2021年，第165—167页。

① 笔者根据相关贸易档案整理编辑，这里的瓷器总价及均价为荷兰东印度公司购入时的价格，远洋抵达欧洲后的市场价格远高于此。详情参见：T. Volker, *Porcelain and the Dutch East India Company: As Recorded in the DAGH-REGISTERS of Batavia Castle, Those of Hirado and Deshima and Other Contemporary Papers 1602-1682*, Leiden: E.J.Brill Press, 1971.

表1-1　1614—1635年荷兰东印度公司部分瓷器贸易记录①

年份	船只	瓷器总量（件）	购入金额总计（荷兰盾）	购入瓷器均价（荷兰盾）
1614	盖尔德兰号（Gelderland）	69057	11545	0.17
1622	范·雅卡特拉号（Leeuwinne van Jacatra）	6361	1650	0.25939
1623	毛里求斯号（Mauritius）	63931	10516	0.16
1623	瓦尔赫伦岛号（Walcheren）	10845	2826	0.25
1635	特克塞尔号（Texel）	10400	8872	0.85
1635	西北号（Noordwyck）	94866	16142	0.17

明清交迭之际，中荷瓷器贸易额曾一度锐减，由日本承担大量荷兰瓷器订单。至清初期康熙开海后，中国外销瓷的贸易额再度激增，在东西贸易中占据主要地位，广州"一口通商"政策实施后，随着十三行贸易的管理和海外商人在广州一带的活跃，中国外销瓷器中出现了更多的定制图像和图像转向。

第一节　进阶贸易：明代瓷器的传播史

明代，烧制瓷器的瓷窑遍及全国，较著名的瓷窑有景德镇窑、龙泉窑、德化窑、宜兴窑、漳州窑等。其中景德镇窑的发展更为突出，不仅作为官方御窑厂所在，也远销各地民用。

"惟饶州景德镇所造，遍行天下。每岁内府颁一式度，纪年号于下。"②

明代早期，朝廷例行海禁，民间贸易受到严重制约，朝贡贸易成为主要的输出渠道，因而瓷器对外输出的数量与品种大幅减少，

② （明）谢肇淛：《五杂组》，明万历四十四年潘膺祉如韦馆刻本。

呈现衰落状态，在东南亚一带尤其明显。但琉球凭借与明朝的良好关系，通过朝贡贸易获取大量中国瓷器，并将其转运到东南亚一带经营转口贸易，构建了中国瓷器对外输出的特殊通道。至明代中期，朝贡贸易衰败，私人海上贸易兴起，瓷器输出的主要渠道发生了改变。销往东南亚的中国瓷器数量显著增加，器型多样，还出现了专为当地制作的器型，青花瓷成为主流的外销品种。

明代陶瓷外销分布广泛，在日本、朝鲜、菲律宾、印度、印度尼西亚、锡兰岛及非洲东海岸各地均有流转。明朝青花瓷的贸易发展分为四个阶段：以朝贡贸易为主的永乐至宣德时期，青花瓷器在钴料、器型上都有较大发展；明中期，青花瓷主要销往东南亚；嘉靖至万历时期，隆庆解禁后兴起航海中欧陶瓷贸易，市场重心从中东地区转向欧洲；明末天启、崇祯时期，出现了针对日本市场的古染付及销往欧洲的转变期青花瓷。

第一阶段为永乐至宣德时期，由于海禁和朝贡的实施，民间瓷器的大规模外销尚未开始，瓷器交流主要来自朝贡体系的馈赠。朝廷派出郑和七下西洋，陶瓷在和海外国家友好互赠中发挥着重要的作用。由于当时中外交流国度多集中在郑和航线到达的南洋等地，外销青花瓷一方面以本朝器型为大宗；另一方面也不断地受到外域文化的影响，出现了一些模仿西亚地区金属器皿的器型，如仿制中东和西亚地区伊斯兰教徒做礼拜和朝圣时贮水用器的青花军持、宝月瓶、青花方流执壶等也极为盛行。

第二阶段为明代中期，15世纪下半叶开始，景德镇的民窑青花瓷经历了入明以来的一个嬗变期。这一时期民窑青花瓷在延续瓷器装饰传统的同时，受到海外市场的影响，增添了些许变化因素。其中，精致与粗糙两类产品相生相伴，既有传统手工业生产的延续性，又有商业生产日益扩张导致的产品分化，体现了外销瓷器生产中的延续、效仿与融合。

第三阶段是嘉靖至万历时期，随着新航线的发现，西班牙和葡萄牙开始从事亚欧间的直接贸易。1595年，西班牙的菲利普二世

（也有文章写为1594年[1]）发布了贸易禁令，即在所有葡萄牙海港禁止与荷兰贸易。荷兰遂直接建立亚欧贸易，并于1602年成立荷兰东印度公司，中国瓷器被大规模运往欧洲销售。[2] 虽然这一时期民窑使用的瓷质和釉料与明早中期并无变化，但是在海外市场的刺激下，出现了各类新颖的纹饰。特别是隆庆元年（1567）开始解除部分海禁，到万历二十七年（1599），又恢复广州、宁波二市舶司，正式开放海禁，允许私人商船出洋，使万历时期瓷器外销达到前所未有的繁荣。[3]

第四阶段即明末天启、崇祯时期，也可看作第三阶段的延续。随着荷兰东印度公司贸易量的激增，这一时期的外销青花瓷一方面是对嘉靖至万历时期瓷器装饰风格的继承和发展；另一方面体现出文人画等因素的影响，开启转变期瓷器的风尚。此外，出现了销往日本的古染付，其在造型上独具特色。

第二节　朝贡体系：永宣青花与中外交流

明代早期的陶瓷外销主要集中在洪武元年（1368）至宣德八年（1433），在永乐至宣德时期掀起了明代青花瓷外销的第一个高潮，官方朝贡贸易是这一时期主要的外销方式。事实上，朝贡与贸易既不是一体性的，也不是完全各自独立的。当然，它并不是单纯的贸易方式，但其时间跨度长，影响地区广，值得关注。就最复杂和最根本的层面而言，朝贡和贸易的关系可以被描述为普天之下的一种礼仪和商业活动的适当结合。[4] 朝贡是古代中国和外国交往中的一种重要方式和政治活动，通常外国使团来华贡献地方之物，中央王朝给予回赐和册封。明朝朝贡体系和前朝不同之处在于将贸易系统和进贡体系紧密结合，并作为这一时期海外贸易的唯一合法形式[5]，即"贡市一体"，并对各国朝贡的频率加以限制。

在明初手工业全面恢复的背景下，明早期的对外政策遵循了一种海禁与朝贡的组合模式。明代洪武初设市舶司于太仓等地，"复

---

[1] "1568年，荷兰曾发动了一场独立战争，从西班牙统治之下独立出来，也从那时起开始与葡萄牙进行贸易往来。而那时的葡萄牙由于在西班牙的管制之下，权力受到限制，以至于在1594年菲利普二世实行关闭里斯本港的政策，禁止荷兰的船只进入葡萄牙。"见莫拉·瑞纳尔迪著，曹建文、罗易扉译：《克拉克瓷器的历史与分期》，《南方文物》，2005年第3期。

[2] Julie Emerson, Jennifer Chen, Mimi Gardner Gates, *Porcelain Stories-From China to Europe*, Seattle: Seattle Art Museum and University of Washington Press, 2000, pp.101–102.

[3] 黄纪阳：《明中晚期至清中期华瓷外销蓬勃发展的原因探析》，《山东陶瓷》，2006年第4期。

[4] （美）费正清编，杜继东译：《中国的世界秩序——传统中国的对外关系》，北京：中国社会科学出版社，2010年，第68页。

[5] 李燕：《古代中国的港口——经济、文化与空间嬗变》，广州：广东经济出版社，2014年，第145—146页。

设于宁波、泉州、广州，暹罗西洋诸国皆恭顺任其时至入贡"[①]，许附载方物与中国贸易。"后市舶司暂罢，辄严禁濒海居民私通海外诸国。"[②]此后又曾数次颁发禁海令，重申朝贡体例，"外国贡献有常期，远者十年，近亦二三年。人数少者百人，多不过三百人。若来不及期与人数过限者止勿纳，禁频海居民及守备官军将士私通海外诸国"[③]。永乐年间，海禁政策得到了继承，"沿海军民人等，近年以来往往私自下番交通外国，今后不许。所司一遵洪武事例禁治"[④]。永乐二年（1404）甚至"下令禁民间海船，所在有司，防其出入"[⑤]。都旨在遏制中外非官方海外贸易的发展。

明早期的海禁政策，表面上看是为了消除倭寇侵扰，其实在深层的意义上，与朝贡体制、官方全面垄断的海外贸易密不可分，旨在于周边建立一个有利于明政府的国际环境，推进海外贸易全面官营化。明朝使臣在出使各国时，瓷器是其所携带的重要赏赐品之一。明成祖即位后，在继承洪武时期对外政策的基础上，采取了一种更为积极的态度，扩大官方垄断的朝贡贸易的规模，积极发展对外关系，广招来使，促进众多外国使团的来访。永乐年间，国力强盛，积极进取的对外政策直接促进了青花瓷在这一时期的大发展。明宣宗朱瞻基在位期间，大体上调整了永乐时期的对外政策，从安南撤军，与朝鲜和东南亚等国保持友好关系，密切了同日本的经济往来，加强了中国与东北非一些国家的交往，使中国保持了一个大国的国际地位。琉球凭借与明朝的良好往来关系，朝贡频率远高于其他国家，并通过朝贡贸易获取中国瓷器，在东南亚一带经营转口贸易，成为明初朝贡体系下的特殊渠道。[⑥]

明朝政府在永乐至宣德时期，对外并不仅仅满足"请进来"的方针，而且还积极推行"走出去"的政策。朝贡贸易使得海外各国从中获得了丰厚的回报，这种"帝王居中国，抚驭万国"[⑦]及"四方款附，万国来朝"[⑧]的邦交政策，使得中国和亚非等各国建立了友好的关系和朝贡贸易往来。[⑨]瓷器外销因郑和七下西洋而达到高峰。1405—1433年，三宝太监郑和率船队七次出使西洋，促进了

[①]（清）阮元修，陈昌齐纂：《（道光）广东通志》，清道光二年刻本，卷一八〇。

[②]（清）钱维乔：《（乾隆）鄞县志》，清乾隆五十三年刻本，卷二六。

[③]（清）万斯同：《明史》，清钞本，卷四一六。

[④]（明）孔贞运辑：《皇明诏制》，明崇祯七年刻本，卷二。

[⑤]（明）徐学聚：《国朝典汇》，明天启四年徐与参刻本，卷一六〇。

[⑥]陈洁：《明代早中期瓷器外销相关问题研究——以琉球与东南亚地区为中心》，《上海博物馆集刊》，2012年刊。

[⑦]（明）俞汝楫编：《礼部志稿》，清乾隆文渊阁四库全书，卷二。

[⑧]（西晋）郭象注，（唐）成玄英疏：《南华真经注疏》，明正统刻道藏本，卷一四。

[⑨]王健华：《明初青花瓷发展的原因及特点》，《故宫博物院院刊》，1998年第1期。

我国海上的国际交往。郑和每下西洋，都携有大量的瓷器、丝绸、铁器、铜钱等物品，对所到之地的国王或酋长进行赏赐，或直接与当地进行物品交易。同时，在东西洋海上交通要道的"中泊港"满刺加（马来西亚马六甲）特设仓库，存储货物，两国商船常随使节往返。[1]明代费信《星槎胜览》、马欢《瀛涯胜览》、巩珍《西洋番国志》等都有着相关记载，提到郑和船队与所到各国进行瓷器贸易的情况，并多处提及"青花白"或"青白花"瓷器等。如"货用青白花磁器、印花布、色绢色段、金银铜铁、水银烧珠雨伞之属"[2]等。西亚以至东非的不少国家随着郑和船队回航派出使节到明朝来交聘，多次派出使节从海路来华，陆路穆斯林商人继续沿着丝绸之路来华。由此，明朝永乐之宣德时期的青花瓷器得以更广泛地运转到世界各地，并为明中晚期的青花陶瓷外销创造了更好的渠道。

明初洪武年间御窑厂在景德镇建立，以景德镇生产为主的中国陶瓷到达了周边及郑和航海所至其他地区，而以伊斯兰文化为主的异域元素也对景德镇青花瓷的造型和材料等产生了一定的影响。明代早期青花瓷采用三种青料：一是进口料，发色鲜艳，泛光，有黑色的铁锈斑，产地来自南洋的"苏麻离青"，易晕散流淌；二是国产青料，发色如青兰；三是进口青料与国产青料的合用。

郑和的船队在推销中国瓷器、丝绸的同时，从西域带回了烧制青花瓷的上等色料"苏麻离青"，也称"苏渤泥青"或"苏泥渤青"，即波斯语音译，意为"青金蓝色料"，其质地优异，发色好。这种青料在明代王世懋《窥天外乘》、高濂《遵生八笺》，清代朱琰《陶说》、蓝浦《景德镇陶录》中都有类似的记载，如"永乐、宣德二窑皆内府烧造，以棕（鬃）眼甜白为常，以苏麻离青为饰，以鲜红为宝"[3]。

这种青料的产地，有人认为是西亚地区的波斯，也有人认为是非洲的索马里，集散地主要在西亚。苏门答腊作为马六甲海峡的咽喉，是郑和船队的重要中转地，并在此从来自西亚的商船中获得"苏麻离青"等货物。[1]随着船队的到访，苏门答腊也开始遣使入

---

[1] 叶文程：《郑和下西洋与明代中国陶瓷的外销》，《南方文物》，2005年第3期。

[2] （明）严从简：《殊域周咨录》，明万历刻本，卷八。

[3] （清）朱琰述：《陶说》，清乾隆五十九年石门马氏大酉山房刻龙威秘书本，卷三。

[1] 张福康：《中国古陶瓷的科学》，上海：上海人民美术出版社，2000年，第119页。

贡，其中在永乐年间共有14次、宣德年间有2次。此后贡使渐稀，只在成化十六年（1480）和二十二年（1486）有过两次，自后终明一代贡使不至。按《明史》载："须文达那国（苏门答腊）贡物马、犀牛、龙涎、宝石、玛瑙、水晶、石青、回回青。"② 仅凭入贡远不能满足永乐至宣德时期官窑大量烧造的需要，更多的青料是由郑和船队带回的，"苏麻离青"色料的使用也主要集中在这一时期。

苏青料发色浓烈，晕散不匀，蓝中泛有大小不一的黑斑，结晶处深入胎骨，文物界称之为"铁锈斑"，用手抚之有凹感，过去鉴定永宣青花以此为要点。经显微镜和电子探测针考证，永宣青花黑斑实际上是一种树枝状结晶，主要成分是四氧化三铁，而非金属铁。永宣进口青化料的三氧化二铁含量很高，析晶区的三氧化二铁含量比非析晶区的高出八倍以上，冷却时发生析晶并受到二次氧化，形成黑斑。其黑斑特点是有较强的银白色金属光泽，有时甚至看不到上面有透明的釉。③

朝贡贸易及中外交流也对永宣青花的造型、装饰、纹样等各方面产生了一定的影响。明朝初期，罐、盘、碗、壶的器型与元代器物相近。玉壶春瓶、梅瓶、执壶、高足杯等，基本上保留了元代的风格，明代的盘、碗圈足较前代略小。永宣青花在器型上，一改元代的厚重风格，变为清秀优美，影响了后世瓷器烧制的趋向，如目前传世品中常见的永宣青花造型有鸡心碗、花浇、僧帽壶、长圆腹执壶（口流为葫芦形）、扁壶（图1-1）、天球瓶、竹节把壶、四系委角兽耳瓶和菱花

② （明）申时行修，（明）赵用贤纂：《大明会典》，明万历十五年内府刻本，卷一五〇。

③ 张福康：《中国古陶瓷的科学》，上海：上海人民美术出版社，2000年，第125页。

图1-1 明永乐景德镇窑青花山茶花纹扁壶 上海博物馆藏

式洗、菱花式把碗、盖罐等。

　　永宣青花仿金属器造型很多，如绶带葫芦瓶、绶带扁壶、扁平大背壶、僧帽壶、花浇、水注、军持等。这些金属器造型的青花瓷器深受外来文化的影响，与传统造型大异，同郑和七下西洋期间受伊斯兰教国家风俗世情的影响是分不开的，有的器物就是专门为国外订烧。究其原因，西域地区金属器皿发达，金属延展性好，易于焊接，但制作深度过大的容器在拉伸时受限；而瓷器反之，易拉坯成型，但制作扁形不易拉坯成型的琢器更为困难，因而在永乐之前，少见金属样式的瓷器。西域文化的输入和官方定制的干预，给陶工们带来了新的思路，生产了这些外来造型的瓷器，风行永乐至宣德时期。宣德瓷器的造型种类更加繁多，无论盘、碗、杯、壶、罐、瓶等制作都非常精致，而且能别出心裁，锐意创新，可称是空前之作，后世除乾隆时期仿制外，少有此仿制。此外，如天球瓶，其形为小口，口径相连，腹部球体硕大，平底，是仿照叙利亚同样式品种烧造的。如明宣德景德镇窑青花双耳扁壶腹部较大，圆而扁，器型口肩部连以如意形双耳，宽圈足，肩部左右各凸起（图1-2）。从该瓶的造型来看，也是属于模仿西亚地区金属产品。执壶为宣德时期的新品种，壶体瘦而高，小口，一侧有匜形方流，口流呈葫芦形，与流相对处有曲柄，口与颈相连，丰肩，肩部以下渐敛，腹部近垂直形状，圈足，此种执壶造型也应是模仿伊朗13世纪银壶造型烧造的，并保留了其面貌风格（图1-3）。

　　明初洪武年间，官窑纹饰题材较少，随着永乐至宣德时期郑和七下西洋及其他日益繁多的中外文化交流，青花瓷纹饰也得到大发展。永宣青花纹饰题材日趋丰富，以动、植物图案为主要装饰，其中永乐青花以花卉、瓜果、龙凤、花鸟等为典型；宣德青花以松、竹、梅、波浪海兽、狮子滚绣球等为常见。永宣青花瓷装饰还受到了西域地区纹饰的影响，如在青花瓷器物里口、外口处往往装饰有缠枝花纹、卷草纹、回纹等图案。

　　在具体的绘画内容上，人物画的较少涉猎也是与这一时期中外

图1-2 明宣德景德镇窑青花双耳扁壶 上海博物馆藏

图1-3 明宣德景德镇窑青花缠枝花卉纹执壶 上海博物馆藏

文化的交流分不开的。首先，在材料方面，这一时期使用进口青料的瓷器虽以颜色浓艳渲染一时，但成色极不稳定，人物绘画的细节表现颇具难度，纹饰仍以动、植图案为主。其次，作为在中外丝路交流物品来说，青花瓷较少描绘人物也是符合了中亚等地区伊斯兰教文化，这是因为伊斯兰教艺术是严格遵循伊斯兰教义的艺术形式，极力避免偶像崇拜，更习惯用图案瓷砖来美化建筑物。①

永宣青花以丰富的造型、典雅的色调、优美的纹饰被公认为我国制瓷史上的一大高峰。在短短的30余年里（1403—1435），青花瓷器远播海外。从大量的传世实物及遗存中可见，永宣青花胎釉精细、配方独特、造型优异、品类繁多，风格新颖且中西渗透，色泽凝重且浓艳渲染有法，是其前所未有的技法和在中国陶瓷史上无法逾越的高度。

① 詹嘉：《中外陶瓷文化与交流》，北京：中国社会出版社，2004年，第213页。

第三节 大航海时代：明代中晚期瓷器的远销欧洲

1550年前后，中西之间直接的、大规模、远距离贸易开始在世界经济中崭露头角。中国的畅销商品，特别是自元代以来广销中东穆斯林地区的青花瓷器，被葡萄牙商人争相购入，在回程中卖给中东地区的顾客，其中的一部分商品被陆续带入欧洲。在这样一种新奇、实用且光鲜的器皿上，东方的图案装饰开始走进欧洲世界。

17世纪初，荷兰东印度公司主导的贸易网络已经被建立起来，并控制了东南亚地区的贸易。以1602年由荷兰人截获的货船为例，这批以中国明代万历瓷器为主要货物在阿姆斯特丹拍卖时，总获利达当时荷兰币3400000盾。[1] 从1624年开始，荷兰东印度公司在中国台湾设立分部，希望能尽快得到稳定的瓷器货源并满足海外市场需求。数以万计的中国瓷器开始大规模地销往欧洲，欧洲市场成为中国瓷器新的客户群体，高额的利润也促成贸易量的剧增。1602—1644年，荷兰东印度公司贩运的中国瓷器，总数已达420万件。[2]

很长时间以来，荷兰商人的中国瓷器供给都来自具有庞大海上势力的郑芝龙，这些海外运输组织必须依赖郑氏的贸易网络。他控制了中国相关贸易港口和海域，在厦门和长崎两个根据地间获得了安全的通道。同时，他还取得了政府的支持，从而向荷兰商人供应了近十年的中国瓷器。[3]

海外需求量的激增促进了景德镇外销瓷器产量的大幅度提高。这一时期的外销瓷器产地在景德镇，拥有丰富的高岭土资源和国产的相对便宜的青花釉料；另外，民窑产品大多画笔简略、画法自由，相对降低了其生产成本，提高了生产效率，这也为青花瓷器的大批量生产外销提供了必要条件。随着新航路的开辟，瓷器外销由土地之路转到海上之路，也为大批量运销欧洲提供了更为便捷和低成本的运输条件。

---

[1] John Goldsmith Phillips, *China-Trade Porcelain*, Cambridge: Harvard University Press, 1956, p.19.

[2] 叶文程：《宋元明时期外销东南亚瓷器初探》，载《中国古外销瓷研究论文集》，北京：紫禁城出版社，1988年，第69页。

[3]（荷）耶尔格文著，李冰译：《17世纪销往荷兰的中国瓷器：贸易网络和私人企业》，载冯小琦主编《古代外销瓷器研究》，北京：故宫出版社，2013年，第231—232页。

第四节　一口通商：清代瓷器贸易与广州十三行

　　1602—1682年，在主导海上贸易的荷兰东印度公司贸易记录中，从中国进口的瓷器总数达1200万余件，其中，清代初期1644—1682年，荷兰东印度公司贩运的中国瓷器总数近800万件。① 清朝初年曾以海禁政策控制海上贸易，先后五次颁布海禁之令，顺治十二年（1655）清政府明令："准海船除给有执照许令出洋外，若官民人等擅造两桅以上大船，将违禁货物出洋贩往番国，并潜通海贼，同谋结聚，及为向导劫掠良民，或造成大船，图利卖与番国，或将大船赁与出洋之人，分取番人货物者，皆交刑部分别治罪。"② 顺治十三年（1656）朝廷颁布禁海令，敕天津至广东六督抚镇："后凡有商民船只私自下海，将粮食货物等项，与逆贼贸易者，不论官民，俱奏闻处斩，货物入官。"③

　　此后，康熙四年（1665）、十一年（1672）、十四年（1675）也颁布相关海禁，至康熙二十二年（1683），清朝收复台湾，次年即开放海禁。康熙二十三年（1684）取消海禁，康熙皇帝实行"开海贸易"政策，在中国东南沿海设立江（上海）、浙（宁波）、闽（厦门）、粤（广州）四大海关。《粤海关志》载："奉圣谕向令，开海贸易，谓于闽粤边海，民生有益。若此二省民用充阜，财货流通各省，俱有裨益。"④ 相关文献在《钦定皇朝文献通考》中也有提及。开海之后，海外贸易迅速得到恢复和发展。海外贸易的中国商船至康熙五十六年（1717），"每年造船出海贸易者多至千余，回来者不过十之五六，其余悉卖在海外资银"⑤。民间贸易取得了合法地位，对日贸易盛况空前，以对日丝绸贸易为例，实行海禁时，平均每年赴日唐船为37艘，开海禁的头五年，即增加到年平均96艘，近海禁时的3倍。开海当年赴日船只24艘，次年即达73艘，以后两年依次高达102、137艘，至康熙二十七年（1688）达144艘。⑥

　　乾隆二十二年（1757）朝廷关闭粤海关以外的三大海关，直至1842年，广州成为唯一对欧洲人或者说海外商人的贸易口岸，

① 叶文程：《宋元明时期外销东南亚瓷器初探》，载《中国古外销瓷研究论文集》，北京：紫禁城出版社，1988年，第69页。

② （清）崑冈修，（清）刘启瑞纂：《大清会典事例》，清光绪石印本，卷六二九。

③ （清）崑冈修，（清）刘启瑞纂：《大清会典事例》，清光绪石印本，卷七七六。

④ （清）佚名：《粤海关志》，清道光广东刻本，卷八。

⑤ （民国）王先谦：《东华录》，清光绪十年长沙王氏刻本，卷一五六。

⑥ 范金民：《16~19世纪前期海上丝绸之路的丝绸棉布贸易》，《江海学刊》，2018年第5期。

① 广州十三行博物馆编：《广州十三行博物馆》，广州：广州十三行博物馆，2019年，第16页。

② 梁嘉彬：《广东十三行考》，广州：广东人民出版社，1999年，第225—227页。

即"一口通商"体系，中国与欧洲的直接贸易聚焦到中国南海之滨。① 清代出口的商品仍以茶叶、生丝、瓷器等为主，随着广东地区广彩的兴起及行商海外贸易发展，抵达广州的欧洲商人有更多的机会参与图样的定制，促进定制瓷器纹样丰富化。道光十七年（1837），行商至繁盛时期，共计13家，即广州十三行（表1-2）。次年，行商数目减至11家。道光二十二年（1842），由于战争和五口通商等贸易政策的改变，十三行不再具有贸易垄断的主导地位，但仍从事相关商贸。咸丰六年（1856），因战争的进一步激化，十三行最终退出历史舞台。②

表1-2　广东十三行行商

行名	人名	商名
怡和	伍秉鉴	Howqua（浩官）
广利	卢继光	Mowqua（茂官）
同孚	潘绍光	Puankhequ（正炜）
东兴	谢有仁	Goxqua（鳌官）
天宝	梁丞禧	Kinqua（经官）
兴泰	严启昌	Sunshing or Hingtae（孙青）
中和	潘文涛	Mingqua（明官）
顺泰	马佐良	Saoqua（秀官）
仁和	潘文海	Pwanhoyqua（海官）
同顺	吴天垣	Samqua（爽官）
孚泰	易元昌	Kwanshing（昆官）
东昌	罗福泰	Lamqua（林官）
安昌	容有光	Takqua（达官）

第二章

风尚之变：明清外销瓷的术语、风格与范式变迁

晚明时期（1573—1644）中国外销瓷的图像装饰出现了风格的转向，一方面在装饰元素的选取中，仍以传统纹样为基础，如动物、风景、花果、锦纹等，寓意吉祥；另一方面，随着全球贸易的发展和贸易量的增长，为迎合新的欧洲顾客群体需求，这些外销瓷开始呈现特定的风格。远销欧洲的晚明瓷器器型、尺寸丰富多样，风格多变又设计统一，被欧洲定义为克拉克瓷，装饰风格影响深远。

近年研究表明，目前"克拉克瓷"一词最早出现在1638年4月12日荷兰东印度公司负责人写给驻巴达维亚的荷兰公务人员的信件中，分别在编号38和编号43文档的订单需求中记载了"Craek com（Kraak bowl）""Caraek（porcelain）"等相关词汇。[1] 关于克拉克瓷的国际界定，早期以青花及模印分割的工艺为标准；后期则更关注其风格化的边饰分割及边饰内容。中国的克拉克瓷器概念有广义和狭义之分，狭义与国际上对克拉克瓷的界定趋于一致，以晚明景德镇所产做工精致的外销瓷器为代表；广义则以多开光装饰为特征，除了晚明景德镇产外销瓷外，还包括大量的漳州窑外销瓷及18世纪康熙时期外销瓷。

[1] Cynthia Vialle, "De Bescheiden van de VOC Betreffende de Handel in Chinees en Japanms Porselein Tussen 1634 and 1661", *Aziatische Kunst*, No.9, 1992; Luise Vinhais, Jorge Welsh, eds., *Kraak Porcelain: The Rise of Global Trade in the Late 16th and Early 17th Centuries*, London: Graphicon Press, 2008, p.18.

第一节 名辨：混淆的克拉克瓷

一、中欧交流中的克拉克瓷界定

克拉克瓷，源自英文"Kraak porcelain"，是欧洲17世纪随着贸易全球化和中国瓷器的流入而出现的名词。近几十年来，随着海捞瓷的研究热潮，中国学者也和国外学者有了更多的联系，自20世纪90年代以来，克拉克瓷概念被带回中国，形成了广义的克拉克瓷概念，并使用开光瓷、芙蓉手等相关术语。

自1580年以来，葡萄牙受西班牙统治长达60年，早期兴起的葡萄牙航海贸易将大量的中国瓷器沿途运销各地，随着西班牙的联统，葡萄牙的海上贸易也受到西班牙的管辖。这一时期的尼德兰地区同样受到西班牙的统治，该地区自1516年开始，由于出生于尼德兰的哈布斯堡族的王子查理继承了西班牙的王位，称查理一世（Charles I），尼德兰成为西班牙的属地。原隶属于西班牙的尼德兰地区北部七省随后在1581年成立了荷兰共和国。面对荷兰的独立战争，西班牙统治者阻止荷兰参与海上贸易。荷兰人于1602年在亚欧中转站圣赫勒拿岛截获葡萄牙圣伊阿古号船只，次年又在马六甲海峡的柔佛海峡俘获葡萄牙的圣卡塔琳娜号，截获1万件、超50吨的中国瓷器。截获的瓷器在荷兰拍卖，引起了轰动。葡萄牙人根据海中怪兽的名称"carraca"将葡萄牙帆船命名为"Carraca"，荷兰人后称之"Carrack"。[①]荷兰人由于发音的混淆，即葡萄牙舰队"Carrack"和"Kraak"的接近，荷兰人称之为"Kraakporselein"，即"武装帆船瓷器"，表述此类来自葡萄牙武装帆船的瓷器。[②]此后，民间素以克拉克为这类风格瓷器的统称。这也是目前对克拉克词根来源的主流观点。[③]在随后的国际法庭中，通过战利品的自辩术，荷兰将前两次的夺取合法化，同时通过《海域自由》，即《荷兰有权参与东印度贸易》，开始大规模地从中国购买并运销欧洲此类器皿。[④]

[①] T. Volker, *Porcelain and the Dutch East India Company: As Recorded in the DAGH-REGISTERS of Batavia Castle, Those of Hirado and Deshima and Other Contemporary Papers 1602-1682*, Leiden: E. J. Brill Press, 1971, pp. 22–23.

[②] （加）卜正民著，刘彬译：《维梅尔的帽子：从一幅画看全球化贸易的兴起》，上海：文汇出版社，2010年，第63页。

[③] Maura Rinaldi, *Kraak Porcelain: A Moment in the History of Trade*, London: Bamboo Publishing House, 1989, pp. 61–67.

[④] （加）卜正民著，刘彬译：《维梅尔的帽子：从一幅画看全球化贸易的兴起》，上海：文汇出版社，2010年，第68页。

关于克拉克瓷的概念界定，最早由荷兰学者芭芭拉·哈里森（Barbara Harrisson）《克拉克瓷》（*Kraak Porcelains*）专题研究，刊于1964年荷兰博物馆展览的克拉克瓷图录中，描述了荷兰吕伐登宫殿中收藏的一些典型克拉克瓷器。[①] 其定义克拉克瓷是一种来自景德镇的外销瓷，以青花为主，并带有模印的浅浮雕装饰（图2-1）。20世纪80年代以来，一批欧洲学者如克里斯汀·凯特（Christine van der Piji-Ketel）、莫拉·里纳尔迪（Maura Rinaldi）、甘淑美（Teresa Canepa）等在相关著作中皆描述克拉克瓷为晚明时期景德镇所产的外销瓷。随后，美国学者在定义中进一步突出了其装饰纹样，即克拉克瓷器是明代生产的外销瓷，具有纯净的白色胎土和绚丽的釉下青花装饰，显著特征是在盘（碗）壁上宽而延展的多开光装饰内常绘有来自中国佛教、道教的祥瑞图案并间隔一些花卉、水果图纹。[②]

以外销为主的克拉克瓷器主要传世品流传在海外，1983—1986年，哈彻沉船被顺利打捞，哈彻沉船遗存中也包括很多克拉克瓷器。1986年4月，在荷兰阿姆斯特丹拍卖哈彻沉船物品，冯先铭等中国陶瓷专家应邀来欧洲，参与对海捞瓷的讨论，同时考察欧洲收

[①] Barbara Harrisson, "Kraak Porcelains", in Hessel Miedema, Kraakporselein+Overgangsgoed, *Catalogus*, Leeuwarden: Gemeentelijk Museum het Princesseh of Leeuwarden, 1964.

[②] Julie Emerson, Jennifer Chen, Mimi Gardner Gates, *Porcelain Stories-From China to Europe*, Seattle: Seattle Art Museum and University of Washington Press, 2000, p. 103.

图2-1 明万历景德镇窑克拉克瓷盘 法兰克福应用艺术博物馆藏

藏的中国瓷器。① 在此期间，中国学者参观了欧洲20多个博物馆，并与当地学者进行交流，克拉克瓷概念开始被带入中国。1986年10月，西安"中国古陶瓷古外销瓷研究会"上，江西广昌县博物馆的姚澄清和姚连红对1982年以来纪年墓出土的一批具有典型克拉克瓷特征的明代万历青花瓷盘作了介绍。1990年，曾赴欧洲考察的冯先铭和冯小琦发表文章《荷兰东印度公司与中国明清瓷器》，在该文中专门撰写了关于克拉克瓷器的部分，较为详细地介绍了克拉克瓷的来源、特征等情况，并将克拉克瓷注释为对英文"Kraak porcelain"的音译。② 自此，克拉克瓷的概念被中国学者广泛地接受、探讨并运用。

二、延展的概念：广义克拉克瓷、开光瓷与芙蓉手

克拉克瓷的概念自20世纪90年代在中国被接受以来，其涉及的陶瓷生产时间及产地范围较欧洲更广。冯先铭和冯小琦认为克拉克瓷器是明代万历时期的出口瓷器，但亦不排除清代初期也有不少克拉克瓷的可能性。③ 近30多年的研究中，克拉克瓷的概念进一步扩展，如裴光辉《克拉克瓷》④、范梦圆《克拉克瓷研究》⑤指出，广义的克拉克瓷不仅包括了景德镇所产的晚明外销瓷，还包括了福建漳州窑所产的同期风格相似的多开光青花瓷，甚至日本产的芙蓉手等瓷器。此外，以多开光典型装饰特征命名的开光瓷和芙蓉手术语也经常用于描述克拉克瓷。

开光瓷源于其典型设计，通常指具有六个以上开光装饰的瓷器。汉代李尤在《牖铭》释"开光"："天设窗牖，开光照阴，施于明堂，以象八风。"⑥ 开光，即开窗、开光明之意，景德镇当地也俗称"开膛子"。开光装饰，即在器物表面某一部位留出圆形、菱形等形状，在其内描以图案。开光瓷名来源于清代彩瓷及锦地开光装饰，初见于清代陈浏所著《匋雅》："先施圈阑，内绘花彩，外填色釉则谓之开光。开光器皿，亦有不填色釉，而于界阑之外满画各

① Colin Sheaf, Richarf Kilbum, *The Hatcher Porcelain Cargoes, the Complete Record*, Oxford: Phaidon, Christie's Limited Press,1988. 书中包括两艘沉船打捞的瓷器，和克拉克瓷器相关的是时间界定在1643—1646年。

② 冯先铭、冯小琦：《荷兰东印度公司与中国明清瓷器》，《江西文物》，1990年第2期。

③ 冯先铭、冯小琦：《荷兰东印度公司与中国明清瓷器》，《江西文物》，1990年第2期。

④ 裴光辉：《克拉克瓷》，福州：福建美术出版社，2002年。

⑤ 范梦圆：《克拉克瓷研究》，香港中文大学博士学位论文，2010年。

⑥ 转引自（宋）李昉辑：《太平御览》，民国二十四至二十五年上海商务印书馆四部丛刊三编景宋刻配补日本聚珍本，卷一八八。

色锦纹者。锦纹类仿宋制，色目繁多，名称不一，而以卍字与串枝番莲为较多。"① 民国许之衡在《饮流斋说瓷》中也有类似定义："先施圈阑，内绘花纹，外填色釉或锦文者，谓之开光。"② 日本学者根据其菱口开光的形状如芙蓉，命名其为"芙蓉手"。③ 在广昌纪年墓出土的克拉克瓷的研究中，中国学者也沿用芙蓉手概念。④

三、功用：异域文化与市场导向

欧洲克拉克瓷器早期价格昂贵，主要用于宫殿装饰，随着价格的降低，逐步走向实用餐具。此外，部分克拉克汲水器还具有宗教礼仪净水盛放的功能。国内克拉克瓷器数量较少，用于丧葬。

（一）宫殿装饰

明代外销瓷器最初在欧洲，多用于装饰富贵堂皇的宫殿墙面，乃至部分宫殿顶部，如里斯本的桑托斯宫大厅顶部装饰有大量的克拉克瓷和其他中国外销瓷器，包括261件大小不同、图案各异的1500—1613年的青花瓷盘。此外，宫内还摆设有74件同一时期的瓷器。该厅由蓝加斯特（D. Jose Luís de Lencastre）兴建。17世纪中后期，在里斯本还有类似中国瓷器用于建筑装饰和室内摆设，可见当时瓷器流通量及存量之大。⑤

不仅在宫殿顶部，瓷器镶嵌和摆设也越来越多地运用于宫殿的墙体、壁炉等。这样的设计兴盛于荷兰，从1703年公布的荷兰和特鲁宫壁炉的设计图，即可看到中国瓷器装饰的欧洲宫殿形式。⑥ 在整个欧洲巴洛克时期建造的富丽堂皇的宫殿中，以中国陶瓷装饰墙面的情况都很常见，很多宫殿设有专门的东方陶瓷房间。

瓷盘按照同一系列纹样进行的对称性分布在墙面上，部分装饰房顶。观赏者的角度被集中在盘内部装饰纹样，忽略盘外部的简略装饰。瓶和军持等器皿则以凸出于建筑物墙面作为依托，也以对称方式摆放类似纹样、相同器型和尺寸的瓷器。此外，克拉克瓷被用

① （清）陈浏：《匋雅》，民国七年排印静园丛书本，卷上。

② （民国）许之衡：《饮流斋说瓷》，民国二十五年上海神州国光社铅印美术丛书本，集三。

③ 赵德云：《加拿大路易斯堡遗址出土中国瓷器的初步研究——兼谈"克拉克瓷器"的若干问题》，《四川文物》，2002年第2期。

④ 姚澄清、姚连红：《从广昌纪年墓出土的芙蓉手装饰艺术特色看中外文化交流的踪迹》，《景德镇陶瓷》，1990年第4期。

⑤ 金国平、吴志良：《流散于葡萄牙的中国明清瓷器》，《故宫博物院院刊》，2006年第3期。

⑥ （英）希拉里·杨：《欧洲对中国瓷器的回应：工艺、设计和贸易》，载吕章申主编《瓷之韵：大英博物馆、英国国立维多利亚与艾伯特博物馆藏瓷器精品》，北京：中华书局，2012年，第27页。

作墙面装饰不仅成为欧洲贵族的一种展示和欣赏的风尚，同时这些瓷盘也起到镜面反光的作用，对于屋内采光起到一定的提升效果。克拉克瓷除了在欧洲的宫殿中的墙面、壁面镶嵌，还用作家居陈设，如放置在一些艺术画廊中，或是富裕家庭屋内的橱柜或案台上，并在绘画中完美地再现了这种装饰性。

中东收藏的中国瓷器也包括克拉克瓷，按对称形式收藏并装饰于壁龛中，如伊朗的阿德比尔神庙收藏了大量包括克拉克瓷在内的中国瓷器，现在被放置在中国瓷房。这些瓷器过去曾被放置在墙面上木制的壁龛中。① 这样的瓷器装饰方式，在受伊斯兰文化影响的北非地区的墓葬壁龛中存在，并对欧洲宫殿的中国瓷器装饰有所影响。

（二）实用餐具

随着克拉克瓷器在海外市场数量的不断增加和价格的逐渐降低，其逐渐服务于日常餐饮，成为17世纪中期荷兰静物画中的流行元素。在尤里安·范·斯特里克（Juriaan van Streek）等荷兰画家的作品中，克拉克瓷盘、折沿碗等常以一种微倾斜的角度置于桌面，盛放食物。② 在中东地区，克拉克瓷盘用以盛载食物，如混有谷物的主食等，折沿碗也同样用于餐饮，但数量不多。③ 莫拉·里纳尔迪认为中东的食物大多偏干，以盘盛放为宜，适合他们饮食中直接用手拿取吃饭的习惯，而盖帽更适合黏稠状食物。④ 克拉克瓷器玉壶春瓶形制类似于中东地区的波斯壶，实用功能也和其类似，在中东地区多被加上金属壶盖。常用于盛放液体，也可以单独在其他时间独立使用，如盛放红茶、水等饮品。⑤

（三）宗教礼仪

克拉克瓷中的军持和小瓷瓶，除用作汲水器或装饰外，还具有宗教礼仪功能。军持，英文"kendi"或"kundi"，源自梵语"kundika"，即净瓶。⑥ 它作为印度的佛教和印度教礼仪中盛放净水

① T. Misugi, *Chinese Porcelain Collection in the Near East: Topkapi and Ardebil*. Hong Kong: Hong Kong University Press, 1981, pp. 2–5, p. 42.

② Donna R. Barnes, Peter G. Rose, *Matters of Taste: Food and Drink in Seventeenth-Century Dutch Art and Life*, Albany and Syracuse: Albany Institute of History & Art and Syracuse University Press, 2002, p. 12.

③ Regina Krahl, Nurdan Erbahar, John Ayers, *Chinese Ceramics in the Topkapi Saray Museum Istanbul: A complete Catalogue, Vol. 3*, London: Sotheby, 1986, pp. 776–777, Nr. 1480–1489.

④ Maura Rinaldi, *Kraak Porcelain: A Moment in the History of Trade*, London: Bamboo Publishing House, 1989, p. 118.

⑤ Regina Krahl, Nurdan Erbahar, John Ayers, *Chinese Ceramics in the Topkapi Saray Museum Istanbul: A complete Catalogue, Vol. 3*, London: Sotheby, 1986, pp. 748–756, Nr.1377–1398.

⑥ Michael Sullivan, "Kendi", *Archives of the Chinese Art Society of America*, Vol. 11, 1957.

的器皿，7—15世纪适用于东南亚地区的佛教和印度教礼仪中，中国也有使用。① 在菲律宾的考古发现中，有大量的中国晚明军持，包括克拉克瓷在内，这些军持主要用于洗礼。② 在伊斯兰教流行的中东及部分南亚地区，军持也具有礼仪功能，如巴基斯坦的穆斯林在每日祷告前的洗礼中都用军持作为礼仪器皿。③ 此外，部分尺寸偏小的瓷瓶也常在宗教礼仪中充当类似军持的作用，如在伊斯兰圣地麦加，尺寸偏小的克拉克瓷瓶也通常作为盛放圣水的器皿。④

（四）丧葬之俗

1982—1990年，共有24件克拉克瓷器从江西省广昌县的15座纪年墓中出土，制造时间为1573—1645年，大多有烧制瑕疵，在墓葬中多用于陪葬及书写墓志铭等。⑤ 1616年，荷兰东印度公司的科恩（Coen）的联系信件中记载表明，当时繁盛在欧洲瓷器贸易中的克拉克瓷器在中国并不具有餐饮实用性，其订购数量庞大，并预先付款。⑥ 因此，这种瓷器也很少出现在国内市场中，然而在烧成中略有瑕疵的产品被重新补釉复烧，结合丧葬风俗，按质量以不同价格转卖邻近地区，减少损耗。如克拉克瓷特有的尸枕功用，其两两相扣放置，充当江西丧葬习俗和民间信仰中"寿盘"，即死者墓葬中使用的盘子（图2-2），中间有裂缝的瓷盘组成的尸枕是灵

图2-2 明万历景德镇窑克拉克瓷盘 江西省博物馆藏

① 丁鹏勃、夏德美：《军持源流考》，《中国历史文物》，2007年第1期。

② Joo E Khoo, Dawn Rooney, *Kendi Pouring Vessels in the University of Malaya Collection*, Oxford: Oxford University Press, 1991, p. 25.

③ Joo E Khoo, Dawn Rooney, *Kendi Pouring Vessels in the University of Malaya Collection*, Oxford: Oxford University Press, 1991, p. 28.

④ 相关军持在不同地区的功用论述参见 Luise Vinhais, Jorge Welsh, eds., *Kraak Porcelain: The Rise of Global Trade in the Late 16th and Early 17th Centuries*, London: Graphicon Press, 2008, pp. 174-175.

⑤ 李保平：《明代外销瓷在中国墓葬的发现和解释》，载郑培凯主编《逐波泛海——十六至十七世纪中国陶瓷外销与物质文明扩散国际学术研讨会论文集》，香港：香港城市大学中国文化中心，2012年，第207—215页。

⑥ 科恩在1616年10月10号的文件中对此做出了记录，参见 T. Volker, *Porcelain and the Dutch East India Company: As Recorded in the DAGH-REGISTERS of Batavia Castle, Those of Hirado and Deshima and Other Contemporary Papers 1602-1682*, Leiden: E. J. Brill Press, 1971, p. 27.

① 曹建文：《中葡早期贸易与克拉克瓷器装饰风格的起源》，载郑培凯主编《逐波泛海——十六至十七世纪中国陶瓷外销与物质文明扩散国际学术研讨会论文集》，香港：香港城市大学中国文化中心，2012年，第308页。

魂的理想居所，可以使死者灵魂自由出入。①

盛行于明代晚期的中国外销瓷器克拉克瓷，是欧洲沿用至今的概念。自20世纪90年代，由中国学者从欧洲带到中国，在概念上延展，多等同于开光瓷。在贸易初期，克拉克瓷主要用于家族收藏、展示和宫殿装饰。随着贸易量的扩大，流传欧洲的明清陶瓷开始被用作实用餐具，并依不同器型和尺寸分别盛放不同的食物和佐料。克拉克瓷中的军持等汲水器皿还被广泛用于东南亚的佛教、印度教，乃至中东地区的伊斯兰教的宗教礼仪中。在产地中国，克拉克瓷则仅出土于江西省的一些纪年墓中，用以陪葬、尸枕或书写墓志铭。研究表明了克拉克瓷对海外市场的迎合，并随贸易发展而呈现的不同区域之功能转变。

第二节　转型期：外销瓷器型设计与境外术语

晚明外销瓷数量剧增，以克拉克瓷为主的晚明外销瓷器型多来源于中国传统器型，同时受到海外贸易供需影响有所改变和发展。其造型尺径相对偏大，葵口、模印等的运用延续了元代外销瓷的器型特点。这些不同器型的外销瓷器在荷兰东印度公司的订单中逐步细化，被给予了相应的术语。造型的变化与术语的命名反映了晚明外销瓷器的欧洲消费群体逐步从贵族走向中产阶级，应用范畴从建筑装饰走向日用餐饮等。

一、型考：传统器型与时代变迁

晚明外销瓷器型主要来源于两方面：一是中国传统器型的运用，既包括传统的陶瓷器皿造型，也包括根据金银器发展的万历时期国内市场流行的造型；二是在贸易中受到海外影响逐步形成的新器型和造型改变较大的器型。

克拉克瓷基本涵盖了明代万历时期的各种典型器型，与当时中国官民窑器都很接近，包括了深腹盘、直口碗、杯、玉壶春瓶、提梁壶等（表2-1）。其中，如深腹盘、碗等器皿造型和唐宋以来的瓷器碗、盘类造型相近，而提梁壶、蒜头瓶、盖碗等多受早期青铜、金银器影响，也是这一时期流行的瓷器器型。

表2-1　相关克拉克瓷器型名称及线绘图式

器型名称	器型线绘
广沿盘	
深腹盘	
折沿碗/盖帽碗	
碗	
杯	
壶	
瓶	
军持	

广沿盘，带有明显的口沿伸展的瓷盘，是克拉克瓷器中最为典型、流传最广的器型。此类造型在传统中国瓷盘的基础上，吸收欧洲陶盘的造型特点做出改变，适合了欧洲市场的需求，从而刺激了其持续生产和发展。如意大利制陶重镇德鲁塔在1500—1550年生产的锡

① Wendy M. Waston, *Italian Renaissance Ceramics: from the Howard I. and Janet H. Stein Col-lection and the Philadelphia Museum of Art*, Philadelphia: Philadelphia Museum of Art Press, 2001, pp. 132–133.

② （荷）克里斯汀·凯特：《17世纪初期荷兰市场的中国贸易瓷器：分布、类型及消费》，载郑培凯主编《逐波泛海——十六至十七世纪中国陶瓷外销与物质文明扩散国际学术研讨会论文集》，香港：香港城市大学中国文化中心，2012年，第184页。

③ 镴（là），锡和铅的合金，熔点较低，用于焊接铁、铜等金属物件。通常称焊锡，也叫锡镴，也是这一时期荷兰及其他欧洲地区普遍使用的金属锡盘。

④ 即上文提及的广沿盘。

⑤ 耶尔格文著，李冰译：《17世纪销往荷兰的中国瓷器：贸易网络和私人企业》，载冯小琦主编《古代外销瓷器研究》，北京：故宫出版社，2013年，第232页。

⑥ Maura Rinaldi, *Kraak Porcelain: A Moment in the History of Trade*, London: Bamboo Publishing Ltd, 1989, p. 118.

⑦ 吕章申主编：《瓷之韵：大英博物馆、英国国立维多利亚与艾伯特博物馆藏瓷器精品》，北京：中华书局，2012年，第94—95页。

釉陶盘，多为广沿盘。① 这样的广沿盘形制在欧洲得以延续使用，也与欧洲17世纪使用的金属餐盘造型是一致的。② 1634年，巴达维亚的荷兰商人将定制要求送到中国台湾，要求制作更为精美的器物，尤其偏爱宽边，像荷兰的白镴③盘的盘④、大酒杯、透雕瓷器等。⑤

折沿碗，俗称盖帽碗，是克拉克瓷器中颇受欢迎的器型，器型介于碗、盘之间，具有延展口沿，大小多样。折沿碗在贸易中数量仅次于盘，是为了适应欧洲饮食习惯，从碗发展来的器型。莫拉·里纳尔迪认为这种器型是适应当时欧洲人喝汤常用的一种金属的长柄汤勺而生产的，⑥这种实用性促成了该器型在贸易中数量的增长。

方瓶，也是克拉克瓷中新发展且流行的汲水器之一。在16—18世纪的欧洲，相似的器型的玻璃瓶用于盛放酒，克拉克瓷的方瓶明显模仿此类。⑦

军持，即净瓶（图2-3），从印度传入中国，最初作为寺庙的净水瓶使用。军持分单口军持和双口军持，单口发展于五代时期；双口军持始于隋代，从隋代到明初双口军持的整体造型相近，没有

图2-3 明万历至天启时期景德镇窑象形军持 吉美国立亚洲艺术博物馆藏

太大的差异，主体保持了壶的造型，口流短小。唐代初期，军持口流为盘口状；北宋偶尔有龙首状口流，但都较小；南宋时期，军持主体偏矮向发展，夸张了口流的长度，并沿用到明初。万历年间盛行的军持造型中，细长的口流由乳圆状球形或轮状替代，并有青蛙、象等象形造型，受到15世纪的泰国、越南等地器皿的影响。① 由此可见，克拉克瓷器中的军持主要销往南亚地区，并以适应该地区的器型审美而改变的。

克拉克瓷还包括了根据销售市场器型而仿制的器物，如方瓶，是克拉克瓷中新发展且流行的汲水器之一，造型模仿欧洲16—18世纪的玻璃制品，用于海运中盛酒、药饮和油等。② 模仿欧洲器皿的还有啤酒杯、盐罐等，盐罐来自木制的模型，在1640—1646年间共有323件盐罐抵达荷兰③，这类器皿大约出现在1620—1650年，是由荷兰东印度公司按欧洲器物原型定制的奢侈器皿。

受市场和运输等因素影响，在荷兰东印度公司的贸易记录中，订购数量最多的是瓷盘，如贸易档案日期记录为1637年10月20日的船只中，共订购了24190件瓷器，总价为6200荷兰盾，其中有4350件为瓷盘，直径在47—51厘米的瓷盘有210件，直径在25—36厘米的瓷盘有600件，直径为20—23厘米的瓷盘为2160件，直径在10—16厘米的瓷盘为1380件。④

晚明外销瓷器最初抵达欧洲时，消费主体为欧洲的王公贵族，其昂贵的价格远超普通民众的购买力。一二十年后，克拉克瓷随着贸易量的激增逐步走入新兴资产阶级家中，在日常餐饮中展示了其实用功能。⑤ 尽管这些瓷器数量增多，价格降低，越来越多的欧洲人开始在日常餐饮中使用，但因其所附加的运输成本，当时价格仍旧不菲。17世纪50年代前后，荷兰静物画中出现了大量的克拉克瓷，这是当时绘画中流行的新元素，备受画家青睐。在绘画中，克拉克瓷的盘、折沿碗常以一种微倾斜的角度置于桌面，盛放着坚果、黄油、水果等食物。随着欧洲对于克拉克瓷需求的上涨和不断丰富的器型定制，其功能逐渐细化，用以盛贮不同的食物。

① Joo E Khoo, Dawn Rooney, *Kendi Pouring Vessels in the University of Malaya Collection*, Oxford: Oxford University Press, 1991, p. 44.

② 详见霍吉淑（Jessica Harrison-Hall）关于图录方瓶的阐释，载吕章申主编《瓷之韵：大英博物馆、英国国立维多利亚与艾伯特博物馆藏瓷器精品》，北京：中华书局，2012年，第81页。

③ C. J. A. Jörg, Alessandra Borstlap, J. van Campen, eds., *Oriental Porcelain in the Netherlands*, Gronigen: Groniger Museum, 2003, p. 42.

④ T. Volker, *Porcelain and the Dutch East India Company: As Recorded in the DAGH-REGISTERS of Batavia Castle, Those of Hirado and Deshima and Other Contemporary Papers 1602-1682*, Leiden: E. J. Brill Press, 1971, p. 40.

⑤（加）卜正民著，刘彬译：《维梅尔的帽子：从一幅画看全球化贸易的兴起》，上海：文汇出版社，2010年，第66—74页。

二、样式与"称呼":晚明外销瓷器型与欧洲术语

晚明外销瓷器型多样,按照尺寸又可分数类,并都具有荷兰的名称。在17世纪荷兰人主导的海上贸易中,订单对于不同器型的尺寸也逐步细化。例如,1602年的贸易记载仍只统称为"盘和小碗";1604年的贸易记录开始有了对瓷器名称的具化描述,如盘类等;1606年后,贸易瓷器名称继续细化,出现相应的荷兰术语,如盘、折沿碗等。随着亚欧贸易在18世纪的盛行,越来越丰富的器型出现在市场上,按照形制的细微差别,名次也日益丰富完善。一些完全按照欧洲订单定制的瓷器,也与荷兰原有名词结合而形成专门名词。[1]这些详尽的荷兰器名从17世纪一直沿用至19世纪。根据目前传世的克拉克瓷种类及荷兰名称,具体可分为以下类型。

(一)盘

早期克拉克瓷贸易中常按照其功能分作黄油盘、水果盘、餐盘等。[2]随着贸易量的增加,按照不同的尺寸进一步细化。[3]

广沿盘(telyooren/schootel),盘子的高度通常不超过30厘米。口沿处有不同尺度的倾斜,大小不一。此类形制通常被认为是最为典型的外销克拉克瓷盘形制,其器型和中国的形制略有偏差,多为宽板沿口,器壁浅坦,胎体较薄,并成为明代万历至清代康熙时期外销瓷盘的传统造型。[4]具体分为:①广盘(schootel),直径47—51厘米,高度在8.5—9.5厘米的广沿盘;②半盘(halve schootel),直径25—36厘米,高度5—6.5厘米;③三分之一盘(een-derde schootel),直径21—23厘米,高度3—4厘米;④四分之一盘(een-kwart schootel),直径10—16厘米,高度2.5厘米左右。[5]

深腹盘(borterschootel),即酱碟,与广沿盘不同,深腹盘更接近于明清时期内销市场上的盘类造型。按照尺寸大小分为:①双碟或黄油碟(borterschootel/borterschootel twee),直径20—23厘米,高度约4厘米;②单碟(borterschootel enkel),直径10—16.5厘米,

---

[1] C. J. A. Jörg, *Porcelain and the Dutch China Trade*, Hague: Uitgeverij Martinus Nijhoff Press, 1982, pp.161–165.

[2] T. Volker, *Porcelain and the Dutch East India Company: As Recorded in the DAGH-REGISTERS of Batavia Castle, Those of Hirado and Deshima and Other Contemporary Papers 1602-1682*, Leiden: E. J. Brill Press, 1971, p. 25.

[3] Luise Vinhais, Jorge Welsh, eds., *Kraak Porcelain: The Rise of Global Trade in the Late 16th and Early 17th Centuries*, London: Graphicon Press, 2008, p.70.

[4] 耿宝昌:《明清瓷器鉴定》,北京:紫禁城出版社,1993年,第145页。

[5] Vinhais, Luise, Jorge Welsh, eds., *Kraak Porcelain: The Rise of Global Trade in the Late 16th and Early 17th Centuries*, London: Graphicon Press, 2008, pp. 70–71.

高度2.7—3.3厘米。

（二）碗与杯

除了盘类以外，在克拉克瓷器的种类中，还包括了大量其他日常生活器皿，如碗、杯类，自17世纪初期陆续出现在荷兰东印度公司的订单中。

折沿碗（clapmutsen/klapmuts），介于碗、盘之间，造型接近中国的碗，但较为广沿，这个器型成名略晚于其他器型。[①] 在过去的研究中，如克里斯汀·凯特（Christine L. van der Pijl-Ketel）早期研究克拉克瓷的书籍《白狮号沉船》[②]，曾统称折沿碗为"广沿碗"。根据不同的尺径可分为：①全折沿碗（hele clapmutsen），高度6—7厘米，口径20—28厘米；②半折沿碗（halve clapmutsen），高度约5厘米，口径10—14厘米。

碗（kommen），自1636年以后，碗在荷兰东印度公司订单中大规模出现，和中国常见的碗相比，克拉克瓷碗的尺径偏大，按其口径尺寸可分为：①全碗（enkele kommen），高度13—19.6厘米，口径33—37.5厘米；②半碗（halve kommen），高度9.5—13厘米，口径21—26厘米；③三分之一碗（kleine kommetjes/kwart kommen），高度约7厘米，口径15—16厘米。此外，在1777年的订单中还出现了四分之一小碗[③]，由于其时间较晚，不属于克拉克瓷器型。

杯（kop），在荷兰东印度公司的订单中，包含了杯、饮杯、汤杯、白兰地杯等。[④] 具体按尺寸分为：①全杯（hele kop），高度7.5—12厘米，口径15—16厘米；②半杯（halve kop），高度7.5—11厘米，口径12—14厘米；③三分之一杯（een-derde kop），高度6—7厘米，6—7厘米，口径10—11厘米。

（三）汲水器皿

克拉克瓷器中，除了占据数量较大的盘、碗类，也包括瓶、壶、军持等汲水器皿，在贸易中数量相对较少。主要汲水器皿列举如下。

[①] Luise Vinhais, Jorge Welsh, eds., *Kraak Porcelain: The Rise of Global Trade in the Late 16th and Early 17th Centuries*, London: Graphicon Press, 2008.

[②] C. L. van der Pijl-Ketel, *The Ceramic Load of the "Witte Leeuw"*, Amsterdam: Rijksmuseum Press, 1982, p. 104.

[③] C. J. A. Jörg, *Porcelain and the Dutch China Trade*, Gronigen: Groniger Museum, 2003, p. 162.

[④] T. Volker, *Porcelain and the Dutch East India Company: As Recorded in the DAGH-REGISTERS of Batavia Castle, Those of Hirado and Deshima and Other Contemporary Papers 1602-1682*, Leiden: E. J. Brill Press, 1971.

瓶（flessen），常见梨形瓶、方形瓶、葫芦瓶，瓶高大多约为15厘米。其中梨形瓶，即玉壶春瓶、波斯瓶（persiaanse fles/ peerfles）（图2-4），和中国本地瓷器造型相近，其在荷兰名为波斯瓶，即此类器型和波斯中亚等地区汲水器皿形似，在贸易中偏向中东市场，但玉壶春瓶的相关研究考证表明，这类器型是自东汉传承发展的传统中国陶瓷汲水器。①

壶（tuytpottekens），常被称作酒壶，腹部为圆柱形，细长口流，高度19—19.6厘米，多为万历时期内销市场流行的提梁壶造型。

图2-4 明万历景德镇窑克拉克瓷瓶 法兰克福应用艺术博物馆藏

军持（kan，也常记作 kendy/kendi），高度16—21厘米，包括球形军持和动、植物等造型。万历时期常见圆形口流，鼓腹圆锥状尤为流行。

三、形与数：器型数量的分析

上文所提及的各种器型，曾经在16世纪末至17世纪中期大量销往欧洲。根据统计，1604—1656年抵达荷兰的中国瓷器达到300万件②，从目前所看到的传世藏品及被打捞沉船遗存来看，其中很多都具有明显的克拉克瓷特征。荷兰福尔克（T. Volker）曾出版《瓷器和荷兰东印度公司》，根据此书中关于1602—1646年中国晚明瓷器贸易船只的记录，特别是对于记载购进瓷器的种类和件数的信函做整理发现，在万历后期（1602—1620），基本间隔一两年就有一艘关于陶瓷贸易的船只记载，但大多是对于贸易船只中瓷器总数及购入金额的记载，偶尔有关于部分瓷器种类的数量粗略记载。

① 陈昌全：《玉壶春瓶考》，《文物鉴定与鉴赏》，2010年第11期。

② Sven Frotscher, Dtv-Atlas, *Keramik und Porzellan*, München: Deutscher Taschenbuch Verlag, 2003, p. 125.

在1621—1644年贸易记载的信函中，贸易数量突增，不仅逐年有记载，甚至一年内有多次货物船只的贸易瓷器的记载，涉及了陶瓷总数、购入金额、不同种类及其数量等详细信息，陶瓷的分类也愈来愈细化，购入种类也更加丰富。1645—1646年，从中国运出的陶瓷贸易船只仍较多，之后十多年贸易船只和外销陶瓷数量明显下降，克拉克瓷逐渐从市场淡出，而这一时期日本的贸易量则有了显著的提升。

据目前出版物对于这一时期海底打捞出的中国运往欧洲的相关克拉克瓷贸易沉船的记录，晚明外销瓷种类划分和数量见表2-2。

表2-2　相关重要沉船的克拉克瓷器型统计

瓷器种类	器型分类及尺寸	1609年马瑞图斯号沉船瓷器数量（个）[1]	1613年白狮号沉船瓷器数量（个）[2]	1625年万历号沉船瓷器数量（个）[3]	1643—1646年哈彻沉船瓷器数量（个）[4]
广沿盘	①广盘，直径47—51厘米	20	20	54	41
广沿盘	②半盘，直径25—36厘米	—	40	2766	1118
广沿盘	③三分之一盘，直径20—23厘米	—	5	6044	303
广沿盘	④四分之一盘直径10—16厘米	29	约7	1225	17
深腹盘	①双碟或黄油碟，直径20—23厘米	9	60	—	2
深腹盘	②单碟，直径10—16.5厘米	29	10	—	—

[1] Luise Vinhais, Jorge Welsh, eds., *Kraak Porcelain: The Rise of Global Trade in the Late 16th and Early 17th Centuries*. London: Graphicon Press, 2008, p. 73.

[2] C. L. van der Pijl-Ketel, *The Ceramic Load of the "Witte Leeuw"*, Amsterdam: Rijksmuseum Press, 1982, pp. 163-168.

[3] Sten Sjostrand, Sharipah Lok bt.Syed Idrus, *The Wanli Shipwreck and its Ceramic Cargo*, Malaysia: Department of Museums Malaysia and Sten Sjostrand, 2007, p.71.

[4] Colin Sheaf, Richarf Kilbum, *The Hatcher Porcelain Cargoes, the Complete Record*, Oxford: Phaidon, Christie's Limited Press, 1988, pp. 30-38.

续表

瓷器种类	器型分类及尺寸	1609年马瑞图斯号沉船瓷器数量（个）①	1613年白狮号沉船瓷器数量（个）②	1625年万历号沉船瓷器数量（个）③	1643—1646年哈彻沉船瓷器数量（个）④
折沿碗	①全折沿碗，口径20—28厘米	17	50	6	73
	②半折沿碗，口径10—14厘米	70	约7	—	106
碗	①全碗，口径33—37.5厘米	—	44	—	—
	②半碗，口径21—26厘米	—	80	—	—
	③三分之一碗，口径15—16厘米	—	—	—	—
杯	①全杯，口径15—16厘米	15	10	—	—
	②半杯，口径12—14厘米	—	30	—	—
	③三分之一杯，口径10—11厘米	—	—	—	—
瓶	玉壶春瓶、波斯瓶，高15—30厘米	—	约5	—	186
壶	高度19—19.6厘米	—	约5	—	—
军持	高度16—21厘米	—	10	20	533
盖盒	—	—	约2	—	—

第三节 "棱式风尚":一种风格的形成与影响

一、"棱式风尚"的形成与转变

晚明外销瓷装饰中,棱式设计成为主流风尚,第一类是显性的区间分割,即多开光装饰,不仅在晚明景德镇窑的外销器皿中作为常见的装饰风尚,在以外销为主的漳州窑、日本有田等窑口产品中都有相关设计,并影响到清代外销瓷的设计;第二类是隐性的棱式设计,通过模印的方式得以体现其区域分割的效果,延续唐宋以来的传统;第三类是变体的棱式风尚,虽然有区域分割的设计,但不拘泥于传统棱式的几何线条形制,更多采取水果、花卉等形状作成组装饰,是前者的变体。

(一)边饰分割与变体

在克拉克瓷为主的晚明外销盘、碗类边饰的分割中,一种运用以钴料为主的釉下青花彩绘装饰分割边饰,另一种为模印,二者既可以单独使用,也可以结合运用。所谓模印是指在坯体制作成型,尚未干燥时,用带有固定纹饰的模具在坯体表面挤压,从而得到预期的图案装饰。

模印的棱式主要为条状,不仅在碗、盘器型中常有运用,在汲水器如瓶、军持上也有使用。根据莫拉·瑞纳尔迪和霍吉淑(Jessica Harrisson-Hall)对运用模印图案装饰盘壁的克拉克瓷信息整理,可以归纳为:盘口直径在20厘米左右的弧形直壁的盘多使用模印的棱式装饰,少数口径在13厘米的弧形直壁碟也常运用模印棱式;盘口直径在50厘米左右的大盘拉坯成型后,直接以青花描绘分割区间,不再采取模印棱式装饰。[1]此外,在一些特定的模印成型的八角碗等器型中,凸出的棱也被加以青花线描,以分割碗外壁装饰。[2]模印的棱式主要表现为器物坯体上狭长的棱形装饰,有两连续、三连续或完全平均间隔分布的边框,中间又含有卵形的

[1] Maura Rinaldi, *Kraak Porcelain: A Moment in the History of Trade*, London: Bamboo Publishing House, 1989, pp. 73–76; Jessica Harrisson-Hall, *Catalogue of Late Yuan and Ming Ceramics in the British Museum*, London: British Museum, 2001, pp. 86–99.

[2] 南京市博物总馆、宁波博物馆、上海中国航海博物馆编:《CHINA与世界——海上丝绸之路沉船和贸易瓷器》,北京:文物出版社,2017年,第342—343页。

模印轮廓或莲瓣形的边框装饰，常在坯体上描绘青花线条，以作为多开光的轮廓线。

模印在盘壁装饰除了常见的条状棱式以外，还有部分图案模印装饰分割，形成多开光的边饰轮廓，常见的有三种：双层如意卷云；双层小葵瓣，也有认为是扇贝[1]；变形莲瓣式。其中，尤为盛行的是佛教因素影响下形成的变形莲瓣式，其延续了元代"八大码"的经典造型。此外，还有圆形、如意形、水滴形的边饰分割多开光边框，通常没有模印痕迹，由釉下青花直接在坯体上双层描绘而成。模印棱式样与青花装饰的结合方式在克拉克瓷中所占的比重不是很大，在一些沉船中也只有少部分这类装饰的瓷器。这类瓷器的生产时间推测在1575—1610年，即克拉克瓷初期阶段，模印或模印加青花的边饰分割方式，此后逐渐被单一的青花装饰所取代。

（二）棱式与边框分割渊源

晚明外销克拉克瓷的模印装饰并不是独立发展的，而是在传统瓷器装饰的基础上衍变，并在市场消费中再次流行。模印用于陶瓷，一种是以装饰图案性为主，如唐代的长沙窑瓶罐表面常以贴塑形式平均分布；另一种则是受到唐代金银器影响的棱式模印，如弧形葵口及莲瓣形盘口分割棱式，在唐代铜镜、定窑或邢窑的白瓷（图2-5）及耀州窑的青瓷中都有运用。[2] 宋元时期，中国南北各窑口的青瓷系产品中都比较常见具有平均分割效果的模印棱式，且大多运用于碗、盘制作之中（图2-6）。

克拉克瓷的模印图案装饰通常运用在圆形的碗、盘壁上，这与宋元时期青瓷模印装饰是一致的。此外，一些杯子上和瓶子上也有模印棱式的运用。和早期陶瓷器模印装饰相比，其区别在于对模印的单独运用还是与瓷绘的组合运用。

宋元时期的模印通常在坯体模印棱式装饰后，直接覆盖表面青釉，不加其他彩绘装饰。如元代青花瓷盘将盛行的八大码莲瓣纹作为盘的边饰表现（图2-7）。晚明外销克拉克瓷模印装饰并不是孤

---

[1] Maura Rinaldi, *Kraak Porcelain: A Moment in the History of Trade*, London: Bamboo Publishing House, 1989, p. 75.

[2] 齐东方：《唐代金银器研究》，北京：中国社会科学出版社，1999年，第57、77页。

图 2-5　唐代邢窑白釉花口碗　故宫博物院藏

图 2-6　南宋景德镇窑青白瓷碗　柏林亚洲艺术博物馆藏

图 2-7　元景德镇窑青花瓷盘　上海博物馆藏

立存在的，通常和器物主体部分的青花装饰综合使用，即在模印棱痕的基础上，又以青花及红绿彩等加以描绘，成为隐性和显性开光的结合。明代万历后期，以及天启、崇祯时期模印棱式的过程常被省去，并逐渐被单一的青花等瓷绘棱式分割装饰所取代。

二、棱式与纹饰：晚明外销瓷装饰风格

晚明外销克拉克瓷的生产最早始于明代嘉靖年间1560年前后，器物类型以盘碟最多，其次是碗、瓶、杯、盖盒、军持等。在中欧海上贸易的兴起阶段，远程航运风险多变，瓷器重且不受潮湿的影响，是非常实用的压舱货物，保证了航海的安全性。不同尺寸的碗、盘可以大小相套，节约空间，因此，碗、盘成为晚明海上贸易中最为常见的器型。[①]但即使是碗、盘造型，也和中国传统造型略有不同。不同器型的克拉克瓷总体装饰风格趋于一致性，具有典型的中国装饰元素，同时又体现了海外文化、艺术的影响和融合。

（一）对称和平衡的多格分割

克拉克瓷的装饰整体来说是繁密且平面化的，构图对称规整，并借助偶数的均等或间隔的宽窄开光以寻求在同一平面上更多分隔单位的表现，同一系列纹样多次反复在开光内间隔出现。

敞口类器皿，如碗、盘类圆器，以内部装饰为主，外壁和内壁开光一致。从整体构图来看，装饰器物采用从中心到周围的发散式构图。碗壁和盘壁的开光形状多样，以变形莲瓣式为主，同时包括如意形、椭圆形等各种形状。在构图上常有意识地将不同或相同形状的边框以包含或者交叉的覆盖形式组合，从而形成以圆形、矩形为基础，整体繁密规整的构图格局。

壶、瓶、军持等类器皿则采取纵向的垂直、平行等分构图，以腹部六个均等的开光为主要装饰，开光的形状随器物表面的形状而变化，上窄下宽，颈部和肩部平行间隔成更多的狭窄的小开光。值

① （美）罗伯特·芬雷著，郑明萱译：《青花瓷的故事：中国瓷的时代》，海口：海南出版社，2015年，第147页。

得一提的是瓶腹部的石榴形开光，其运用间隔的颠倒式构图，即三个口向上的石榴形开光和三个口向下的石榴形开光间隔，从而形成和谐、均等的装饰效果。

（二）纹样的偏好性选择和分布

克拉克瓷的纹样结合典型的开光设计，以中国的明代晚期盛行的装饰纹样为主。部分克拉克瓷上装饰着欧洲的徽章、花卉设计，以及中东地区的人物等图案，以综合交错分布的方式，使中外图案融合再现于陶瓷装饰中。

克拉克瓷碗、盘内底部圆形开光内绘画精致，动物题材极为盛行，代替了元代青花瓷上盛行的祥瑞龙凤题材。来自宗教和民俗中的暗八仙、八宝、杂宝、璎珞、桃子等带有中国传统祥瑞寓意的图案也是克拉克瓷装饰中的常见开光内装饰纹样。此外，四季折枝花卉和来自海外的西方风格花卉也较为普遍地出现在盘类口沿、瓶肩颈部。器物的主题纹饰以表现自然中的动、植物为主，一般出现在盘类中心部分。随着海外贸易的影响，一些来自以欧洲为主的海外销售地指定图案，如家族徽章等也被有意识地置于碗、盘中心或瓶类腹部，同作为装饰的主题被加以强调。

（三）青多于白的色调

克拉克瓷的青花绘画较之一般的民窑同期产品略显精细，通常在单个民窑内分工绘制，在制好的坯体上先打圈（打箍），将器物分层布局，并有相应的纵向分隔形成开光。对开光外轮廓进行描线后，勾勒装饰图案，再经染色，最后上釉烧成。

最为常见的克拉克瓷装饰用色，是在白色胎体上用釉下彩绘单色青花釉，烧成后大多釉色绚丽，也有部分发色偏暗。由于青花分水①的技法发展尚未成熟，在同一器物上的青花颜色（料韵）相对统一，缺乏清代中后期"料分五彩"的青花多重色阶表现。由于克拉克瓷器上的装饰构图的饱满性，在整体用色上，常造成一种青多

---

① 分水，又称"混水"，一般运用鸡头笔等含水量较高的青料进行填色，由于色分深浅，料水浓淡变化，青花呈色分头浓、正浓、二浓、正淡、影淡等不同色阶，画面层次更为丰富。

于白的色彩效果，这和元青花色彩效果一致，但和中国晚明同期的其他青花瓷器，尤其内销瓷器上白多于青的色彩效果是不一样的。

三、晚明外销瓷边饰与古染付及内销市场比较

多重分割和棱式的变体成为克拉克瓷边饰重要装饰特征，与同期销往日本的古染付及内销市场上的民窑产品多有不同。晚明时期内销市场的民窑器绘画装饰以简为主，一种为形式简单的边饰留白，即仅在盘心圆形开光内描绘主题纹样；另一种则是在碗、盘口沿处狭长的圆弧内描绘连续性的装饰性纹样，如卷草纹等，碗、盘腹部留白。

古染付是中国明代外销日本的青花器皿，和远销中东及欧洲地区的克拉克瓷相比，其器物造型多有变化，在边饰的处理上又有所关联。在外销日本的古染付中，一类器型边饰没有作分割处理，以连续的或留白的方式描绘，和中国同期内销的民窑器风格相近；另一类则具有分割性装饰边饰，并在后面发展成为日本瓷器的本土化风格。边饰分割的类型有三种：第一类是以旋转的分割方式，即将直线的棱式以转动的线体表现，突出其画面的灵动性。第二类是直线状的平均分割，既有模印的棱与菊瓣纹，也有以青花线条描绘的分割区间，对比欧洲、中东地区克拉克瓷器在分割区间内容的重复或系列的图像内容不同，其分割区域以简繁相间，如在克拉克瓷边饰中用到的锦地纹和花果纹边饰，虽以二者结合，整体上仍在边饰画面平均分布，而在销往日本的古染付则以相隔区间单独描绘的方式，突出变化。[①]第三类和克拉克瓷的边饰分割相近，但由于销往日本的碗盘器物造型与克拉克瓷有明显差异，因此在分割的边框也表现出不同的变式。[②]此外，明末外销日本盛行的"天启赤绘"和"色绘祥瑞"等彩瓷装饰也在边饰方面与古染付相近。[③]

明清更迭之际，由于战乱等因素，景德镇的瓷业受到影响，外销瓷出口额也出现收缩。而日本在桃山末期的文禄、庆厂年间发生

---

① Herbert Butz, Kawahara Masahido, *Chinesische Porzellane Des 17. Jahrhunderts fuer Japan, Sammlung Georg Weishaupt*, Berlin: Museum fuer Ostasiatische Kunst Staatliche Museen zu Berlin-Preusssiche Kulturbesitz, 1997, p. 49.

② Herbert Butz, Kawahara Masahido, *Chinesische Porzellane Des 17.Jahrhunderts fuer Japan, Sammlung Georg Weishaupt*, Berlin: Museum fuer Ostasiatische Kunst Staatliche Museen zu Berlin-Preusssiche Kulturbesitz, 1997, p. 67.

③ 方李莉：《景德镇民窑》，北京：人民美术出版社，2002年，第92—93页。

侵略朝鲜战争，并在撤退时胁迫朝鲜陶瓷工匠数百人到日本，即所谓的"陶瓷战争"。[1]此后，日本制瓷技术得到迅速发展，成为荷兰东印度公司所寻找到的又一处远东瓷器输出地。自17世纪50年代开始，日本开始大规模外销瓷器，早期多以中国外销瓷器装饰为参考，如日本有田烧[2]曾盛行过具有克拉克瓷风格的多开光装饰，并在瓷盘中心或瓷器腹部写有荷兰东印度公司的缩写"VOC"，强调了荷兰东印度公司对其的定制。这类瓷器的边饰分割以简单的青花线条为主，分割的形状也较为单一。

晚明时期外销瓷器中的克拉克瓷，胎体轻薄、质地优良，在欧洲等地备受欢迎。克拉克瓷纹样多来自中国晚明常见装饰图案，多开光的设计是其最为显著的装饰特征，在设计风格上以对称和平衡的多格分割为主，强调青多于白的色调。在海上丝路贸易兴起的背景下，不同尺寸的盘碟成为最主要的器型，方便运输、节省空间。盘碟的多开光装饰以模印和青花描绘结合或独立的方式，将边饰分割装饰，成为和欧洲时代风格相呼应的一种表达方式，在市场中颇受欢迎，并发展成为克拉克瓷器的主流样式，影响至清代。边饰的分割形式以线形条棱为主，并在边框形成了变形莲瓣、圆形、水滴形等多种开光变式，既有对元代八大码式样的继承，也有受到伊斯兰陶瓷等器皿的影响，在定制的特定器物装饰中可以看到类似的边框形式。晚明克拉克瓷器和同期销往东南亚、中东等地外销瓷，以及内销市场上的瓷器装饰又有所差异，不同地域消费者的审美影响其边饰分割的流行和多开光风格的形成，而晚明时期的文人审美又对当时的艺术具有普遍的指导性，通过版画等载体被瓷器所借鉴，随不同的地区消费而发展。

第四节 隐性与显性：审美范式的时代变迁

明代晚期盛行的外销克拉克瓷与同期销往日本的古染付，以及国内市场的日用瓷器在边饰分割中都有明显不同，被作以刻意强调

[1] 陈进海：《世界陶瓷艺术史》，哈尔滨：黑龙江美术出版社，1995年，第101—102页。

[2] 有田烧，也称"伊万里"。有田烧是日本佐贺县有田町为中心出产的瓷器，由于在江户时代日本出口到欧洲的瓷器均在伊万里港口装船储运，故被欧洲统称为"伊万里"。参见东莞展览馆编：《模仿与超越：东莞展览馆藏中日"伊万里"风格外销瓷鉴赏与研究》，北京：文物出版社，2020年，第8页。

和均分，既凸显繁复之风，又对装饰图像进行严谨的规律化分布处理，据不同消费地区的审美，转换器物的装饰风格。

一、晚明文人审美及影响

唐代的陶瓷既有素雅静谧的白瓷、秘色青瓷，也有带有异域情调的三彩器皿。宋代瓷器均以素雅的釉色装饰为主，追求纹饰低调、比例均衡的雅致风格。瓷器不仅是餐饮器皿，更是文人书房的固定元素，显示了文人儒家审美之风。[①]元明时期，随着元代浮梁磁局和明代御窑厂的建立，南方景德镇在继承青白窑系的"拟玉"青瓷系审美同时，也发展了带有异域情调的青花装饰。浙江一带的青瓷也在元明时期通过贴花、刻划等技法将装饰从对釉色偏重转向图像的显现装饰，特别是在施有青釉色的器物底上以素胎贴花的组合形式将装饰的主要纹样凸显出来。

晚明时期文人一方面对明之前宋代等名瓷肯定，另一方面对本朝官窑瓷器加以推崇。董其昌《骨董十三说》既论述宋代五大名窑，也提及宣德、成化、嘉靖技艺之高，称"本朝宣、成、嘉三窑，直欲上驾前代"[②]。晚明沈德符《万历野获编》论述，"本朝瓷器，用白地青花，间装五色，为今古之冠，如宣窑品最贵。近日又贵成窑，出宣窑之上"[③]，对于民窑器物，虽没有过多赞誉，但也提及其在贸易中的重要性。明代王士性《广志绎》："此花白二瓷，他窑无是，遍国中以至海外彝方，凡舟车所到，无非饶器也。"[④]

尽管晚明文人对民窑并没有多着笔墨，但盛行的文人之风对于此时外销瓷的生产同样产生影响。外销日本的古染付青花瓷小巧精致、造型多变，一些动物造型的碗、碟，如双鱼、玉蝉、玉鱼等都与明代的墨条等文玩形制相近，以《方氏墨谱》《程氏墨苑》等版画中的图稿为粉本。[⑤]以版画为媒介，远销欧洲等地的晚明克拉克瓷也同样受到晚明文人的审美影响。明代以文人书画为来源的《程氏墨苑》《顾氏画谱》等版画中具有诗意的自然景致，也是克拉克瓷盛行的主题纹样。

---

① （美）罗伯特·芬雷著，郑明萱译：《青花瓷的故事：中国瓷的时代》，海口：海南出版社，2015年。

② （明）董其昌：《骨董十三说》，民国二十五年上海神州国光社排印美术丛书本，集二。

③ （明）沈德符：《万历野获编》，清道光七年姚氏刻同治八年补修本，卷二六。

④ （明）王士性：《广志绎》，清嘉庆道光间临海宋氏刻台州丛书本，卷四。

⑤ 金立言：《和风扑面——明末清初外销日本的景德镇瓷器》，《收藏家》，2018年第7期。关于明代外销日本古染付的造型受到来自晚明文人审美趣味的影响，参见谢明良：《关于叶形盘——从台湾高雄县左营清代凤山县旧城聚落遗址出土的青花叶纹盘谈起》，《金泽大学考古学纪要》，2010年第31号。

二、中东地区器皿的繁密审美

中东地区伊斯兰艺术中的早期陶器，繁密的平均分割是釉陶装饰的常见特征，在论证克拉克瓷开光起源时，一些学者也论述了这种平均化的边饰分割和中东地区伊斯兰艺术的关联性。[1]中东地区作为克拉克瓷外销的一个重要市场，这种关联性表现尤为突出。事实上，在荷兰东印度公司占据海上贸易主导权之前，从事亚欧贸易的葡萄牙商人正是将大量的中国瓷器沿途销售到西南亚、北非、中东地区，并带回一部分到达欧洲。1602年、1604年荷兰人抢夺的两艘船只中在欧洲引起轰动的克拉克瓷，也正是这样沿途销售的器皿。克拉克瓷的边饰分割框形状多样，与早先的伊斯兰日用金银及陶瓷器皿具有一定的关联。[2]在晚明伊斯兰教徒特别定制的阿拉伯纹彩瓷盘边饰中，可以看到与之相近的圆形八开光边饰分割。[3]

三、欧洲市场的审美与接受

在16世纪明代中期瓷器抵达欧洲之前，该地区以釉陶器皿为主要陶瓷用品。14世纪，文艺复兴初期意大利地区的釉陶盘画风繁密，以宗教人物绘画为主题。随着欧洲和中东地区的交流发展，在文艺复兴后期，即16世纪前后，欧洲地区的釉陶边饰也出现了平均分割。如意大利当时著名的德鲁塔制陶区所生产的陶盘，盘心仍以人物为主题装饰，在平均分割的边饰中则以不同的几何纹装点（图2-8）。这样的装饰风格是欧洲当时所流行的，也有利于克拉克瓷审美在欧洲地区的接受，因此这也成为克拉克瓷边饰多开光风格的一种来源可能。[4]意大利地区这类釉陶装饰也与伊斯兰艺术有紧密的关联性，在装饰风格上受到一定的影响。[5]值得一提的是，这类棱式开光所形成的分割装饰画面的效果同时具有传统瓷器——碎器装饰的特征，在一定程度上符合欧洲审美的传统，特别是当擅长运用镶嵌玻璃引入神圣光源的荷兰画家约翰内斯·维米尔

[1] 曹建文：《中葡早期贸易与克拉克瓷器装饰风格的起源》，载郑培凯主编《逐波泛海——十六至十七世纪中国陶瓷外销与物质文明扩散国际学术研讨会论文集》，香港：香港城市大学中国文化中心，2012年，第308页；罗易扉、曹建文：《景德镇克拉克瓷开光装饰艺术的起源》，《中国陶瓷》，2006年第9期。

[2] Von Kjeld Folsach, *The David Collection Islamic Art*, Denmark: Copenhagen Press, 1990, p. 95.

[3] 南京市博物总馆、宁波博物馆、上海中国航海博物馆编：《CHINA与世界——海上丝绸之路沉船和贸易瓷器》，北京：文物出版社，2017年，第328—329页。

[4] Linda Rosefeld Pomper, "A Possible Source for the Panelling on One Type of Kraakware", *Arts of Asia*, No.7, 2015.

[5] Catherine Hess, eds., *The Arts of Fire: Islamic Influences on Glass and Ceramics of the Italian Renaissance*, Los Angeles: J. Paul Getty Museum, 2004, pp. 88-101.

（Johannes Vermeer）或其他欧洲人接触到碎器时，与其说传承自古希腊、古罗马马赛克的直观对照，不如说是生活周围所见的住宅、教堂镶嵌玻璃与中国碎器陶瓷表面亮釉间的相近之处，形成共通的视觉趣味。①

此外，边饰的平均分割和装饰主题的系列性也成为复调表现的一种形式，而复调正是晚明克拉克瓷及清初克拉克瓷风格盛行时期，即欧洲巴洛克时期盛行的一种艺术形式。没有主旋律和伴声之分，所有声音都按自己的声部行进，具有相对独立的旋律线，有机结合，相互层叠，构成复调体音乐。②这与克拉克瓷边饰的分割、多重内容的系列化组合装饰相得益彰。

① 谢明良：《陶瓷手记4：区域之间的交流和影响》，上海：上海书画出版社，2021年，第195—196页。

② 林华、叶思敏：《复调艺术概论》，上海：上海音乐出版社，2010年，第12—15页。

图2-8　意大利德鲁塔锡釉陶盘　1530—1540年　英国国立维多利亚与艾伯特博物馆藏

第三章

图像转向：明清外销瓷装饰自然图像和主题偏好

明清时期是中国外销瓷发展的重要阶段，销售地不仅在亚洲东南亚、欧洲，还包括中东地区及北非等地。应对广大的海外市场，瓷器装饰持续调整，不同的地域文化对器型、装饰题材的发展产生了一定的影响。

16世纪40年代，在葡萄牙早期的贸易中，曾定制了一些带有纹章的青花瓷器，但数量相对较少，并在17世纪随着荷兰的远东贸易占据主导地位后，这些定制的图样慢慢退出市场。晚明外销瓷的图像装饰源于中国传统纹样，包括祥瑞动物、风景、花果等多种主题纹样。面对晚明中欧直接贸易量的激增和新的欧洲顾客群体的需求，中国传统纹样有意地迎合市场做出改变，并随着市场的喜好呈现出偏好性。明末内销青花瓷器面向民用，总体上追随文人写意风格，画风趋于抽象、简约，而外销瓷是被当时欧洲中上层阶级所享有的奢侈品，在装饰上趋于细致化的发展取向。

在17世纪上半叶的瓷器贸易整体趋势中，荷兰商人表现出对装饰图像较少的干预度，尽管从1635年开始，部分器型是按照荷兰东印度公司商人提供的样品制作，并提出一些关于"绘有细致绘画的中国人物"等风格和主题建议，但整体绘画内容、风格并没有反映出其受到西方装饰风格的显著影响。[①] 值得注意的是，由于这

[①] （荷）耶尔格著，李冰译：《17世纪销往荷兰的中国瓷器：贸易网络和私人企业》，载冯小琦主编《古代外销瓷器研究》，北京：故宫出版社，2013年，第232页。

一时期以荷兰为主的欧洲商人并没有给出完全的样稿，更多是按照中国提供的产品而选择。在这种情况下，作为供货商的中国陶瓷的生产者只能有意识地去迎合海外市场，当上一年度某种纹样或风格的瓷器在市场上受到欢迎后，必然在接下来的一段时间里继续沿用，而不是再去冒险尝试新的纹样。有能力的作坊有可能在跟随一段时间后，寻找新的图样尝试，以创新点争夺并引领市场，如结合荷兰商人贸易陆续传入的一些欧洲装饰花卉，适当调整装饰图案的局部，形成晚明外销瓷装饰图案西风东渐的趋势和中西合璧的设计风格。

17世纪下半叶开始，经历了明清交迭的混乱阶段后，欧洲商人们重新建立了与中国的固定贸易关系。除荷兰东印度公司外的欧洲其他国家也陆续成立东印度公司[①]，在远东贸易中越来越多地涉及陶瓷交易，并开始定制受欧洲器型和装饰风格影响的瓷器，即"特别订单"——由各国东印度公司的货物管理员私自承接的订单。这些订单在抵达中国后，被送到景德镇、广州的窑厂和工坊，并在货船返回欧洲时，完成订单的交付事宜，以英国为主的欧洲贵族、皇室和公司纹章为主题图案的中国外销瓷器也在这一时期开始盛行。[②]

18世纪的陶瓷贸易中，欧洲客户的订购瓷器要求越来越具体，中国制瓷工匠所运用的欧洲图案和人物肖像也越来越多样，除纹章瓷外，宗教、神话、历史等叙事性场景也越来越多地走进外销瓷的图像。这些特别订单在贸易中比重不大，但因利润可观直至延续到18世纪末。随着广彩的盛行和广州地理位置的便利，欧洲商船抵达后往往停泊数月，待季风季结束后返航，停留期间也为处理订单和交付成品提供方便。[③]"特别订单"（定制瓷）的出现和盛行，是明清瓷器在海外传播中的"在地化"图像转向，也是一种媒介载体在不同文化中的全球史书写。

[①] 最早成立东印度公司的是英国东印度公司（1600）和荷兰东印度公司（1602），但在早期贸易中荷兰东印度公司更多地主导陶瓷贸易。随后丹麦、葡萄牙、法国、瑞典、奥地利等国也陆续成立东印度公司，积极投入亚欧间的各项货物贸易，陶瓷也逐渐发展为各国商贸的重要商品。

[②]（英）柯玫瑰、孟露夏著，张淳淳译：《中国外销瓷》，上海：上海书画出版社，2014年，第47页。

[③]（英）柯玫瑰、孟露夏著，张淳淳译：《中国外销瓷》，上海：上海书画出版社，2014年，第77页。

第一节 传统祥瑞与风景调式

一、遭冷遇而消逝的龙凤

龙凤题材是中国颇具历史的固定装饰题材。[1]龙凤源于中原神话夏殷两民族,《山海经》中提及:"鲧复生禹,开筮曰:'鲧死三岁不腐,剖之以吴刀,化为黄龙也。'"[2]《毛诗》载有:"天命玄鸟,降而生商。"[3]汉代时期,龙、凤、虎、龟组合成为宇宙四方神兽。唐代起龙、凤的宗教象征寓意削弱,多用于装饰银器为主的工艺品。景德镇民窑瓷器装饰深受元代官方浮梁瓷局及明清御窑装饰体系的影响,元至明清陶瓷以龙、凤等神瑞之兽题材为多见。

根据康蕊馨(Regina Krahl)编著的《土耳其伊斯坦布尔藏中国瓷器图录》来看,在元代销往中东地区的瓷器中,除牡丹等缠枝花卉外,龙凤题材仍占据多数,尤其是凤纹题材。[4]事实上,在伊朗等地区也有类似图案并具有永生寓意的神鸟,有利于中东市场对于凤凰——非现实瑞鸟图像的接受。这种来自波斯神话的鸟被称为西牟鸟,由巴列维语"sin"(鹰)和"murgh"(鸟)组成,又翻译为"西姆吉"等,是中东一带常见的装饰图案。[5]但在晚明外销欧洲的瓷器中,龙凤纹样并不常见。

从目前发表的相关晚明外销欧洲的瓷器资料看,龙纹的克拉克瓷极少,仅有藏于英国国立维多利亚与艾伯特博物馆和德国黑森州卡塞尔州立博物馆等少数案例,如英国国立维多利亚与艾伯特博物馆藏明万历青花开光龙纹瓷盘(图3-1),盘壁为典型克拉克开光装饰,瓷盘中央为四爪龙纹的主题图案。黑森州卡塞尔州立博物馆藏的瓷盘构图相近,区别只是在盘内增加了几何纹的锦地边饰。[6]明代万历至清代瓷器装饰龙纹设计从元代流行的以龙身体为主要刻画对象的游走形式侧面龙,发展成凸显龙首形象的正面龙纹,基本与《程氏墨苑》中"飞龙在天"版画(图3-2)趋于一致[7],龙首平面勾勒,龙颈从顶部绕过呈圆圈状,并在下部以弯曲变化的S状

[1] (英)罗森著,孙心菲等译:《中国古代的艺术与文化》,北京:北京大学出版社,2002年,第322页。

[2] (夏)伯益撰,(东晋)郭璞注:《山海经传》,清乾隆嘉庆间镇洋毕氏刻经训堂丛书汇印本,卷一八。

[3] (西汉)毛亨传,(东汉)郑玄笺,(唐)孔颖达疏:《毛诗注疏》,清嘉庆二十年南昌府学重刊宋本十三经注疏本,卷一七。

[4] Regina Krahl, Nurdan Erbahar, John Ayers, *Chinese Ceramics in the Topkapi Saray Museum Istanbul: A complete Catalogue, Vol. 3*, London: Sotheby, 1986.

[5] Juan Eduardo Cirlot, *A Dictionary of Symbols*, New York: Courier Dover Publications, 2002, p. 253.

[6] Ulrich Schmidt, *Porzellan aus China und Japan: Die Porzellangalerie der Landgrafen von Hessen-Kassel Staatliche Kunstsammlungenen*, Kassel and Berlin: Dietrich Reimer, 1990, p. 178.

[7] 昌彼得主编:《明代版画选》,台北:"国立中央"图书馆,1969年,第43页。

图 3-1 明万历青花开光龙纹瓷盘 英国国立维多利亚与艾伯特博物馆藏

图 3-2 "飞龙在天"版画，明代《程式墨苑》

延展开。二者在背景上同样运用到了火焰纹和祥云的装饰元素，但构图上尾部处理略有不同。"飞龙在天"出自《易经》乾卦九五爻，"飞龙在天，利见大人"，多有祥瑞之意。[1] 此外，克拉克外销瓷盘上的龙纹为四爪龙，而"飞龙在天"版画为象征皇室的五爪龙。这种在龙爪上的描绘也和国内御窑厂器物中五爪龙的设计有所区分。凤纹是国内非常流行的纹样，但在陶瓷主产区景德镇的外销瓷中，并不常见。一些福建漳州窑的外销青花瓷器中运用了站立的单凤主题纹样，但从欧洲的传世品来看，也并没有得到广泛的流行，可能更偏向于销往文化相对接近的东南亚地区。

来自中国的华丽的龙凤纹饰并非自然界真实的动物纹样，尽管在晚明的官、民窑中极为常见，但由于文化背景的差异，并没有受到欧洲市场的欢迎，难以引起消费者的共鸣。[2] 龙凤纹样在晚明外销欧洲瓷器中的逐渐淡出，正是因为这类纹样在新的贸易市场中遇冷造成的。

二、微变的中庸之景：田园之鹿与花鸟祥瑞

相较于龙凤题材的冷遇，在晚明外销瓷的装饰纹样中，常见的动物结合自然风景的主题纹样愈发流行，田园之鹿和池塘水禽景色尤为突出。虽然鹿、雁等在晚明装饰纹样中仍具有祥瑞寓意，但外销市场的顾客群体多将其理解为去寓意化的自然表现。

（一）苍原野鹿到田园之鹿

关于鹿纹装饰在陶瓷上的出现，最早可以追溯到原始彩陶时期。虽然在彩陶装饰图案上，鱼、蛙、鸟等带有图腾崇拜的动物纹饰是主流，但是半坡遗址也出土了一组以鹿纹作为主题的陶碗，可以理解为表现这一时期生活中的狩猎场景。鹿纹在唐代长沙窑产品中有出现，数量却不多。元代的吉州窑和磁州窑产品中有在开光内的鹿纹装饰。特别是景德镇窑中以单个鹿为主题装饰的元代青花瓷

---

[1]（西周）姬昌撰，（魏）王弼注，（东晋）韩康伯注，（唐）邢璹注：《周易》，清乾隆四十八年武英殿刻仿宋相台五经本，卷一。

[2] 欧洲的龙的形象可以追溯到中世纪，从基督徒圣乔治屠龙神话的传播可见，龙常被视为邪恶的象征，且在外形上有双翼，和中国龙不能等同，在此不展开叙述。

盘和万历外销鹿纹瓷盘有直接的相似之处。明嘉靖年间，由于嘉靖好道，鹿在道教中有独特的吉祥地位，且鹿"禄"谐音，鹿纹在陶瓷装饰中逐渐增多。如明嘉靖至崇祯年间民窑盛行的"天官鹿纹图"装饰纹样，即一鹿与一文官组合的图案，鹿的形象虽然勾画简单，但其基本形态已出。① 在海外，也发现有带有嘉靖款，类似于元青花的风景与鹿主题的一组瓷盘。② 至万历年间，随着当时装饰图案的丰富，工匠们又很有创意地将鹿纹和松树结合在一起，带有（福）禄寿的喜意。

从原始岩画到陶器、金银器等，源于自然的鹿纹是世界范围内常见的装饰题材。欧洲和中亚对鹿的理解，更多是和狩猎相关，尤其是苍原野鹿的形象。在渔猎时代，人类文明史上曾有过对鹿角的崇拜，这是因为那时的人类对时间和历法的认识正是从每年春天鹿茸的生长开始的，即"物候历法"起源。不同的鹿在各地还有不同的吉祥寓意。如在欧洲，驯鹿在人类出现之前，早已在地球上生活了100万年之久，在古人类留下的洞穴壁画和岩画中常有猎鹿的场面出现。西方人认为其与超自然力有关，比如北欧日耳曼人一看见驯鹿就会联想起冬至的到来。③ 在连接中欧之间的北方草原地区，在斯基泰文化野兽纹的影响下，鹿作为草原中常见的动物之一，也是金属工艺装饰中常见的形象。如图3-3的一组鹿纹铜牌，具有西伯利亚大角鹿夸张的鹿角和矫健的身躯，表现出苍原野鹿的形象。

和苍原野鹿的雄健相比，明代瓷器上的鹿纹多为外形秀美的梅花鹿。鹿纹装饰亦与神瑞寓意相关，汉赋《楚辞》卷一四"哀时命"篇有云："浮云雾而入冥兮，骑白鹿而容与。"④ 在诗文描述中，鹿为人升仙时的乘骑。以鹿为题材的古代装饰不断增多，晚明沈遴奇所编版画《剪霞集》中，双鹿图案亦加以"仙鹿"题款（图3-4）。⑤ 从传世瓷器来看，嘉靖时期民窑的"天官鹿纹图"和万历时期的"五彩百鹿尊"，将鹿纹推向瓷器装饰的高峰，民窑瓷器纹样多受官窑影响。

与早期金属器皿上苍原野鹿的雄健之态相比，晚明瓷器上盛行

---

① 熊寥、熊寰编著：《中国历代瓷器装饰大典》，上海：上海文化出版社，2005年，第43—45页。

② 莫拉·瑞纳尔迪著，曹建文、罗易扉译：《克拉克瓷器的历史与分期》，《南方文物》，2005年第3期。

③ 乔晓光：《吉祥在东西方之间》，《中国国家地理》，2007年第1期。

④（东周）屈原撰，（西汉）刘向编集，（西汉）王逸章句：《楚辞》，明隆庆五年豫章夫容馆重雕宋本，卷一四。

⑤《剪霞集》属晚明为沈遴奇所编，明彩印版画，用红、棕、蓝、绿、灰色套印，美国王方宇处收藏16幅，据说日本最近又发现后印本40多幅。图片采自高居翰：《高居翰数字图书馆》，http://210.33.124.155:8088/JamesCahill。

图3-3　战国鹿纹铜牌　甘肃省博物馆藏　　　　图3-4　仙鹿版画，明代《剪霞集》

的梅花鹿纹更多表现为田园之鹿的悠闲和安逸，且在形态上和版画也有相近之处（图3-5）。鹿纹在外销市场中受到了极大的欢迎，在随后的贸易中，鹿纹成为订购产品中颇为重要的纹样。以2003年打捞出海的"万历号"沉船公布的数据为例①，在列出的66类打捞瓷器中，两只鹿为中心装饰的瓷盘位居首位，总数估计在10442件，约占总瓷器数量（约37300件）的三分之一。另外，直径在14、21、32厘米的鹿纹克拉克瓷盘、瓷碟总数近9000件，还有数量达10336件的小碗也不乏鹿纹装饰。②

在欧洲市场上，鹿纹主题能够被广泛接受和喜爱，得益于鹿形象在各地区的常见和纹样中的运用。在数量剧增的晚明外销瓷中，鹿纹的装饰所带有的仙鹿寓意被简化，而自然的田园之风因新的顾客群体的审美接受和自身的装饰传统，成为流行的装饰图案。

（二）草长莺飞：毗陵草虫画与花鸟版画的流行

明代中晚期以来，走兽、鸟雀、昆虫与花草树木营造的自然景致成为外销瓷装饰的常见题材。草虫画的小景图尤为适应晚明时期兴起的多开光装饰，成为16世纪以来外销瓷中常见的辅助纹饰。

① Sten Sjostrand, Sharipah Lok Lok bt. Syed Idrus, *The Wanli Shipwreck and its Ceramic Cargo*, Malaysia: Department of Museums Malaysia and Sten Sjostrand, 2007, p.44.

② Sten Sjostrand, Sharipah Lok Lok bt. Syed Idrus, *The Wanli Shipwreck and its Ceramic Cargo*, Malaysia: Department of Museums Malaysia and Sten Sjostrand, 2007, p. 44.

图3-5 明万历至天启时期青花双鹿瓷盘 吉美国立亚洲艺术博物馆藏

广义上草虫画是花鸟画中的一类，六朝时以绘蝉、蝴蝶为主的草虫画已出现，一些毗陵（今江苏常州）的职业画家，皆善画此类作品，也称毗陵画派、常州画派等。北宋时期，草虫画和花卉的组合题材继续发展，如吴炳等毗陵籍画家任画院待诏，效力于皇家，成为宋代花鸟画的代表性画家。毗陵草虫画不仅在宫廷画中崭露头角，也促进了这类花鸟草虫自然小景在中国绘画史中的发展。

明代宫廷画家孙隆同为毗陵人氏，宣德中曾为翰林待诏，绘有《花鸟草虫图册》十二开，以写意手法写生花鸟草虫，另有《写生册》。毗陵草虫图对明代版画也有所影响，如明代万历至天启时期黄凤池等根据集雅斋藏画谱刊刻的《草木花诗谱》，以不同花卉为主题，辅以昆虫构成动静结合的画面，是自然小景的真实再现。在版画流行的安徽、江苏、福建地区，当地的商人行会和文人圈子，往往与景德镇的制瓷工匠们有着密切的联系，也促进了转变期瓷器的装饰纹样是由版画和书籍插图而来。[1]

草虫图还多具有美好寓意，符合了瓷器图案装饰"画必有意，意必吉祥"的祥瑞表现传统。在晚明外销瓷器的纹饰中，往往结合

---

[1] （荷）耶尔格文著，李冰译：《17世纪销往荷兰的中国瓷器：贸易网络和私人企业》，载冯小琦主编《古代外销瓷器研究》，北京：故宫出版社，2013年，第232页。

克拉克瓷多开光设计的典型特征，盛行带有祥瑞寓意的草虫花鸟等动、植物，特别是在克拉克瓷盘（碗）壁上宽而延展的多开光装饰内常绘有来自中国佛教、道教等祥瑞图案，并间隔一些花卉水果图纹。[1]这些花卉图往往也是以草虫图为主，增加了画面的自然动态，并符合整个画面装饰的祥瑞主题。

（三）花鸟祥瑞：从"满池娇"到自然景致

克拉克瓷器上的主题图案通常在盘心等器物主体展示部位，运用大量的中国传统花鸟组合图像，营造出一种东方视觉自然场景。在早期贸易中，荷兰东印度公司尽管会根据欧洲市场在器型方面有所要求，但并不会对纹饰有所干预，中国装饰风格成为贸易中吸引顾客的显著特色，即刻意保留的异域性——中国装饰魅力。[2]

传统花鸟题材中的荷花、菊花、牡丹是常见的花卉装饰，特别是盛行的明代版画借鉴了大量传统草虫花鸟题材和构图方式，也积极影响着瓷器纹饰。折枝花鸟画的形式在唐代已逐渐形成，除了整体表现的主题花卉外，牡丹、荷花、菊花等折枝花卉也通过分散、繁复的形式组合在克拉克瓷边饰开光内。

自宋金以来流传的池塘水禽组合图像，又名"池塘小景""春水（秋山）""满池娇"等，是宋元时期流行的织绣纹样，其画面构成元素中的莲花（荷花）成为瓷器主题图案中最为常见的表现对象。[3]南宋吴自牧撰《梦粱录》卷一三《夜市》中记载当时临安夜市夏秋售卖的物品中就有"挑纱荷花满池娇背心"[4]。元代画家柯九思《宫词十五首》中曰："观莲太液泛兰桡，翡翠鸳鸯戏碧苔。说与小娃牢记取，御衫绣作满池娇。"[5]柯氏自注云："天历间，御衣多为池塘小景，名曰'满池娇'。"[6]元代《可闲老人集》卷二载："鸳鸯鸂鶒满池娇，彩绣金茸日几条。早晚君王天寿节，要将著御大明朝。"[7]由此可见，"满池娇"是一种宫廷服装图案的名称，描绘的是池塘中的花鸟景色。

池塘水禽的动物题材是克拉克瓷盘中常见的盘心主题纹样，且

[1] Julie Emerson, Jennifer Chen, Mimi Gardner Gates, *Porcelain Stories-From China to Europe*, Seattle: Seattle Art Museum and University of Washington Press, 2000, p. 103.

[2] Clare Le Corbeiller, Alice Cooney Frelinghuysen, "Chinese Export Porcelain, The Metropolitan Museum of Art Bulletin", Winter, Vol. 60, No. 3, 2003.

[3] 近年相关研究诸多，如尚刚：《故事：满池娇》，《书城》，2013年第11期；刘中玉：《元代池塘小景纹样略论》，《荣宝斋》，2009年第2期。关于金银器的池塘小景，扬之水也有过相关研究，详见扬之水：《"金"风吹开一池莲——金银器中的池塘小景》，《紫禁城》，2020年第6期。

[4] （宋）吴自牧：《梦粱录》，清嘉庆十年虞山张氏照旷阁刻学津讨原本，卷一三。

[5] （清）顾嗣立辑：《元诗选》，清康熙三十三年至五十九年顾氏秀野草堂刻雍正印本，集三。

[6] （清）顾嗣立辑：《元诗选》，清康熙三十三年至五十九年顾氏秀野草堂刻雍正印本，集三。

[7] （民国）陈衍：《元诗纪事》，民国十五年上海商务印书馆排印本，卷二五。

流行持续时间较久。水禽在盘心处分上下两部分别以示近景和远景，数量也从单只到多只不等，往往依器物大小而改变。水禽的绘画中最为常见的即野雁，具有祥瑞寓意。如图3-6，在直径53.2厘米的克拉克瓷盘中心，近景处的岩石上绘有三只栖息在岸的野雁，远景处三只野雁飞翔在天空，两组野雁形成呼应，两组中间的池塘上还有一只游于水上。画面主题部分以淡彩青花的色调表现荷花，结合背景中的浓淡相间的荷叶与卷草形成对比色调，右侧渲染的荷花水草、远处的山石卷云等共同形成富有层次感的画面空间。画面体现了宋代以来全景式花鸟画的构图影响，花卉的表现整体而丰富，并具有吉祥寓意。这类图案在构图上也与明代版画有相似之处，如广为熟知的《顾氏画谱》中也有类似选取的翎毛画作（图3-7）。

在水禽替换为其他立于石上的鸟雀或草虫题材后，这种莲池的水景则由生于陆上的牡丹、菊花等祥瑞花卉替代，草虫类图像在弱化动物的同时，往往突出了花卉的姿态，并以成组的茎叶、石头等补景。此外，以盆景的形式呈现的花卉纹饰也是克拉克瓷常见的装饰形式，背景的栏杆与盆景中的牡丹共同形成具有富贵吉祥寓意的庭园景致。

图3-6　明万历至天启时期青花水禽纹瓷盘　德累斯顿国家艺术收藏馆藏

图3-7 水禽版画,明代《顾氏画谱》

野雁在中国也可谓禽中之冠,常被视为"五常俱全"的灵物,即仁、义、礼、智、信,是工艺装饰中较早出现的图案,从唐代三彩陶盘沿用至明清。宋金元磁州窑中流行的"雁衔芦"纹更与衔禄、传胪寓意相连。① 与仙鹿相似,晚明的外销瓷器中诸如雁纹等水禽的祥瑞寓意也因外销市场的文化而淡去,在单色青花勾勒写意的晚明外销瓷器上,常易与野鸭混淆,后者更是欧洲极为常见的河边自然风景。因此题材所表现的自然风情深受欧洲市场喜爱,衍生出更多的池塘水禽图案。

在晚明外销瓷中颇为常见的"田园之鹿"和"池塘水禽"图案也蕴含了辽金时期服饰"春水秋山"的隐喻,《金史·舆服志》曰金人常服,"胸臆肩袖,或饰以金绣,其从春水之服则多鹘捕鹅,杂花卉之饰;其从秋山之服,则以熊鹿山林为文"②。《辽史·营卫志》行营条载:"因宜为治,秋冬违寒,春夏避暑,随水草,就畋渔,岁以为常,四时各有行在之所,为之捺钵。"③ 这两类图案在晚明外销瓷中的广泛流行,也被认为是此题材的一种"复古创新"。④

① 常樱:《宋金时期"雁衔芦"纹的产生与演化》,《装饰》,2015年第7期。

② (元)脱脱:《金史·舆服志》下,清乾隆四年武英殿校刻本,卷四三。

③ (元)脱脱:《辽史·营卫志》中,清乾隆四年武英殿校刻本,卷三二。

④ 王冠宇:《复古创新:晚明外销瓷所见"春水秋山"题材》,《美成在久》,2016年第6期。

（四）花鸟图式、程式化与微变体系

在迎合新的顾客群体时期，景德镇的窑工们一方面敏锐地捕捉市场的动态，生产盛行和被需求的纹样，另一方面又在本身擅长的传统花鸟等纹样上进行程式化的极简构图，以模件到单元的形式，广泛地运用在这些微变中的外销瓷装饰上。通过花卉的简繁之变，以及"鸟立山石"本体和衍生的演变方式，既保证了绘制的熟练度，也丰富了装饰的多样性。

1.花卉的简繁之变

在外销瓷中，和中外交流的其他纺织纹样等类似，源于自然的美丽花卉一直是常见的装饰母题，这些母题被称为装饰的模件。以牡丹花卉为例，根据装饰区域的大小和要求，陶工可以变换不同的母题的复杂性，即通过增加或减少母题的数目而达到绘画的简繁效果。[1]晚明时期的民窑青花图案极为简洁，而欧洲市场明显倾向于较为繁复的绘画，更显画风细致。同样的单支花卉的图案应用于不同尺寸的器物装饰上，既可通过增加花头的数量，也可通过增加枝叶的数量达到这种繁复效果，从而更好地迎合市场风格需求和器物造型。

花卉简繁之变的方法是陶工在短时间完成大量订单极为有效的手段，最初构成单只花卉的本体构图和绘画非常简单，陶工可以不依赖繁复的粉本和高超的绘画技巧而实现，这些单一的花卉经画工自由增加数目，便可丰富画面。花卉简繁之变的方法同样运用在其他果实纹样装饰上，特别是带有长寿寓意的桃纹，它们通常和花卉相间组成边饰，除了增加桃子的数量，还将叶子最大化地增多，从而减少画面中留白区域，组成类似向日葵的图案，成为特别的风格化桃纹（图3-8）。[2]田园鹿纹和池塘水禽一样可以借此方式而自由变化。有意思的是，花果的增加方式常为一到三的奇数变化，而鹿、水禽等常以偶数方式增加。

2."鸟立山石"的本体与衍生

在晚明外销瓷上单只的鸟立于石上是常见的绘画题材（图3-9），

---

[1] （德）雷德侯著，张总等译：《万物：中国艺术中的模件化和规模化生产》，北京：生活·读书·新知三联书店，2005年，第130页。

[2] Maura Rinaldi, *Kraak Porcelain: A Moment in the History of Trade*, London: Graphicon Press, 2008, p. 102.

这样的"鸟立山石"构图形式同样运用于晚明盛行的凤凰等其他鸟雀山石组合图案中，其首先从金银器装饰借用于漆器，再逐渐转移到瓷器上，从此"鸟立山石"成为一种标准化的图案式样，被广泛地应用在出口的瓷器上。①

和花卉图案类似，鸟立山石本身是一个非常简化的母题。如在碗内圆形的中心区域，单独且简化的组合母题已可以很好地填补画面的空白；面对更大的表现空间，如盘子的中心区域，则可以通过

① （英）罗森著，孙心菲等译：《中国古代的艺术与文化》，北京：北京大学出版社，2002年，第323页。

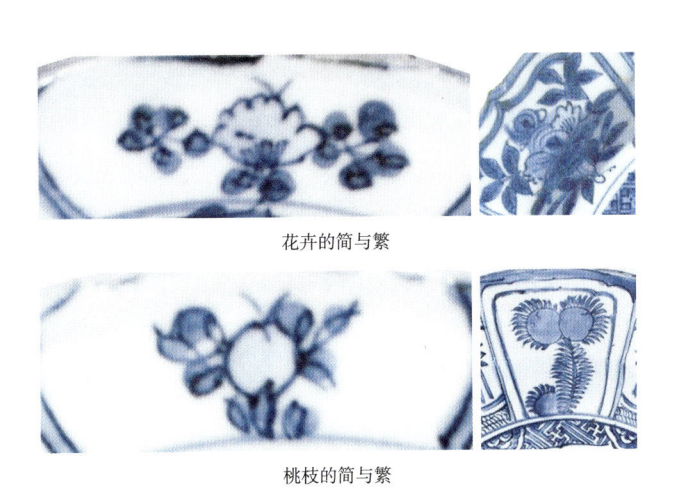

花卉的简与繁

桃枝的简与繁

图3-8 花卉与桃枝的简繁之变

图3-9 明万历至天启时期青花开光小碗 英国国立维多利亚与艾伯特博物馆藏

上篇 陶瓷贸易与风尚之变

61

和其他纹样组合，如与花卉结合构成复杂的衍生纹样。画工以母题组成构图单元（主题纹样），在构建这些单元的时候，有一定的自由空间，可以选择模件的种类及数量多少。[1] 甚至前文提到的池塘水禽，也可以看成"鸟立山石"本体的衍生。可替代的母题为大批量的订单绘制增加了主题纹样的丰富性，从而更好地迎合市场的需求，又避免产品纹样的过于雷同，成为雅致的园林小景（图3-10）。

第二节　图像流动：家族徽章与东方瓷

徽章瓷，也称为纹章瓷，主要指明清时期中国市场根据欧洲定制的家族徽章图像制作的外销瓷器，通常与其他装饰纹样组合呈现。当葡萄牙商人在16世纪开始进行亚欧陶瓷贸易时，中国的瓷器主要被用于沿途销往中东地区，即延续元代中国青花的主销售区。同时，也有一部分瓷器被带回欧洲，包括少量定制徽章瓷。随着航海贸易的发展及荷兰、英国等东印度公司的陆续建立，定制徽章瓷成为流行趋势，是具有政治属性和文化价值的移动表征，也是时尚的符号体。

15世纪，土耳其控制着亚欧陆地丝绸之路。1498年，葡萄牙航海家达·伽马（Vasco da Gama）绕过非洲好望角，开拓了东西方海上交通路线，促进了国际商品贸易，其在印度购买了很多中国

---

[1] （德）雷德侯著，张总等译：《万物：中国艺术中的模件化和规模化生产》，北京：生活·读书·新知三联书店，2005年，第130—138页。

图3-10　"鸟立山石"的本体与衍生

瓷器，并呈送给葡萄牙国王唐·曼努埃尔一世（Don Manuel I, o Venturoso），引起了里斯本宫廷的兴趣。随后国王写信给西班牙哈布斯堡家族时，也专门谈及中国瓷器。[①]1509年，葡萄牙商人到达马六甲，与华人有了直接接触，并订购中国瓷器。1513—1522年，中葡贸易增长迅速，其中瓷器已占很大的份额。葡萄牙人定制的纹章瓷早于澳门开埠之前。16世纪中叶以来，最早抵达中国开始直接贸易的葡萄牙商人曾定制了少数专供葡萄牙和西班牙王室及贵族的瓷器，如在其上饰有西班牙国王腓力二世（Felipe II de España）纹章，来自西班牙银圆上的王室徽章通常被认为是图像的参考。

明代的外销瓷中纹章瓷比重不大，但在早期葡萄牙和中国的直接贸易中，其是重要的贸易品，制作精良，且订购者多为王室贵族。现存最早的一件纹章瓷是里斯本梅德罗斯及阿尔梅达基金会收藏的一件于1519—1521年定制的欧式执壶，上面有葡萄牙国王曼努埃尔一世的徽章图案。[②]1520—1540年，还有一些定制的瓷器上面有代表国王个人的浑天仪和象征葡萄牙整个家族王室的纹章组合的图案，浑天仪作为葡萄牙王室的标记曾在曼努埃尔一世及其子若望三世（1521—1557年在位）时期均有使用（图3-11）。这些图案主要由葡萄牙远征军官帮王室定制，地点多在16世纪葡萄牙在东南亚海上贸易的枢纽——马六甲地区。[③]

① 金国平、吴志良：《流散于葡萄牙的中国明清瓷器》，《故宫博物院院刊》，2006年第3期。

② 金国平、吴志良：《流散于葡萄牙的中国明清瓷器》，《故宫博物院院刊》，2006年第3期。

③ 王冠宇：《葡萄牙人东来初期的海上交通与瓷器贸易》，《海交史研究》，2016年第2期。

图3-11 明正德、嘉靖时期青花葡萄牙王室徽章纹盘　上海博物馆藏

一些家族也开始定制具有徽章的中国瓷器，尤其是在1575—1602年由葡萄牙阿尔梅达（Almeida）家族定制了一组含徽章纹样的瓷器。家族徽章作为这一时期流行的克拉克瓷主题纹饰，以蓝底白花的装饰形式与盘壁开光纹饰中的中国传统花鸟纹相得益彰。[①] 如图3-12，葡萄牙阿尔梅达家族徽章出现在定制的克拉克瓷盘中心八角区域。值得注意的是，这件瓷盘以徽章为主题纹饰绘于瓷盘中心，围绕徽章的八个莲瓣形开光中分别绘有八幅不同的草虫图。其画面亦有写意之风，构图生动，和宋元时期装饰性缠枝莲等花卉构图不同，但与上文所提毗陵派草虫绘画及其影响下的明代版画多有关联。

这一家族还定制了具有青花多头兽徽章样式的拉丁箴言青花碗（图3-13），并在多头兽徽章的两侧书写拉丁文的箴言——"Septenti nihil novum"，即"对智者而言，天下并无新事"，碗内壁以流行的中国花鸟纹作为八开光装饰的纹饰。多头兽的图像也出现在同期澳门建造的圣保禄教堂外墙上。在流传的欧洲各地绘画作品中，也可以看到该图像，如德国汉堡美术馆藏威廉·克莱兹·海达（Willem Claesz Heda）于1638年所绘的《早餐静物》（图3-14）。

[①] Maura Rinaldi, *Kraak Porcelain: A Moment in the History of Trade*, London: Bamboo Publishing House, 1989, p. 89.

图3-12　明万历青花开光葡萄牙阿尔梅达家族徽章纹盘　吉美国立亚洲艺术博物馆藏

图 3-13　明万历青花多头兽拉丁箴言碗　大英博物馆藏

图 3-14　《早餐静物》 威廉·克莱兹·海达　汉堡美术馆藏

　　1580年，由于权力的继承关系，西班牙与荷兰的国王菲利普二世，也成为葡萄牙国王。德国法兰克福应用艺术博物馆收藏的明万历青花长颈扁瓶中则包括了西班牙的徽章图像（图3-15）。圆形的徽章图像和这一时期流行的货币银圆中的西班牙王室徽章在形状和图像上都趋于一致，流通的银圆或成为外销瓷定制图像的参考样式之一。①

　　1568年，荷兰曾发动了一场独立战争，从西班牙统治下独立出来，也

图 3-15　明万历青花西班牙王室徽章纹长颈扁瓶　法兰克福应用艺术博物馆藏

① 陈洁女士在图录中对其有相关描述，详情参见上海博物馆编：《东西汇融——中欧陶瓷与文化交流特集》，上海：上海书画出版社，2021年，第82页。

从那时起开始与葡萄牙进行贸易往来。当时的葡萄牙在西班牙的管制之下，权力受到限制，以致在1594年菲利普二世实行关闭里斯本港的政策，禁止荷兰的船只进入葡萄牙。荷兰在海上争霸的过程中，逐渐崛起，开始主导着航海贸易。随着中葡之间贸易关系的变化，以及荷兰海上贸易的崛起，这些外销徽章瓷短暂存在，亦弥足珍贵。

18世纪，欧洲商人在定制瓷器时，越来越多地对纹样做出直接干预，来自欧洲的古代神话、宗教、日常中的人物形象，以及西方城乡风景等越来越多地运用在外销瓷的装饰主题纹样中，但人物表现方面仍体现出中国绘画的视角，西方人物的形象往往具有差异化的表达。如图3-16，瓷盘中的基督形象与欧洲绘画中的人物形象仍有差异。事实上，这些人物的粉本在早期并不一定完全由欧洲画家提供，如在晚明的《程式墨苑》中也有相关宗教题材，属于转译的西方人物图像。一些欧洲商人也提供了较为真实反映欧洲人物的铜版画，但在景德镇或广州陶瓷工坊的"转写"中，仍不可避免地出现中国传统人物绘画的痕迹。随着文化交流的增进，特别是以日益精细、色彩准确的画片儿作为粉本，瓷绘才更接近西方人物。

相比之下，徽章瓷上的家族徽章等图像多以特定的画稿直接作为粉本，在转译表现中没有受到中国画工自身认知因素的影响，绘画表现更加精准，也成为欧洲家族争相定制的主要商品。清代随着作为海外粉本的画片儿日益精细，欧洲家族定制徽章纹的数量增加，多达数千套。清代徽章瓷的家族徽章多置于盘边或嵌入主题纹样的局部，纹饰整体表现为中国风格，如1716年时任孟买总督的查尔斯·布恩（Charles Boone）定制的伊万里风格中国外销瓷，徽章图像仅绘画在瓷盘口沿处（图3-17）。

随着粉彩等色釉装饰技术的进步，清代徽章瓷色彩更为鲜艳，如清雍正广彩伊佐德家族纹章纹盘（图3-18），约1730年由伊丽莎白·爱尔兰德（Elizabeth Izod）定制，徽章图像占据装饰的主要部分，欧洲风格明显，盘沿处仍为中国风格的花卉。18世纪后期，一些定制图稿的辅助纹饰均描绘细致，中国外销瓷也出现了全部西洋画风的面貌。

图 3-16 清雍正红彩描金耶稣受洗图盘　吉美国立亚洲艺术博物馆藏

图 3-17 清康熙青花矾红描金布恩家族徽章纹盘　天津博物馆藏

图 3-18 清雍正广彩伊佐德家族纹章纹盘　天津博物馆藏

第三节　视觉交错：贸易转折与"嵌入式"外国花卉

17世纪，由荷兰人主导的瓷器贸易，在纹饰上基本保留了中国16世纪以来民窑装饰风格——以花鸟为主，兼有山水、人物及各种几何纹饰。在荷兰逐步建立的亚欧贸易的航线中，由于葡萄牙和荷兰之间的商业矛盾，最初荷兰商人并没有和以景德镇为主的瓷器供应方取得直接联系，在17世纪初期荷兰和亚洲早期贸易中没有对纹饰进行直接干预，来自中国的瓷器多以转口贸易的方式收购并转销欧洲。为了实现利益最大化和争夺更多贸易权限，荷兰人和中国海上贸易主导者郑芝龙之间发动数次海战，并在1634年战事平息后有机会参与定制并获得新式瓷器。① 驻台湾的荷兰负责人普特曼（Putmans）在1634年9月的信件中提到了关于中国陶瓷的贸易订单和具体要求，许多各式各样旧样式的瓷器，和一些绘有中国人物的新的瓷器装饰图像等。② 一些新的、在中国不曾出现的如郁金香等花卉开始出现在克拉克瓷的装饰图像上，即通常称作"外国花卉"的图案装饰。

从17世纪30年代开始，克拉克瓷装饰上广为流行的中国传统图案发生了审美趣味的转变。在荷兰东印度公司贸易档案整理和相关讨论中提到，在1635年中国台湾的瓷器贸易中出现了特别的器物模型——绘有各种中国人物纹样的木制器物模型，以供生产者复制③，人物形象如穿有中国官服的"天官图"、不同社会角色的男性形象组合的"渔樵耕读"纹饰及庭园纺织等日常劳作的女性图像等。此外，日益增多的叙事性戏剧人物场景开始取代此前盛行的"池塘水禽""林间瑞兽"等动、植物主题，成为明末清初"转变期"流行的主题纹饰。与外销瓷中主题纹饰相衬托的杂宝、暗八仙、八宝等宗教祥瑞图案也随之改变，取而代之的是外国花卉成为流行于欧洲市场的边饰纹样。

1635年，荷兰和中国贸易出现了转折后，一些来自欧洲的图样和对商品内容的需求反映在外销瓷的装饰图像中。除了在器物主题装饰上流行的上述自然风景外，在边饰等辅助纹样上还开始盛行欧式花卉及中国普通人物的辅助纹。特别是在1635年之后十年的瓷器贸易中，出现了以蓝色郁金香为主的"西方

① Christiaan Jorg, *Porcelain and the Dutch China Trade*, Hague: Uitgeverij Martinus Nijhoff Press, 1982, pp. 22–46.

② （荷）耶尔格文著，李冰译：《17世纪销往荷兰的中国瓷器：贸易网络和私人企业》，载冯小琦主编《古代外销瓷器研究》，北京：故宫出版社，2013年，第232页。

③ T. Volker, *Porcelain and the Dutch East India Company: As Recorded in the DAGH-REGISTERS of Batavia Castle, Those of Hirado and Deshima and Other Contemporary Papers 1602-1682*, Leiden: E. J. Brill Press, 1971, p. 60.

风格"花卉纹样的流行样式。与其他常见的中国传统图案相比，具有非常独特的风格，中西交融的图案共同装饰着远销欧洲的瓷器。

外国花卉，也称"西方花卉"或"荷兰花卉"等，主要指在绘画中更换的非中国花卉——郁金香、康乃馨等，有装饰性较强的叶子与盾形徽章型的花头，且在构图上成对出现。花叶的形式主要分为垂直对称和非垂直对称两类，莫拉·瑞纳尔迪（Maura Rinaldi）引用福尔克对于荷兰东印度公司的相关论述，提到这组带有荷兰花卉的转变期瓷器风格产生于1635年，当时传播路径是木制的模型由中国人在荷兰人的监督下在中国台湾生产，为中国市场所仿制。

荷兰花卉常与荷兰商人要求的中国人物形象组合出现，这种花卉形式的转变也被认为第一次出现在1635年，并在1636年后出口。① 引起争议的是，这些所谓的在过渡期瓷器上盛行的外国花卉图像不仅来自荷兰盛行的郁金香，也包括如康乃馨等花卉，花卉图像的再现往往带有一种模糊且相似的构图。尽管外国花卉的嵌入运用主要流行在转变期瓷器，但也在转变期前的外销瓷器中有所出现，还有一些郁金香图案也是早于1635年出现的。② 在早期葡萄牙主导的亚洲瓷器贸易中，就曾出现过这种外国花卉的形式，如定制的瓷器带有西班牙国王腓力二世（执政时间1556—1598年）徽章，环绕徽章的花卉也和传统中国花卉不同。③

从瓷盘边饰开光中的折枝花卉来看，尽管克拉克瓷边饰中的花卉早期受到传统花鸟画的影响，画面呈现相对完整的构图，但随着商品化的流行和需求量的剧增，以截取式的折枝花卉突出花头在绘画装饰中变得更为实用和快捷。有限的表现空间和连续的绘画式样，让此类折枝花卉很快以程式化的风格出现，花头成为区分不同花卉的主要描绘对象，花茎及枝叶慢慢转向风格化的意象表现。如瓷盘边饰开光内绘制的风格化桃枝纹与

① T. Volker, *Porcelain and the Dutch East India Company: As Recorded in the DAGH-REGISTERS of Batavia Castle, Those of Hirado and Deshima and Other Contemporary Papers 1602-1682*, Leiden: E. J. Brill Press, 1971, p. 60.

② Soame Jenyns, "The Wares of the Transitional Period between the Ming and the Ch'Ing 1620–1683", *Archives of the Chinese Art Society of America*, Vol. 9, 1955.

③ 上海博物馆编：《东西汇融——中欧陶瓷与文化交流特集》，上海：上海书画出版社，2021年，第82页。

暗八仙、杂宝纹样相间表现，突出的桃纹以连续的碎叶包围衬托主题，不仅简化了绘画构图，也与相对流行的花卉折枝图案取得视觉风格的统一。

根据目前整理的17世纪中国外销瓷绘画装饰的相关材料，笔者对17世纪以克拉克瓷为主的外销瓷上出现的外国花卉进行如下分类（表3-1）。最早在葡萄牙抵达澳门后的贸易定制中，出现了对称式组合外国花卉Ⅰ型（1573—1620），主要借鉴欧洲传统花卉装饰的对称形式。1634—1644年，是荷兰商人对装饰干预后的"外国花卉"的主要流行阶段，包括瑞纳尔迪根据茎叶直立式归类的荷兰花卉和茎叶摇曳型伊兹尼克花卉，但二者在绘制中均受到伊兹尼克花卉的绘制影响，同时又体现了欧洲对称性装饰花卉纹饰的传统审美，青花绘制的蓝色郁金香是其最主要的类型，且主要盛行于转变期的克拉克瓷碗、盘装饰，表现形式多样。具体可分为适应较大区域绘画花叶舒展开的对称式独立外国花卉Ⅱ型；非对称式多组合外国花卉Ⅰ型；在狭长区间相对凸显花头，叶脉收敛的对称式独立外国花卉Ⅲ型和非对称式双组合外国花卉Ⅱ型。

此外，在明末崇祯后期（约1640）流行的外销瓷瓶、执壶等汲水器中也有出现外国花卉，主要为独立绘画的风格化郁金香，并影响到清初顺治、康熙时期的外销瓷。[1]如青花执壶腹部的主题纹饰绘制了明末清初常见的文人形象，在壶颈部则以青花钴料绘有突出羽叶式的蓝色郁金香，不仅是郁金香纹饰在外国花卉中重要性的体现，也体现了外国花卉与中国传统纹饰结合的发展和影响（对称式独立外国花卉Ⅳ型）。[2]装饰在盘（碗）心圆形主题纹饰和边饰之间，边饰的开光边框中的辅助纹饰空间多采用藤蔓式对称花卉装饰，即对称式组合外国花卉Ⅴ型。这种用于辅助装饰的连蔓式图案在中国最早用于装饰佛教建筑，并受到印度笈多王朝影响，6—7世纪的中国工匠已经在使用云纹和涡卷叶饰。[3]在中国作为辅助纹饰的连蔓式花卉更强调了连续的花茎表

---

[1] Soame Jenyns, "The Wares of the Transitional Period between the Ming and the Ch'Ing 1620-1683", *Archives of the Chinese Art Society of America*, Vol. 9, 1955.

[2] 法兰克福应用艺术博物馆，旧称法兰克福手工艺博物馆，在博物馆针对馆藏瓷器出版的《中国陶瓷》图录中，对这类具有"外国纹饰——郁金香"的汲水器制作时间多界定为"um 1640"，即崇祯晚期1640年左右。详情参见 Gunhild Gabbert, *Chinesisches Porzellan*, Frankfurt am Main: Museum fuer Kunsthandwerk Frankfurt am Main, 1977, S.42.

[3] （英）杰西卡·罗森著，张平译：《莲与龙：中国纹饰》，上海：上海书画出版社，2019年，第63—67页。

达，而在转变期克拉克瓷上的藤蔓式多为连续且重复绘画的独立花卉，也可视作外国花卉在西方花卉传统中的挪用和演绎。

表3-1　17世纪转变期瓷器外国花卉的主要类型[①]

对称式	对称式组合外国花卉Ⅰ型（1573—1620）	
	对称式独立外国花卉Ⅱ型（1634—1644）	
	对称式独立外国花卉Ⅲ型（1634—1644）	
	对称式独立外国花卉Ⅳ型（约1640）	
	对称式组合外国花卉Ⅴ型（1634—1644）	
非对称式	非对称式多组合外国花卉Ⅰ型（1634—1644）	
	非对称式双组合外国花卉Ⅱ型（1634—1644）	

① 根据17世纪转变期前后克拉克瓷纹饰中的相关外国花卉绘制。

第四节　偏好之物：蓝色郁金香

外国花卉中最具代表性的为郁金香纹样，在这一时期盛行于各种转变期的克拉克瓷盘，通常被认为是在17世纪30年代后随定制方的需求而流行。特别是自于1639年来自巴达维亚（今印尼雅加达）的荷兰东印度公司商人在中国台湾重建安平古堡[1]，即"热兰遮城"，有可能提供并促进这种典型荷兰花卉纹样的使用。[2]但在1639年的荷兰人参与的定制要求中，并没有关于这些花卉的明确记载，定制要求更多强调对精细、罕见的高品质青花装饰瓷器的偏好，"渴望精美的、罕见的清晰的蓝色绘画装饰的瓷器"[3]。

17世纪的荷兰，曾出现一场郁金香的热潮，也称"郁金香泡沫"，曾一度将郁金香的球茎价格推向巅峰，数十亿个郁金香球茎被从其他地区销往荷兰，品种多达2000种。在1635年郁金香狂热的高峰期，各种郁金香球茎的价格为1260—5500荷兰盾/弗罗林（荷兰货币单位），10万荷兰盾约可购买40个郁金香球茎。[4]对比同年荷兰市场的商品均价，一个郁金香球茎几乎等同于十几头肥牛或上百只肥羊的价格（表3-2）。1637年，郁金香的价格已经涨到了骇人听闻的水平，最终在1637年2月，郁金香市场崩溃，价格跌落，成为一场泡沫经济的典型案例，但郁金香在荷兰仍具有重要影响，至今仍是荷兰的国花，也是荷兰种植最广泛的花卉。

表3-2　1635年荷兰市场的日常货物价格及1998年价格比较[5]

货物	数量	1635年的价格（荷兰盾/弗罗林）	1998年价格（美元）
小麦	2罐	448	440
黑麦	4罐	558	1152
肥牛	4头	480	3476
肥猪	8头	240	1134
肥羊	12只	120	702
啤酒	4吨	32	7571

---

[1] 荷兰东印度公司于1624年始建的堡垒，位于中国台湾台南市安平区。

[2] Maura Rinaldi, *Kraak Porcelain: A Moment in the History of Trade*, London: Bamboo Publishing House, 1989, p. 113.

[3] 笔者译，原文参见：T. Volker, *Porcelain and the Dutch East India Company: As Recorded in the DAGH-REGISTERS of Batavia Castle, Those of Hirado and Deshima and Other Contemporary Papers 1602-1682*, Leiden: E. J. Brill Press, 1971, p. 43.

[4] Mark Hirschey, "How Much is a Tulip Worth?", *Financial Analysts Journal*, Vol. 54, No. 4, 1998.

[5] 笔者根据Mark Hirschey在对郁金香价格比较的文章中相关图表整理翻译，详情参见Mark Hirschey, "How Much is a Tulip Worth?", *Financial Analysts Journal*, Vol. 54, No. 4, 1998.

续表

货物	数量	1635年的价格（荷兰盾/弗罗林）	1998年价格（美元）
酒	2桶①	70	4792
黄油	2吨	192	6109
奶酪	1000磅	120	6980
床	1张	100	1410
服装	1套	80	750
银水杯	1个	60	68

① 这里特指猪头桶（hoghead、hoggies），又称"啤酒桶"，是欧洲常用的贮酒容器。

郁金香，鳞茎皮纸质，内面顶端和基部有少数伏毛。叶3—5枚，条状披针形至卵状披针形。花单朵顶生，大而艳丽。②郁金香的拉丁语属名"tulipa"，源自波斯语，意为"帽子"和"伊斯兰头巾"（花形），盛产于16世纪的土耳其等小亚细亚地区，后流传到欧洲各国。③1559年，郁金香球茎首次由瑞典博物学家康拉德·格斯纳（Conrad Gesner）从土耳其君士坦丁堡带到荷兰和德国。④1573—1587年，郁金香球茎又被从土耳其经过维也纳带到荷兰。至1634年，风靡一时的郁金香已经蔓延到荷兰社会的中产阶级，并作为装饰纹样盛行于17世纪上半叶的荷兰釉陶砖。

16—17世纪，在土耳其重要的陶瓷产区伊兹尼克也广泛流行着蓝色郁金香的釉陶花纹装饰。此外，在17世纪的荷兰静物画和釉陶砖⑤等媒介中，也出现了郁金香花卉图像。

在1635年、1637年的荷兰东印度公司贸易中仍然强调中国本土装饰图案传统的设计元素，但在装饰局部纹样中，西方的图案开始渗透，对中国外销瓷的定制图像产生干预，并出现装饰转向，强

② 中国科学院中国植物志编辑委员会：《中国植物志·第十四卷》，北京：科学出版社，1980年，第90页。

③ 张俭等编著：《郁金香》，北京：中国林业出版社，1994年，第1页。

④ Mark Hirschey, "How Much is a Tulip Worth?", *Financial Analysts Journal*, Vol. 54, No. 4, 1998.

⑤ 釉陶砖，也称为陶砖或瓷砖等。以陶土模制成型后，敷以白色，再以其为底色绘画彩釉装饰。从严格意义上来说，尚未达到瓷器的标准，故书中均作釉陶砖。

调在中国装饰方式中融入荷兰式的花卉和叶子绘画，使得中国装饰韵律不被干扰。作为传播的媒介，欧洲的铜版画等印刷品提供了图样参考，特别是欧洲的风景构图形式，即在建筑风景中强调的水平线和三角墙体的建筑式样，这些图案尝试按照中国晚明瓷器传统的山水图式进行杂糅，并与边饰的郁金香等外国花卉相互组合，在1635—1645年形成瓷器装饰中西交融的视觉交错。如图3-19，边饰开光以伊兹尼克式的外国花卉与典型的文人形象组合，但与这一时期内销市场流行的文人形象的组合风景不同，画面中的建筑、树木都遵循着严谨的水平线构图中，盘心的主题纹饰尽管传承了晚明清初盛行的"《赤壁赋》东坡泛舟"[1]纹饰，但在画面近景和远景的房屋绘制中融入了"荷兰式"的房屋造型。

在17世纪外销瓷上频繁出现的郁金香等花卉，不仅是荷兰商人在海外货物定制中的偏好性选择，在荷兰国内也成为这一时期装饰中的重要元素，广泛流行于荷兰的静物画、釉陶砖及其他艺术媒介，体现了郁金香在荷兰的多元再现。在目前世界上最大的郁金香（球茎）花园——荷兰库肯霍夫公园中，仍然可以看到流行至今的不同种类、色彩缤纷的郁金香花卉（图3-20）。

[1] 明代中晚期日用瓷出现一类以"东坡夜游赤壁湖上泛舟"为主题的图像，并题写长篇《赤壁赋》文字，也是这一时期外销欧洲的常见瓷器图像之一。详见王文欣：《17—18世纪中国赤壁赋瓷图像的欧洲传播与变异》，《国际汉学》，2024年第3期。

图3-19　转变期的青花瓷碗　法兰克福应用艺术博物馆藏

图3-20　荷兰库肯霍夫公园郁金香

安布罗修斯·博斯查尔特（Ambrosius Bosschaert the Elder）是一位出生于弗兰德斯的静物画家和艺术品经销商，也是被公认的最早将花卉静物画创作发展为独立画派的画家之一，并影响了荷兰花卉静物画的发展。1587—1613年，博斯查尔特主要活跃于荷兰的德尔堡地区，这里也发展成荷兰领先的花卉绘画中心，博斯查尔特的花卉绘画以组合的鲜花为主，郁金香是最常见的花卉种类。值得一提的是，在他的静物花卉创作中，经常与万历时期的青花瓷器组合，荷兰阿姆斯特丹国立博物馆收藏了其创作于1619年的《静物与万历瓶中的花卉》（图3-21）。英国伦敦国家画廊收藏的另一幅博斯查尔特的画作中也出现了类似的郁金香和万历青花瓷的组合，画面绘有不同颜色、盛开姿态的花卉，郁金香占据了画面构图的显著位置。

博斯查尔特还绘制了大量花篮及欧洲陶瓶中的花卉，如美国洛杉矶保罗·盖蒂博物馆藏《花卉静物》（图3-22），橘黄色和粉白色郁金香在画面中得到了主要表现，不仅与其他同期花卉静物画中的郁金香色彩一致，也与今天荷兰库肯霍夫公园常见的郁金香

图3-21 《静物与万历瓶中的花卉》 安布罗修斯·博斯查尔特 荷兰阿姆斯特丹国立博物馆藏

图3-22 《花卉静物》 安布罗修斯·博斯查尔特 保罗·盖蒂博物馆藏

上篇 陶瓷贸易与风尚之变

75

相近。这种花园的培养方式是在17世纪的荷兰兴起的，当时富裕阶层开始流行收集和培育开花植物，尤其是那些奇异、稀有、美丽的植物。约翰·雅各布·沃尔瑟（Johann Jakob Walther）曾在1650—1670年编绘的装饰性花卉手稿，其中也包括了上述博斯查尔特绘画中常见的橘黄色与粉白色郁金香，不仅是真实花卉的再现，也为装饰艺术中花卉图案提供了参考（图3-23）。值得一提的是，其画面中所描绘的郁金香不仅是常见的郁金香颜色，还突出了17世纪上半叶荷兰地区出现的新品种——杂色郁金香。这一时期，纯色郁金香被一种称为花叶病的郁金香碎色病毒感染，出现了杂色，花瓣形成了色彩对比鲜明的火焰状条纹，并受到追捧。尽管博斯查尔特画作中的郁金可与真实花卉或花卉手稿比拟，但他的静物画中并不是真实的写生再现，画面选择了备受推崇的郁金香品种，同时将本不会在同一季节开花的花组合在一起，如郁金香、玫瑰、勿忘我、山谷百合、仙客来、紫罗兰、风信子等。[1]

---

[1] 王静灵：《17世纪欧洲绘画里的中国陶瓷及其相关问题》，载上海博物馆编《东西汇融——中欧陶瓷与文化交流特集》，上海：上海书画出版社，2021年，第40页。

图3-23 郁金香花卉手稿 约翰·雅各布·沃尔瑟 大英博物馆藏

随着郁金香的盛行，17世纪荷兰以郁金香为主题的图案也越来越多地在建筑、服饰等媒介中流行。如荷兰阿姆斯特丹工匠威廉·范登·赫维尔（Willem Van Den Heuvel）约在1650—1670年制作的郁金香浮雕镀金皮革面板（图3-24），上面突出表现了六朵郁金香及石榴等水果。尤其是荷兰建筑中广为流传的釉陶砖，这种锡釉陶器上加以白色化妆土，并在白色底色上进行多种釉彩装饰是17世纪以来荷兰流行的工艺。荷兰釉陶砖装饰主题多样，与这一时期荷兰小画派贴近日常生活的主题相近，常见荷兰风景、建筑、人物等纹饰，也有广为流行的风格化郁金香纹。釉面以垂直或对角线表现的花茎，装饰性的花叶呈对称分布，与外销瓷绘的郁金香（对称式独立外国花卉Ⅲ、Ⅳ型）具有相近性。在17世纪初期出现的荷兰郁金香纹饰早期多以组合图案出现，且花卉呈斜角状分布。17世纪上半叶，鹿特丹、乌得勒支的釉陶砖中，郁金香纹饰更突出了花卉的主体性，且在绘画中以垂直花茎表现。

英国国立维多利亚与艾伯特博物馆收藏的16块釉陶砖组成的平板，展示了多种颜色、不同姿态的郁金香，砖块边框的百合花卉连贯统一（图3-25）。这组荷兰釉陶砖上不乏橙色、紫色花卉和绿色花叶来表现接近自然中真实花叶的色彩，同时也包括了四块以向上姿态盛开的蓝色郁金香，蓝色不仅是花卉的外形勾勒，更偏向于整体的色调。这类蓝色郁金香不再以真实花卉色彩再现为目的，而是接近荷兰代尔夫特陶盛行的"蓝陶"单色釉彩装饰，和颇具东方风格的外销瓷青花色调一致，甚至还辅以同期克拉克瓷常见的开光作为郁金香的边框装饰（图3-26）。

图3-24 郁金香浮雕镀金皮革面板　威廉·范登·赫维尔　大英博物馆藏

图3-25 荷兰代尔夫特釉陶砖组合　约1625—1650年　英国国立维多利亚与艾伯特博物馆藏

图3-26 荷兰代尔夫特釉陶砖　约1640—1670年　英国国立维多利亚与艾伯特博物馆藏

① Jan Daniël van Dam, Pieter Jan Tichelaar, *Dutch Tiles in the Philadelphia Museum of Art*, Philadelphia: Philadelphia Museum of Art, 1984, p. 380.

② Oktay Aslanapa, Turkish Ceramic Art, "A Special Issue Highlighting Islamic Archaeology", *Archaeolog*, Vol. 24, No. 3, 1971.

17世纪上半叶在克拉克瓷上流行的外国花卉，与更早出现在16世纪近东土耳其釉陶花卉风格颇为相近。尽管这种视觉交错的图像风格很难被溯源，但是其小叶环绕的花卉和风格表现的茎叶是从16世纪中期开始的伊兹尼克釉陶装饰风格传统，有锯齿形羽状带的芦苇叶子也曾成为17世纪外销瓷郁金香叶纹的样式之一（图3-27）。①

伊兹尼克地区的另一类青花陶瓷风格被称为"金角湾"风格，也强调了蓝色的审美偏好，如淡蓝色釉面、深蓝色装饰等。②值得注意的是，无论在代尔夫特还是伊兹尼克，尽管都出现了大量蓝色郁金香，但也包括常见的橙色等郁金香纹样。16世纪下半叶中东地区的建筑陶砖则更偏向于蓝色郁金香的独立描绘，这不仅是受当地矿物颜料的影响，也是区域审美的反映（图3-28）。这种介于中东地区风格和欧洲花卉绘画传统影响下的蓝色郁金香，在转变期克拉克瓷的边饰中形成特定的流行范式和主题偏好（图3-29）。

这种非真实的"泛东方"风格蓝色郁金香在荷兰影响深远。直至19世纪，由英国新工艺运动的代表艺术家威廉·莫里斯（William Morris）和威廉·德·摩根（William De Morgan）设计，

图3-27　土耳其伊兹尼克釉陶盘　约1570年　汉堡艺术与工艺美术博物馆藏

在荷兰制作的"郁金香和格子"四方组合釉陶砖也描绘了蓝色郁金香,以表现其自身所蕴含的艺术价值(图3-30)。[①]

① Arthur Clutton-Brock, *William Morris*, New York: Parkstone Press, 2007, pp.10-11.

非真实再现的蓝色郁金香,曾是伊兹尼克和大马士革釉陶中偏好的花卉和色彩,既有该地区所产花卉的影响,又在构图与色彩中受到中东及中国的影响。荷兰建筑陶砖中的花卉纹样不仅是对于伊兹尼克等地花卉风格的挪用,更在当时"郁金香热潮"的影响下突出了蓝色郁金香的主题,最终在远洋贸易中影响了中国外销克拉

图3-28 叙利亚大马士革釉陶砖组合 约1550—1600年 英国国立维多利亚与艾伯特博物馆藏

图3-29 转变期的青花瓷盘 德累斯顿国家艺术收藏馆藏

图3-30 "郁金香和格子"四方组合釉陶砖 威廉·里斯设计、威廉·德·摩根绘制 英国国立维多利亚与艾伯特博物馆藏

克瓷的装饰。这些17世纪上半叶景德镇瓷器上流行的蓝色郁金香，与荷兰绘画和建筑，又或是土耳其、叙利亚釉陶上的郁金香交相呼应，形成跨区域文化间的视觉错觉，成为特定时代背景下东西方艺术交融图像的经典。

中篇

东方叙事的他者观看

明末清初转变期（1620—1683）的外销瓷是对传统自然图像的偏好表现，具有叙事情境的东方人物形象主题装饰也日益盛行。晚明时期文学话本的流行、版刻技术的发展、叙事文学的多元插图、海外市场对东方情境的追寻等，都促使了东方叙事的文本图像绘画间的跨媒介转变，并在西方顾客群体中形成从东方到西方他者视域下的文化嫁接。

东方叙事的他者观看，尤其值得注意的是逐渐增多的人物形象。在上篇中，提到了1635年荷兰东印度公司开始对瓷器装饰画面的主题进行干预，除了上文提及的外国花卉融入外，还提出"绘有细致绘画的中国人物"等建议。[①] 因此，在17世纪上半叶的克拉克瓷中，出现了很多非叙事性、具有东方情境的"渔樵耕读"等人物形象。17—18世纪，具有隐逸主题的"渔父"形象逐渐走向"渔家乐"的东方场景，耕樵场景也与《桃花源记》等文本相关联，并与明清卷轴画中相借鉴，成为外销瓷的流行图式。此外，以人物为主题的图像装饰也成为明清流传欧洲的外销瓷常见纹饰，具体表现为以下三方面内容。

一，男性英雄人物"刀马人"的侠义形象，才子佳人的文人情思等。"刀马人"与武侠文本相关，重点以《水浒传》和《隋唐英雄传》为表现对象，二者在明清皆被再版，才子佳人的题材也多与《西厢记》《牡丹亭》等流行文本相关。

二，儒家典范人物，如《二十四孝》等，也有相关的文本流传和功能转变，体现为在外销瓷上装饰对经典图文的传承和演变，在跨区域文化的差异视角下，生产者与观者也有着不同的解读。

三，仕女或女妇婴童组合人物形象，女性形象多与文本中经典仕女原型相关，不仅是年轻仕女（美人图）的形象，也通常包含对叙事原型的美好寄寓。

17—18世纪明清瓷器装饰技术发展成熟，图像丰富多变，组合人物图像纷呈迭出，既反映了东方情境，又再现了文学作品中的经典叙事。图像设计源于绘画，摹自版画，以程式化的构图传播，

---

① （荷）耶尔格文著，李冰译：《17世纪销往荷兰的中国瓷器：贸易网络和私人企业》，载冯小琦主编《古代外销瓷器研究》，北京：故宫出版社，2013年，第232页。

呈现了在海上丝路的贸易背景和跨文化视野下，中国陶工们如何在传统中创新、迎合市场并形成独特风格的观看之道（图3）。

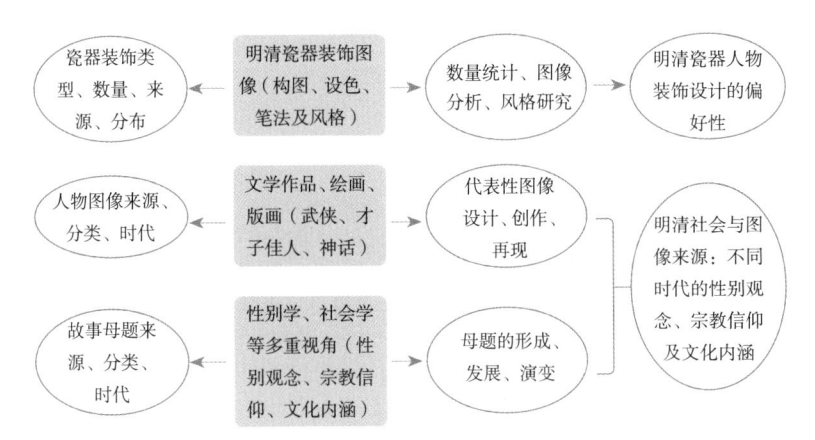

图3　明清外销瓷器人物图像的叙事类型与分析路径

第四章

叙事与否？明清外销瓷山水图像的隐逸叙事和瓷中画境

山水是中国唐宋以来重要的绘画题材之一，包括写实山水和理想山水，既有崇山峻岭之景，也有田园别墅之境，亦真亦幻。带有隐逸主题的理想化山水是山水题材中的重要部分。隐逸山水反映了失意文士避居山水的理想，承载了一定的意涵境界。

明代山水画以浙派（以戴进、吴伟等为代表的职业画家）、吴门画派（文人画家）为著。隐逸题材在苏州吴门中流行，苏州富裕的地方士绅们支持着这些本地的文人画家，促成15—16世纪初当地文化的蓬勃发展，以及精彩的艺术创作表现。[①]

隐逸山水的兴起和文人志趣相关，山水题材从对自然风景的描绘转向对心中风景的再现。山水画是中国传统绘画的重要主题，带有隐逸情趣的避世山水是文人画常见的题材，并以"桃花源"和"渔乐"两类为主，尤盛于明中期至清康熙年间，也成为后世文人雅士描绘隐居之乐的重要参照，并影响了瓷器装饰的发展。

从《桃源仙境图》和《渔乐图》出发，前者更倾向于对隐逸的叙事性题材情节呈现，跟随先古高士隐逸之心；后者则是基于自然山水的寻常百姓生活场景的再现，从而委婉表达一种渔父的隐逸之心。介于"桃花源"和"渔乐"隐逸题材的避世意境，明末清初的瓷器上也出现了该题材的图像表达，以山、水、人三元素构成基

---

① 石守谦：《风格与世变：中国绘画十论》，北京：北京大学出版社，2009年，第301页。

本图式，简洁传神，是山水隐逸主题在跨文化背景下形成的东方解读。

第一节 《桃源仙境图》图式与文本

受东晋陶潜《桃花源记》一文的推崇，桃源图绘者众多，明代吴门画家也常绘此主题，如文徵明的《桃源问津图》等。仇英更有多幅桃源题材作品传世。仇英，字实父，号十洲，正德十五年（1520）已活跃于画坛，江苏人士，初为漆工，后师从周臣，也曾客居藏家项元汴家中，摹古习今，成为吴门画派的代表人物之一。以仇英《桃源仙境图》（图4-1）为例，画作原藏于天津张文孚家，为其父张翼所得，现藏于天津博物馆。青绿山水，绢本。署款"仇英实父为怀云先生制"，钤"仇氏实父"朱文印、"怀云"朱文印、"安仪周家珍藏"、"乾隆预览之宝"等鉴藏印，著录于《墨缘汇观》。《墨缘汇观》评论此画："布景用意之妙，与《玉洞仙源》相仿佛，可称双美。"[①]

《桃源仙境图》画面疏密有致，构图丰富，分近景、中景、远景三段，高远为主。上有山、石头、水、云雾、古木、楼阁等，用笔细致工整，山峦岩石以勾斫为主，较少皴染，画风源于传统的青绿山水和院体精细画法，画面中有大面积的石青、石绿，还运用金沥粉等装饰，主题淡泊隐逸，画风亦不乏雍容华贵。

① 转引用自赵春贵：《仇英〈桃源仙境图〉轴》，《文物》，1979年第4期。

图4-1 《桃源仙境图》（明）仇英 天津博物馆藏

关于"桃花源"广为流行的文本如东晋陶渊明的《桃花源记》，后世有多种演绎文本。其主题塑造了自然山水美景形象，通常"桃源图"的主要构成要素有洞、水泽、桃林、渔人、良田等，每一要素都是隐居思想的体现，如反映了道教的洞天福地等思想。① 相较于早期的理想化仙境，"桃源图"融合了文化意象，实现了从唐代的"仙境化"到11世纪后期的"人世化"，再到14世纪以江南隐居山水为图式的桃花源"实地化"转向。② 叙事性"桃源图"图式分为长卷式多场景和单一场景两类。如赵伯驹的《桃源图》，画面与《桃花源记》紧密相连，也包括溪岸桃林、渔人入洞、会当地人、村人家居与高士追寻五段。仇英有多幅桃源题材的绘画，如藏于美国波士顿美术馆的《桃花源图》以长卷的形式展现了发现桃源、桃源见闻、会当地人、桃源畅饮和离开桃源五个叙事性场景。相较之下，《桃源仙境图》并没有表现发现桃源的故事情节，仅以桃源中煮茶听琴的雅致生活场景阐释主题，画面中辅以玉洞、桃树等相宜之点题美景，成为桃源图的一种隐性图式，偏向隐士主题的表达。③ 题跋"仇英实父为怀云先生制"，怀云先生即陈官，晚年仇英正是他的驻府画家。此画也有可能参照东晋时期广为流行的道教经典文本《桃源古洞真经》（《上清大洞真经》）或《桃园明圣经》。④

《明代中晚期江南地区〈桃源图〉题材绘画解读》一文认为这类题材是当时江南地区的失意文人借以表达科举受挫、抱负难展的内心情绪。其中以文徵明最为典型，但仇英、石涛和清代的宫廷画家所画的"桃源图"表达的主题又有不同。在传统桃源的隐逸意象下，《桃源仙境图》中抚琴和听琴的人物形象也暗喻了仇英和赞助人之间的深厚情谊。⑤

第二节 《渔乐图》图式、元素与意境

明代除江苏吴门画家传世众多外，浙派画家在明代也有一定的影响。尤其在明代早中期，很多院体画家都和浙派有所渊源。浙派

---

① 赵琰哲：《明代中晚期江南地区〈桃源图〉题材绘画解读》，《艺术设计研究》，2011年第4期。

② 石守谦：《移动的桃花源：东亚世界中的山水画》，北京：生活·读书·新知三联书店，2015年，第32—33、37、48页。

③ 姜永帅：《桃源何处：明代吴门绘画琐记》，郑州：河南美术出版社，2023年，第66页。

④ 柳雨霏：《仇英〈桃源仙境图〉绘画主题研究》，《荣宝斋》，2017年第12期。

⑤ 赵琰哲：《明代中晚期江南地区〈桃源图〉题材绘画解读》，《艺术设计研究》，2011年第4期。

代表画家戴进，他的父亲曾为宫廷画家。戴进幼时曾入宫，后因故回乡，转为职业画家，跟随者众多。浙派画家多习宋代画风，宋人江中垂钓之景也被沿袭并有所发展。富有浓郁民间气息的渔舟题材在浙派极为常见，画家也热衷此类题材，如戴进的《风雨归舟图》《月下泊舟图》，吴伟的《雪渔图》《渔乐图》，蒋嵩的《芦苇泛舟图》《渔舟读书图》等。

以吴伟《渔乐图》（图4-2）为例。吴伟，字次翁，画院待诏，孝宗时授锦衣卫百户及赐"画状元"的图章，任职画院，虽多次蒙皇帝传诏，但又从宫廷回到南京，性情豪放，终徘徊于宫廷和闹市之间。其所绘《渔乐图》，又名《溪山渔艇图》，现藏于故宫博物院，纸本设色。画面构图亦分近景、中景和远景三部分，从近景中的渔夫、船只、树石到远处的重山舟楫，近实远虚，浓淡相宜，构图借鉴了马远、夏圭"以小见大"的布景方式，但又做出调整，更为真实地再现自然景象的空间感和连续性。画面以山、水、石、树、舟楫等为主要元素，具有重复性和组合性，图像取材于民间的渔夫生活祥和之景，具有浓郁的生活气息。①

和宋元以来的"渔父"题材相比较，"渔乐"题材更接近生活场景，但同时也隐喻地表达了隐逸之意境。明代陈全之撰有《蓬窗日录》，文中提及"隐说"，"隐一也，昔之人谓有天隐、有地隐、有人隐、有名隐，又有所谓充隐、通隐、仕隐"；又言"然予观《白乐天诗》云：'大隐在朝市，小隐在丘樊，不如作中隐，隐在留司间'"②，体现了明代文人从单纯避世到世俗心隐的多重追求。事实上，在吴伟的传

① 单国强：《吴伟和〈溪山渔艇图〉》，《故宫博物院院刊》，1980年第2期。

② （明）陈全之：《蓬窗日录》，明嘉靖四十四年祁县知县岳木刻本，卷六。

图4-2 《渔乐图》（明）吴伟 故宫博物院藏

世作品中，"渔乐"或"渔父"是常见的创作题材。其还有部分仙道主题的作品，如《采芝图》《芝仙图》《神仙图》等，创作中带有明显的道教求仙思想。此外，其人物作品《歌舞图》等又和生活相关，流露出对世俗浮华的眷恋。[1]吴伟也曾绘有一幅名妓主题的作品《武陵春图》，而其名"武陵春"亦有桃花源之意。[2]出世与入世相随，大隐与小隐相连。不仅是屈原的避世渔父之意，也是范蠡泛舟西湖的理想之境。相较于"渔父"主题，《渔乐图》更具有多重隐逸境界的表达。

第三节　明末清初隐逸山水与瓷器图式再现

清代隐逸山水题材继续被画家摹写，内容仍以"桃花源""渔乐"等为主，继承明代绘画。明清隐逸山水的流行促进了其在瓷器上的再现，尤盛于明末清初之际。带有隐逸主题的"桃花源""渔乐"等题材因不同的构图元素和呈现图式、设色等特征，在以釉下青花为主的景德镇瓷器装饰中呈偏好性再现，并按器型大小、装饰面积和质量高低将相似主题的图案加以简繁之变，多元表达。

从主题和图式来看，"桃花源"题材构图以两种方式最为常见，其一是以长卷式展开多场景分段描述，如吴门文徵明的《桃源问津图》等长卷，笔触缜密，以工笔为主，以山峦为屏障，多场景呈现。相较之下，仇英的《桃源仙境图》已将长卷式的表达转为条幅式的独立场景再现，但其全景式的复杂构图、丰富的画面内容仍为陶瓷再现增加了难度。由于叙事性的界定，桃源题材中除山水风景中常见的山峦、树石等，还包括其他必要的元素，如良田、洞、桃林、高士等。设色方面，除以青绿为主的山石树木外，近景的桃林等施以淡彩，人物的白色衣袍在画面中也具有突出感。这种中国田园式的山水民居场景是明清外销瓷中常见的装饰题材，与普通的山水点景人物相比，多了一层叙事或非叙事的桃源寓意。如图4-3，在山水景象的绘画中，突出了多所民居，而连接民居之处，还有形

---

[1] 单国强：《吴伟和〈溪山渔艇图〉》，《故宫博物院院刊》，1980年第2期。

[2] 北京画院编：《笔砚写成七尺躯：明清人物画的情与境》，南宁：广西美术出版社，2017年，第149—150、336页。

图4-3 清康熙青花瓷盘 德累斯顿国家艺术收藏馆藏

似洞口的绘制，渔舟、民居、行者……尽管装饰绘画没有和《桃花源记》等文本完全相应的叙事表现，但也具有《桃源仙境图》潜在象征元素和美好寄寓，成为泛桃源的东方"桃源之境"。

与《桃源仙境图》相比，《渔乐图》设色简单，多以墨之浓淡渲染，行笔简洁，其构成的基本元素也相对简单，江水可留白，除山峦树石外，仅有舟楫等作为必要的构图元素。相较于《桃源仙境图》具有时空变化的叙事情节表现需求，非叙事性的《渔乐图》构图则呈现为单一场景，重场景情境而略叙事情节，较之宋代马远《渔乐图》，画法兼工带写，笔触更为自由，也更适合在商品化的瓷器上装饰再现。

此外，从绘画的内涵寓意而言，吴门画作常体现朋友和赞助人理想化的庄园生活，如《桃源仙境图》在表达隐逸之境的同时，也传达了与受画者之间的情谊。浙派画作更多结合渔人的隐逸题材，如《渔乐图》，尽管这种隐逸多为遐想而非现实，但隐逸的主题是十分简单而明确的，并成为居于闹市的绘画者和受画者心中理想化的生活境界。[①]"渔乐"题材传达的安居之乐与背后"渔父"隐逸之境更好地迎合了明末清初以普通民众、文人阶层及海外市场对于瓷器装饰的审美趣味，成为这一时期瓷器中重要的装饰主题之一。"渔乐"题材在瓷器上受器型不同、装饰面积大小等多方面因素影响，

① （美）高居翰著，杨思梁译，孔令伟校：《中国山水画的意义与功能》，《新美术》，1997年第4期。

呈现出简繁不一的装饰效果，凸显了该题材基本的构图元素和多元化的表达方式。

以德累斯顿国家艺术收藏馆收藏的一组青花瓷杯为例，杯壁绘有经典"渔乐"主题的简版图式，包括垂钓和泊船两类，远景为山峦衬托，近景为独钓者于江中。其取材源自宋元以来的《渔父图》，写意的绘画方式则与吴伟《渔乐图》相近，可在画面中找到相近主题元素舟楫与垂钓者，亦具有《渔父图》中文人所追求的隐逸之境，是晚明清初景德镇民窑国内市场常见的图像。画面中近景处有树木，辅以山石，有船只停泊，没有渔夫形象。与《渔乐图》中其他局部也趋于一致，江中垂钓的景象人物居中，山石围绕，自晚明延续到清初康熙青花装饰中，多见瓷杯内底部中间（表4–1）。

表4–1 青花瓷绘垂钓与《渔乐图》的对比

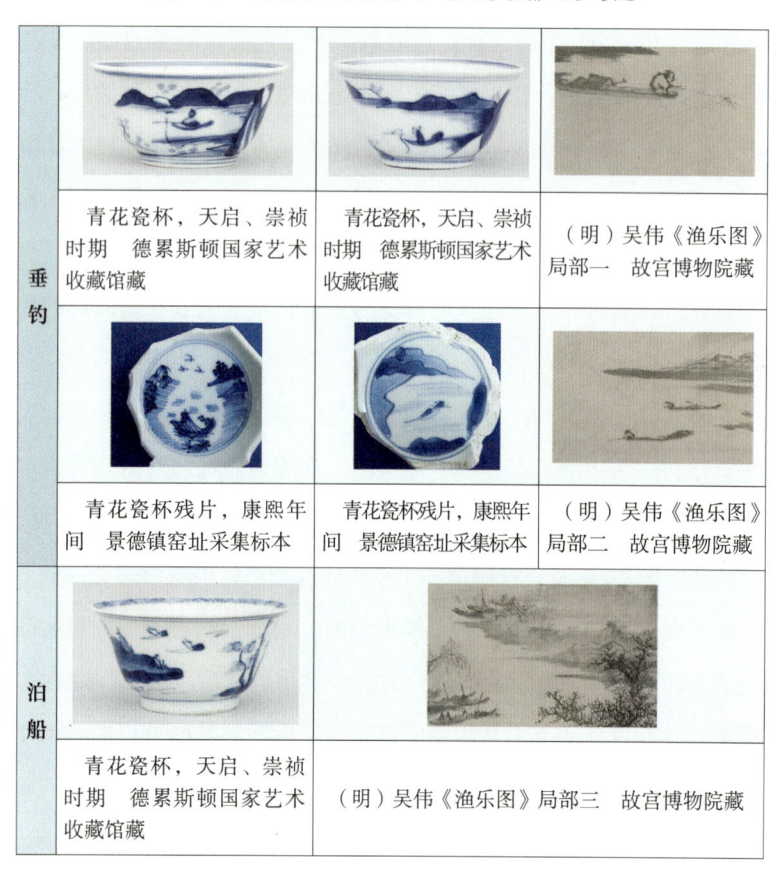

垂钓	青花瓷杯，天启、崇祯时期 德累斯顿国家艺术收藏馆藏	青花瓷杯，天启、崇祯时期 德累斯顿国家艺术收藏馆藏	（明）吴伟《渔乐图》局部一 故宫博物院藏
	青花瓷杯残片，康熙年间 景德镇窑址采集标本	青花瓷杯残片，康熙年间 景德镇窑址采集标本	（明）吴伟《渔乐图》局部二 故宫博物院藏
泊船	青花瓷杯，天启、崇祯时期 德累斯顿国家艺术收藏馆藏	（明）吴伟《渔乐图》局部三 故宫博物院藏	

吴伟的《渔乐图》中写意性的画笔将这种图式简化,并丰富了垂钓、泊船等内容。简单的构图元素和写意性的画笔促成此类题材在明末清初瓷器上的流行,并适合大规模批量生产,满足了这一时期欧洲市场激增的需求量。

同时,该题材又具有可简繁变化的空间,随着清初经济的逐步恢复,康熙时期的一些精品瓷器中同样体现了"渔乐"景象,并以其绘画主题的自由可变及诗意表达,呈现多元化表达。如康熙青花瓷瓶(图4-4),在其如意形开光中绘制了一人钓鱼景象,远景有山石衬托,近景船舟旁亦辅以石壁。图式和构成元素与上文这组瓷杯外壁相近,但绘画笔法略微细腻,且以青花分色,如墨之浓淡。

此外,康熙时期的瓷器更以细腻的笔法丰富再现《渔乐图》全景。如故宫博物院藏康熙青花山水人物方瓶(图4-5),瓶撇口,短颈,折肩,长方形直腹,底部有伪托款楷书"大明嘉靖年制"。器腹分别饰有"渔乐""访友"等常见绘画主题图像。其中,"渔乐"分近景和中景两部分,近景处为舟楫上一渔夫;中景占画面主体,船停泊于岸边,三位渔民散坐于地上,饮酒酣畅,旁侧立者正又提酒走来。上方书有"得鱼换酒江边饮,醉卧芦花雪枕头"诗句,兼有

图4-4 清康熙青花瓷瓶 德累斯顿国家艺术收藏馆藏

图4-5 清康熙青花山水人物方瓶 故宫博物院藏

篆书"木石居"闲章。画面以渔夫之乐,抒隐逸之情,与另外三面的图像情境相辅,意蕴相近。

从传统宋画的缜密之风到吴伟《渔乐图》兼工带写的笔触、虚实处理的方式等,此类题材最终发展成明末清初瓷器上流行纹样,并以简繁之变适应不同器型、等级的瓷器。发现于福建省福州市平潭县海域的"碗礁一号"沉船在2005年陆续打捞出17000余件以康熙年间为主的中国外销瓷,其中包括一系列青花渔家乐人物图碟(图4-6),此图像突出了渔民形象和渔网元素,并增加了女性人物,甚至描绘了鱼,生活气息浓郁。[①]源自渔隐的渔船景象,最终成为程式化的东方渔乐情境。

概而言之,《桃源仙境图》和《渔乐图》是明代吴门和浙派代表的隐逸山水绘画作品,分别表现了文学作品的叙事性情节及民间生活的理想场景,是宋元以来"桃花源"和"渔乐"两类题材在明代发展的代表,影响了明清以来的隐逸山水图式,明末清初盛行于瓷器的装饰图案中。以瓷鉴画,"桃花源"的叙事性情节、构图元素的复杂性,迎合了文人画家追求的虚拟隐逸意境;而"渔乐"是

① 碗礁一号水下考古队编著:《东海平潭碗礁一号出水瓷器》,北京:科学出版社,2006年,第158—160页。

图4-6 清康熙青花渔家乐人物图碟 福州市博物馆藏

明代对《渔父图》的进一步发展，结合民风世俗，既有隐逸避世的高人之心，亦有追求泛舟江上的理想化大隐之意境，在社会变迁及版画的影响下，成为明末清初流行的瓷器装饰题材，并以简繁之变的不同图式呈现在不同的器物之上。"渔乐"的山水之境、安居之景、隐喻之意迎合了国内市场的平民乐居之愿、文人的隐逸之心，同时其风景人物相结合的装饰图案相较于传统的神瑞题材更容易得到海外的审美认同（表4-2）。

表4-2 "桃花源"与"渔乐"题材比较

题材	元素	主题人物	类型	背景	构图方式
桃花源	山洞+良田+水泽+桃林	农夫+渔夫	叙事	山水	定式与自由
渔乐	舟楫	渔夫	非叙事	山水	简繁与固定

第五章

士人崇尚："刀马人"、才子佳人和孝子楷模

"士"是中国文化自成的独特系统，中国史上的"士"大致相当于今天所谓的知识分子，又是古代的文人，其所尚之风沿自魏晋南北朝时期士大夫，即汉魏以来士大夫怡情山水的意识，延续山水入诗，即刘彦和"山水方滋"之说。[1]

16—18世纪的中国社会，未能入仕的文人在市民文化和经济因素的影响下，积极撰写小说话本，同时版刻印刷技术的进步，促进了流行文本的推广。在瓷器上装饰绘画的人物形象通常围绕经典小说戏剧，与明清流行文本中人物场景表现元素皆有相似之处，成为经典角色的多元再现形式。

相对于第四章所描述的带有避世情结的隐逸山水之景，符合多数文人普遍期待的关于仕途和婚姻的理想境界，也被民间所喜闻乐见，促成才子佳人主题的流行，符合市场群体对寓意的追求。

此外，在儒家文化的影响下，文人群体对于忠义孝悌的推崇也促进这一阶段相关主题版画的盛行，并影响相关陶瓷的叙事纹样。一方面是来自历史故事中的侠义之士，多通过"刀马人"，即有兵器、马匹和人物的打斗场景来展示经典叙事场景，推崇英雄之士的忠义之举；另一方面是历史悠久、广为流传的二十四孝主题图像的流行，通过图像宣扬孝悌之礼。

---

[1] 余英时：《士与中国文化》，上海：上海人民出版社，1987年，第340—341页。

16—18世纪正处在上升发展阶段的商人阶层也发生了思想转变，特别是商人的社会地位和意识形态所表现出中国社会史和思想史的深刻变化，都反映出商人和士人阶层的交织关系。[①] 这种源自士人所崇尚的"出世"之魏晋隐逸自然之风，最终和士人寄寓的"入世"仕途婚嫁之思并存，展示出明清士人所理想化的侠义之士、安邦济世、儒家楷模等多元表达。

整体来看，人物纹样是明清外销瓷较为常见的装饰图像，早期以非叙事性仕女、高士题材为主，仕女题材多以文本中经典仕女原型代入，男性的形象以释道宗教人物及文人高士图为主。明代晚期开始，随着贸易的发展和话本版画的兴盛，具有叙事性的人物纹样日益流行。因其"异域情调"的表现形式盛行一时，又在跨区域文化的差异视角下，形成生产者与观者间不同的内涵理解，成为东方叙事的他者观看。

① 余英时：《士与中国文化》，上海：上海人民出版社，1987年，第574页。

第一节　互文之图像：画片儿、"刀马人"与才子佳人

画片儿是印刷的小幅图画，即各种版画等粉本，是明清外销瓷图像交融过程中重要的中间媒介。外销瓷的纹饰也受到画片儿的影响，随着戏剧的流行和版画刊印的发展，在明末清初以来的转变期瓷器，叙事性的人物图像日益繁多，内容丰富，表现多样。

一、侠义叙事和理想图像

源自明清小说话本《水浒传》《隋唐演义》等英雄故事中的场景也被广泛地运用在转变期的瓷器上，即"刀马人"主题，以男性为主，绘画风格常和同期版画相近，不仅是引人入胜的精彩叙事场景，也是士人所推崇的侠义之气，自明末清初以来纷呈迭出。如上海博物馆藏明崇祯青花人物故事葫芦瓶（图5-1），瓶颈部为

1634—1644年因荷兰商人定制影响的郁金香纹饰，为典型的转变期外销瓷。瓶身上部为高士题材，下部主题纹饰即与"刀马人"相关的人物场景，内容也多与戏曲文本图像相关。

以庭园为叙事背景的才子佳人是明代流行的小说戏剧题材，如《牡丹亭》《金瓶梅》等，随着海外市场在订单中对于颇具"异域风情"的中国人物图像的偏好，也是外销瓷中常见的主题。画面中的人物形象多以经典仕女（美人图）和青年文人形象组合呈现，并辅以文本叙事中具有重要特征的相关人物及叙事元素，也包含叙事原型所具有的理想寄寓。

以《西厢记》主题为例，其初为唐传奇，后经戏剧等改编，流传至今，不仅戏曲文学版本多样，且明清版画版本众多。外销瓷中关于文学流行作品里爱情表达与图像呈现方式多样，如既可将《西厢记》的单独场景运用在盘心作为主题纹饰，也可根据故事主线，将叙事场景图像分别绘于连续的开光纹饰内，从四开光到二十四开光不等。如（图5-2）的瓶腹部以四开光的形式表现了《西厢记》中的四个主要情节，画面与明清以来流行的《西厢记》主题版画，

图5-1 明崇祯青花人物故事图葫芦瓶 上海博物馆藏

如万历年间金陵富春堂唐氏刻本的插图（图5-3）具有相关性。此外，还有融合了"刀马人"打斗场景和歌颂爱情的才子佳人两类主题的叙事图像，如在2015年"故宫博物院与上海博物馆藏明清贸易瓷展"展览图册中，也收录了类似的瓷盘，推测其人物图像为樊梨花和薛丁山。①

① 上海博物馆编：《故宫博物院上海博物馆藏明清贸易瓷》，上海：上海书画出版社，2015年，第204页。

二、画片儿的跨媒介叙事再现

外销瓷中的人物形象大都缺乏文字说明，以开光的形式再现的连续性故事场景图像，比较容易确认其文本来源，但是对于以单一场景内容作为主题装饰的图像，往往难以确认。广为流传的《西厢记》图像中因特定的情节及特殊僧人形象的介入更易于识别，但大多才子佳人的题材表现为庭园场景中具有共性的男性和仕女形象。"刀马人"题材不同故事中的一些英雄形象也往往会出现共性，如《水浒传》《隋唐演义》中的一些人物形象不仅擅长同样的兵器，不同年代的人物服饰也在同一时期的外销瓷中趋于一致性表现，成为

图5-2 清康熙青花西厢记故事图长颈瓶 大都会艺术博物馆藏

图5-3 《西厢记》版画插图，明金陵富春堂唐氏刻本

这一阶段共同演绎的东方符号。

外销瓷对画片儿的借鉴与挪用，体现了其作为媒介的传播力度和价值，成为共生的艺术。值得关注的是，外销瓷纹饰经常能看到各种与版画相关之处，但很少有完全一样的，一方面，画片儿的图案是外销瓷纹饰重要参考和可鉴之粉本，促进瓷器和绘画等载体间的图像流动；另一方面，画片儿亦不是专门为瓷器所绘制，在从二维平面的刻画到三维立体器物表面的呈现时，总会适应其固有的模式。中国瓷器在欧洲流传是海上丝绸之路发展下中西交流的历史见证，体现了文明互鉴，并在图像交融的过程中展示出不同审美背景下的多元一体和渐变的融合发展态势。

第二节 迁移的孝瓶：清代孝图像的语图互文与文化嫁接

以儒家典范原型为表现对象的男性形象，通常依据相关文本，如《二十四孝》经典图文来传承和演变。孝图像与孝文本关系紧密，不同艺术媒介载体上的多元孝图像呈现了语图互文的关联。《二十四孝》等文本以典型历史人物为题材，流传久，影响范围广，艺术表现形式多样。以孝文化为中心的孝图像在文本记载传承的基础上，通过图像形式出现在瓷器、版画、壁画、画像石等综合艺术媒介上，并广泛传播。随着贸易运输和环境变迁，绘有孝图像的清代外销瓷瓶也出现新的图像转向。本书从古代物质文化与中国文明传承发展间的关系出发，综合讨论孝图像在文学和艺术作品中的语图互文和历史传承中的功能转变，以及在区域消费中产生的文化嫁接现象。

一、语图互文：孝图像的文本来源与流传

中国传统文化中，"孝"在各家言辞中都有所提及，孝图像是对历史流传的孝文本中典型人物的图像呈现，不仅将文本转译为直

观的图像，也从通过选择性的构图视角再现了文本的核心内容。文学作为语言艺术，借助"可悦"的图像符号，可以赢得更加有效地传播。①

以孝文化为主题的文本多样，其中具有代表性的文本有《孝经》《孝子传》《二十四孝》《孝行录》。自尧舜至明清，这些主题故事人物被慢慢经典化，其中一些典型性人物在多种文本的流传中还出现了不同的演绎和解读。中国孝文化传承久远，这些流传的文本一方面记载和传播了中国孝文化；另一方面又因时代的局限性和古代政治因素影响，在一定程度上不可避免地被诟病。

基本孝义常用于阐述子女与父母之间的关系，在《庄子》等文本中多有论及，并流传历朝："父母于子，东西南北，唯命之从。"②孟子强调对孝的学习，不仅可以安家更能平天下，文章中也多次提及，"谨庠序之教，申之以孝悌之义，颁白者不负戴于道路矣"③，"壮者以暇日修其孝悌忠信，入以事其父兄，出以事其长上，可使制梃以挞秦楚之坚甲利兵矣"④，"不得乎亲，不可以为人；不顺乎亲，不可以为子。舜尽事亲之道而瞽瞍砥豫，瞽瞍砥豫而天下化，瞽瞍砥豫而天下之为父子者定，此之谓大孝"⑤。从孟子的言论中可见，其将孔子的"敬"与"仁"进一步具化，并以舜为典例，尽事亲之道，其父亲瞽瞍则感到欣慰。以此表率天下，父子之道，则为大孝，从帝王之孝，到天下万民之孝。

最早形成的孝道专门文本即儒家典籍《孝经》。《孝经》成书可以追溯到先秦战国时期，东汉班固在《汉书·艺文志》中认为《孝经》来自孔子为曾参传道，因此有学者推测其成书时间在《吕氏春秋》之前。⑥《孝经》以孝义理论为基础，通过以孝治天下的大经之法，规劝天子到平民等阶层的言行举止。随着《孝经》的流传和发展，元代形成了更具有故事性、可读性的通俗文本《二十四孝》，通常被认为是郭居敬辑录了古代二十四个孝子的故事后编成的，也有认为其文本形成是由郭守正所编，如清代俞樾《茶香室丛钞》也有提及："坊间所刻二十四孝，不知所始。后读《永乐大典》乃是

① 赵宪章：《语图传播的可名与可悦——文学与图像关系新论》，《文艺研究》，2012年第11期。

② （东周）庄周撰，（西晋）郭象注：《庄子》，民国八年上海商务印书馆四部丛刊景明世德堂刻本，卷三。

③ （东周）孟轲撰，（东汉）赵岐注：《孟子》，清乾隆孔氏刻微波榭丛书汇印本，卷一。

④ （东周）孟轲撰，（东汉）赵岐注：《孟子》，清乾隆孔氏刻微波榭丛书汇印本，卷一。

⑤ （东周）孟轲撰，（东汉）赵岐注：《孟子》，清乾隆孔氏刻微波榭丛书汇印本，卷七。

⑥ 吴崇恕、李守义：《〈二十四孝〉与〈孝经〉的关系及其扬弃》，《孝感学院学报》，2004年第4期。

郭守敬之弟守正所集。"①

目前广泛流传的《二十四孝》初见于元代文本，中国基本古籍库中收录的文本中有《古今杂剧》《龟巢稿》《玉笥集》都提到"二十四孝"。《二十四孝》内容来源于《孝子传》，以叙事性情节为主，讲述了二十四个典型性历史人物的孝道故事。随着中国雕版印刷业的发展，《二十四孝》的故事刊刻更为兴盛，可分为诗选系统和日记故事系统，如中国国家图书馆藏《全相二十四孝诗选》为诗选系统代表；《锲便蒙二十四孝日记故事》《新刊徽郡原板绘像注释魁字登云日记故事》为日记故事系统典型。②

孝文化相关文本在流传过程中形式多样，流传广泛，其社会功能体现在对孩童的启蒙教育，维护家庭和睦、君臣之道等社会关系。以《孝经》作为文本基础的《二十四孝》，通俗易懂，人物鲜明，在元代编成后即得到传播，成为杂剧中引经用典之例，以为宣教众人。元代以孝为主题的杂剧《小张屠焚儿救母》中也提到应学二十四孝人，多闻孝义章，并录于元刊杂剧③，如"我虽不读论孟，多闻孝义章，人子孝母天养，郭巨埋子天恩降⋯⋯王祥卧鱼摽写在史书中，丁兰刻木图画在丹青上"④。

自明代起，孝文本不仅得以民间传播，还撰写为诗词，开始作为蒙学内容。在清代赵廷恺诗文集《十三翎阁诗抄》中有《二十四孝题注试帖》，不仅对二十四孝的题签加以阐释，并一一写有赞诗。⑤将《二十四孝》作为蒙学之本，推进了图文相应的版印模式，并期以此为纲，不仅适用家孝，也顺应社会之大孝，从而天下太平。如同治八年（1869）刊行的《二十四弟图诗合刊》即清代萧培元撰文，李锡彤绘图，并在序中提道："人人亲其亲，长其长，而天下平。古来教童蒙之术，无不由此始。"⑥

二、孝图像观看空间的开合形式与社会意义

孝文化在中国古代流传时间久远，在文本记载传承的基础上，

---

① （清）俞樾：《茶香室丛钞》，清光绪二十五年刻春在堂全书本，卷一四。

② 王翠萍：《"二十四孝"古籍图像研究——中国国家图书馆藏本与日本龙谷大学藏本比较研究》，《美术大观》，2019年第1期。

③ 蒋星煜编：《元曲鉴赏辞典》，上海：上海辞书出版社，2014年，第1530页。

④ （元）佚名辑：《古今杂剧》，日本大正三年京都帝国大学文科大学丛书影刻红印罗振玉藏覆元刻本。

⑤ （清）赵廷恺：《十三翎阁诗抄》，清同治十年安福赵氏十三翎阁刻本，载《清代诗文集汇编》编纂委员会编《清代诗文集汇编》，上海：上海古籍出版社，2010年，第338页。

⑥ （清）萧培元撰，李锡彤绘图：《二十四弟图诗合刊》，同治八年同文堂刊。

以图像的形式，通过各种艺术媒介，如版画、壁画、画像石、画像砖、陶俑、瓷器等，在各阶层得以广泛传播，适应于不同情境下的社会需求。首先是早期孝图像的丧葬装饰与视觉观看，汉代至北魏，孝图像以两类为主，第一类为墓葬图像，在装饰墓葬的同时，也是子嗣对孝的体现；第二类为屏风及手卷等图像，多为世俗之中宣化而作，两类装饰中的孝子形象选取自由，数量多变。其次是宋金孝图像发展及墓葬视觉艺术的多维呈现，元代孝子图的固定组合《二十四孝》图文广为流传；明清时期，随着版画印刷业的繁盛，以及《二十四孝》等文本在蒙学中的发展，孝图像得以继续发展，不仅用于丧葬、绘画、书籍等，还用于其他工艺装饰。

（一）早期孝图像的丧葬装饰与观看

随着汉代对儒学的尊崇，以及汉代举孝廉等重孝厚葬之风的盛行，早期孝文本如《孝子传》中的代表性人物形象被运用于画像石、石刻、壁画等墓葬艺术媒介。特别是在儒学兴起的山东一带，画像石中多有此类装饰。如颇具代表性的山东嘉祥武氏祠，祠堂建筑的后壁第二层刻董永行孝图，图中董永父亲坐于车上，董永立于一侧，二人间榜题，"董永，千乘人也"[1]。另，山东临沂吴白庄汉代墓室的前室东过梁上也有"董永侍父"图像及相关榜题。北魏时期，石刻的孝图像多见于墓葬中石葬具，即石棺床等刻绘，且以不固定的成组孝图像出现，如美国波士顿博物馆收藏的北魏时期孝子石棺床、元谧石棺和美国纳尔逊–阿特金斯艺术博物馆收藏的孝子棺上的孝子故事等，内容丰富并有详细榜题。其中，元谧石棺上刻画了十个孝子故事，数量最多，石棺床和孝子棺上则分别刻绘六个和七个。相较于早期汉代画像石上的独立孝子形象，孝子棺的图像逻辑最接近《孝子传》文献，并考虑到石棺的结构，图像的顺序也有所调整。[2]此外，其他汉代至北魏时期的墓葬艺术媒介中也出现了不同形式的孝图像。

除墓葬艺术媒介外，孝图像还运用于屏风、手卷等。孝子图手

[1] 朱锡禄编著：《武氏祠汉画像石》，济南：山东美术出版社，1986年。

[2] 徐津：《波士顿美术馆藏北魏石棺床的复原和孝子图》，载巫鸿、朱青生、郑岩主编《古代墓葬美术研究（第三辑）》，长沙：湖南美术出版社，2015年，第119—140页。

卷流传较少，推测其为横幅卷轴形式，和书籍并置，可随身携带，用于个人阅读。① 《南史》记载："江夏王锋……武帝时，藩邸严急，诸王不得读异书，《五经》之外，唯得看孝子图而已。锋乃密遣人于市里街巷买图籍，期月之间，殆将备矣。"②

早期流传的经专人绘制的手卷和屏风孝子图，也是墓葬艺术中可借鉴的多种粉本。③ 北魏人物屏风司马金龙木板漆画上描绘了孝子、列女、帝王等人物形象，并对人名叙事主题加以榜题，作为文本的呈现与补充，也是早期书画合一形式的反映，但仍以图像为主。④ 从现存画面完好的五面屏风看，其表现了"舜帝恪守孝道""孝子李充休妻""孝子茅容素食待客"等孝子形象。

（二）宋金孝图像发展及墓葬视觉艺术的多维呈现

与文本形式的阅读形式不同，丧葬中装饰葬具的孝图像有固定的人物叙述，往往并不直接展现新孝子形象，延续描绘经典样板，是孝图像的"模"与"范"。⑤ 在官方倡导和民间习俗的影响下，宋金以来墓葬中的孝图像极为盛行，并将经典样板在墓葬中以砖雕、壁画等多种形式呈现，如山西长子县金代壁画墓、山西屯留宋村金代壁画墓中都有孝图像。

相较于汉代、北魏时期墓葬中孝图像多以二维平面艺术呈现，宋金时期墓葬孝图像不仅以二维的平面呈现，还突出三维立体效果，加强其装饰性，具体分为三类：一是作为这一时期常见的墓葬装饰方式，以壁画或半立体的砖雕形式，一图一故事，绘制或镶嵌在墓室壁面及石棺棺壁上；二是在魏晋手卷绘画的影响下，将几个孝子故事作为一幅图画集中展示，中间以山峦等分隔；三是以雕塑形式立体呈现，摆放在墓室四壁，一组人物群雕为一个故事。⑥

部分墓葬中已有完整的二十四孝图像，但和元代《二十四孝》中的人物仍略有出入，其文本有可能参考这一时期流传于中国北方地区的《孝行录》等相关文本，其在墓葬中的故事题材还未形成固定的顺序和组合形式。⑦ 如山西省新绛县南范庄金墓出土的二十四

---

① 徐津：《波士顿美术馆藏北魏石棺床的复原和孝子图》，载巫鸿、朱青生、郑岩主编《古代墓葬美术研究（第三辑）》，长沙：湖南美术出版社，2015年，第120页。

② （唐）李延寿：《南史》，清乾隆四年武英殿校刻本，卷四三。

③ 邹清泉：《北魏孝子画像研究》，北京：文化艺术出版社，2007年，第24页。

④ 施锜：《宋元书画题跋史》，上海：上海交通大学出版社，2021年，第22页。

⑤ 郑岩：《北朝葬具孝子图的形式与意义》，《美术学报》，2012年第6期。

⑥ 易晴编著：《中国古代物质文化史：绘画·墓室壁画（宋元明清）》，保定：开明出版社，2014年，第222页。

⑦ 邓菲：《关于宋金墓葬中孝行图的思考》，《中原文物》，2009年第4期。

孝砖雕，均在独立的砖面内凹成壸门状开光，内分别刻绘半立体的二十四孝人物叙事主题场景（图5-4）。① 山西省长治市魏村金代纪年彩绘砖雕墓室，东西南北壁面有题为《画相二十四孝铭》的二十四孝图以及每个孝子的题词，年代为金天德三年（1151）。② 该墓室砖雕以浮雕的形式描绘了二十四孝人物，局部施以彩绘，人物形象栩栩如生。此外，1979年，山西省稷山县马村金代墓葬中出土了一套完整的二十四孝陶塑（图5-5），每组作品人物在20厘米左右，制作工艺以泥塑为主，入窑烧成。③

作为艺术媒介的传播，这一时期墓葬壁画的平面涂绘也多敷色，盛行的砖雕样式多为半浮雕，成组的立体雕塑则集中表达叙事的关键元素。砖雕上的孝图像不仅可根据人名题刻表明叙事主题，也可以在图像表现的同时辅以相关孝子典故的诗文，形成语图互文的构图式样。部分砖雕孝图像及孝子雕塑等没有榜题刻绘，突出表现主体人物的造型，砖雕与雕塑二者在相对独立的空间或有限的载体内展现出人物叙事主题中的核心元素，即象征符号，并通过二元相辅的符号和对象表现出这一视觉艺术的主题性。④ 具有相关历史

① 山西博物院编：《山西博物院藏品概览·砖雕卷》，北京：文物出版社，2020年，第22—23页。

② 长治市博物馆：《山西长治市魏村金代纪年彩绘砖雕墓》，《考古》，2009年第1期。

③ 杨勇伟：《从"二十四孝"陶塑看中国孝道（上）》，《收藏界》，2013年第10期。

④ （加）让·菲塞特：《像似符、亚像似符与隐喻——皮尔斯符号学基本要素导论》，载（法）安娜·埃诺、安娜·贝雅埃编，怀宇译：《视觉艺术符号学》，成都：四川大学出版社，2014年，第95页。

图5-4 山西省新绛县南范庄金墓二十四孝砖雕

图5-5　山西省稷山县马村金代墓葬二十四孝陶塑之一

背景知识的观者在没有相关榜题的情况下，也可以清楚地理解人物叙事对象和隐喻的孝行道义。

（三）元明清孝图像的公共空间与私人馈赠

自东汉至清代，在墓葬艺术、寺庙壁画、版画印刷、瓷器、陶瓷等各类媒介载体中，都可见到孝子图，并随不同年代而各具风格。在传统书画作品中，孝图像的要素与母题常被后世作者所保留和模仿，其形态结构随时代而变迁。[①]元代《二十四孝》文本形成后，传播中多辅以图像，流传明清，图像的形态结构中具有多重组合。元代张宪撰《玉笥集》载："题王克孝二十四孝图，惟孝先百行……裂素以写图，庶使观者信。"[②]

这些孝图像不仅用于社会宣教，还用于孩童蒙学教育。孝文化题材的版画、绘画可为馈赠之礼，以君子励志。此外，对孝图像的运用也与个人行为相辅相成，可作为个人彰显品德、对外宣传的媒介。

明清时期，《二十四孝》以版画的形式流传，现藏于中国国家

---

① 黄厚明：《中国早期艺术史研究的方法论问题——以商周青铜器饕餮纹图像为例》，《民族艺术》，2006年第4期。

② （元）张宪撰：《玉笥集》，清道光二十九年至光绪十一年南海伍氏刻粤雅堂丛书汇印本，卷五。

图书馆的明初版《全相二十四孝诗选》封面上有人物图，全书以上图下文的形式展开，所缺页也可参见日本龙谷大学藏嘉靖二十五年转抄本补遗。①流行的文本孝图像也广泛出现于公共空间的壁画中，以更为广泛且易于接受的方式向百姓宣传。如明代余之祯撰《吉安府志·理学传》："刻大学古本传习，录以明正学，升苏州守，绘二十四孝事迹于壁，以风百姓，开讲于学道书院。"②

在壁画中，《二十四孝》图像还与其他先贤组合，以为宣教，可见孝图像传播之盛。清代冯云鹏长于考据，有《扫红亭吟稿》传世，卷七中《北阁行》诗篇提及公共建筑空间北阁建筑墙壁的二十四孝图："北阁巍巍祀元武，拱极高悬耀今古，壁嵌鲁王千岁碑，制作当年始藩府。下有忠孝贤人祠衣冠，列坐盛威仪中。为师尚父左右，夷与齐管鲍亦在侧，炳迹垂钟彝。东楹狄梁公簪笏何雍容，西楹岳武穆剑佩生英风，二十四孝画素壁。"③

除在公共建筑空间壁画中的二十四孝图像传播宣教外，孝子人物还被画于私人扇面等，用于馈赠，作为君子励志之意及座右铭行为典范。如明代严嵩《钤山堂集》卷一六诗《赐画面扇二十四孝人物》："宫扇新裁素楮清，丹青仍肖古人形，挥仁要涤寰中暑，劝孝还同座右铭。"④

（四）开合的形式意义与赞助人本体演绎

纵观孝图像的形式与发展（图5-6），在叙事对象上，从早期《孝经》等不同文本中的非定式叙事对象慢慢发展为《二十四孝》的定式典型人物叙事，在墓葬等空间的装饰中也从早期不固定的选择式发展为后期二十四孝人物的固定组合式样。在空间表现中，孝图像从二维平面展示，如手卷绘画、版画、石棺刻绘、墓葬与公共建筑空间壁画等，逐渐发展到半立体的砖雕形式及三维立体的雕塑形象，体现了墓葬装饰的多重表现，让叙事模式更加多元而生动，并在私人场域（合）的丧葬礼仪和公共空间（开）教化礼仪中体现不同的社会功能。从私人墓葬空间的藏，到公共建筑空间壁画的

① （日）金文京：《略论〈二十四孝〉演变及其对东亚之影响》，《中国文化研究》，2019年夏之卷。

② （明）余之祯：《吉安府志》，明万历十三年刻本，卷二四。

③ （清）冯云鹏：《扫红亭吟稿》，清道光十年写刻本，卷七。

④ （明）严嵩：《钤山堂集》，明嘉靖二十四年刻增修本，卷一六。

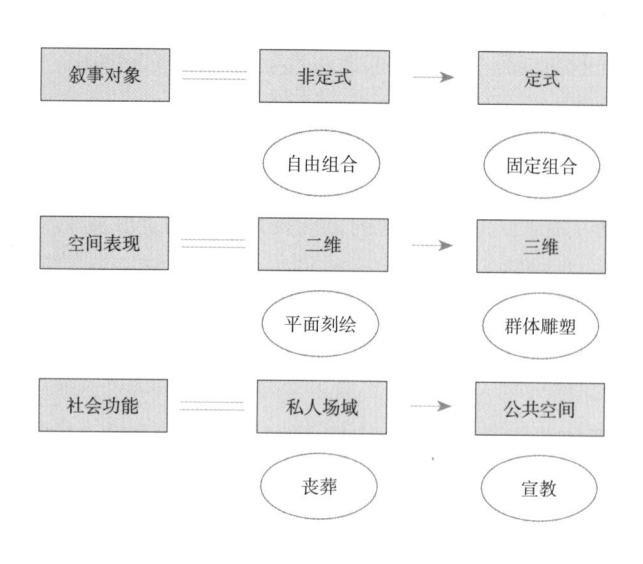

图 5-6　孝图像的形式与发展

显，再到私人扇面绘画馈赠之传，孝图像已从律己转向示人，从礼仪空间转向日常生活。

孝子图不仅在形式上有上述多重表达和发展，也承载着多元的现实意义。自汉代以来，随着厚葬之风盛行孝图像多用于墓葬装饰。孝子图与丧葬的关联，其意义通常被理解为颂扬墓主的道德品行，并彰显晚辈孝行。北魏时期孝风大盛，孝图像的大量涌现不仅是社会风尚的体现，也包括统治集团强力推动的结果。[1] 此外，在以儒家思想为核心的中国传统文化中，"孝"是道德最高标准，在魏晋南北朝时期的道教和佛教中都得到推崇，儒家的孝道也成为道家神仙和佛教往生结合一起，具有彰显德行的同时，也体现了丧葬的实际功能。[2] 宋金时期的墓葬中亦频频出现孝图像，其与孝图像的多元化墓葬功能也紧密相关，除了表现个人孝道，孝图像背后的孝行与墓主死后归属也被认为或存在一种内在的、固定的联系，甚至作为死后神仙的条件等。[3]

二十四孝图像还被模仿、演绎为家族传本，如清代冯询《子良诗存》卷一九《题常州顾孝子寿南二十四孝图》中，内容并不拘泥于元代流传的《二十四孝》故事本体，而通过顾寿南以孝行旌表行

---

[1] 贺西林：《读图观史：考古发现与汉唐视觉文化研究》，北京：北京大学出版社，2022年，第66页。

[2] 贺西林：《读图观史：考古发现与汉唐视觉文化研究》，北京：北京大学出版社，2022年，第68页。

[3] 邓菲：《关于宋金墓葬中孝行图的思考》，《中原文物》，2009年第4期。

事，进行记载宣传："其嗣子仿诸古本，集先人孝行分绘为图，曰孺慕、曰受杖、曰服贾、曰视膳、曰侍饮、曰导归、曰挥扇、曰拥炉、曰感神、曰赠金、曰侍疾、曰益寿、曰哀毁、曰营葬、曰求鱼、曰养志、曰让产、曰睦姻、曰洗腆、曰刲股、曰扶抱、曰反哺、曰诚祭、曰全归，前述孝父，后述孝母。适符二十四汇为一编。"① 从记载可见，家族传本由其子嗣出资完成，集先人孝行分绘为图，形式规模都在仿制古本，诸如《二十四孝》等。将不同时期、不同人物的典故通过顾寿南一人的行为展示各方面，具有广泛社会宣教意义的孝子图可由赞助人的本体演绎，孝子图的流传又从固定式样走向自由形式，成为个人品德彰显的具象载体和直观呈现，融入中国传统墓志体系。

① （清）冯询：《子良诗存》清同治十年刻本，卷一九，载陈建华、曹淳亮主编《广州大典》卷四五六《集部·别集类》，广州：广州出版社，2015年，第714页。

三、清代外销孝瓶：孝图像的异域迁移与文化嫁接

随着元代杂剧等叙事文本及图像的流传，特别是在版画印刷的推动下，具有可读性的叙事图像更多地进入社会日常。明清时期，服务于日用生活的瓷器中也出现了孝图像，相对于此前孝图像以服务丧葬和社会宣教等功能外，瓷器中的孝图像以程式化叙事性图像为主，常见于清代外销瓷的区格多开光装饰。清代外销青花瓷瓶中的孝图像多以流行文本《二十四孝》图文为依托，人物形象以男性为主，也包括少数女性，在异域迁移中功能也有所变迁，成为具有异域情趣的东方元素，相关的图像也出现新的阐释和文化嫁接现象。

（一）可鉴的范式：版画盛行与瓷器装饰

版画印刷业在清代得以全面发展，二十四孝主题图书版本繁多，图文结合，传播广泛，流传至今。如清代嘉庆二十四年（1819）泰和堂刻本《二十四孝》（图5-7），书本以单页上图下文的形式，描绘了二十四孝的主要人物故事。清同治七年（1868）的《二十四孝合刊》（图5-8）则以单页文字与单页图像相辅的形式，阐述相关人物故事。

此类版画图书在明清时期盛行于世,并影响到东亚日韩等地。哈佛燕京图书馆藏平野屋清三郎于贞享三年(1686)出版的《二十四孝讲解》,也同样体现了图文相辅的版面形式(图5-9)。随着版画印刷业的繁盛及《二十四孝》等文本在蒙学中的图像转化,明清时期孝图像得以广泛发展,作为耳熟能详、妇孺皆知的文本图像,不仅用于丧葬艺术、建筑、书籍等,还用于陶瓷等其他艺术品的装饰。

随着荷兰东印度公司的成立及海上丝绸之路兴起,在清初外销瓷器中,具有异域色彩的人物装饰纹样备受欢迎,英国、德国等地都有相关收藏,并有多件以二十四孝为装饰主题的青花瓷。德累斯顿国家艺术收藏馆萨克森选帝侯17—18世纪收藏流传至少有三件在风格造型趋于一致的清代二十四孝青花瓷瓶(图5-10),瓶腹部以多开光的方式分割装饰,是康熙时期外销瓷器中常见的装饰形式。相较于上文其他艺术媒介作为载体的孝图像,外销瓷器孝图像装饰性格外突出,和其他同期盛行的《西厢记》《西湖十景》等图像类似,构图趋于程式化表达,强调多数组合的方式,形成繁密丰富、可读性强的器表装饰图像。其以分层、序列开光为构图形式,以版画中的《二十四孝》插图为借鉴范式,将

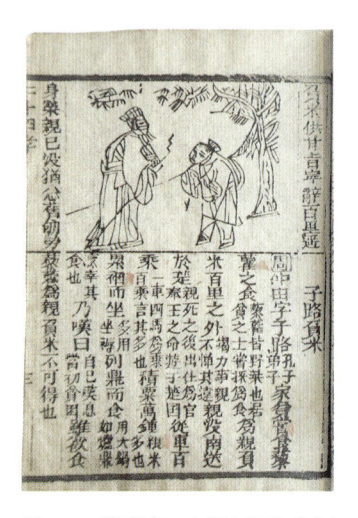

图5-7　清嘉庆二十四年泰和堂刻本《二十四孝》

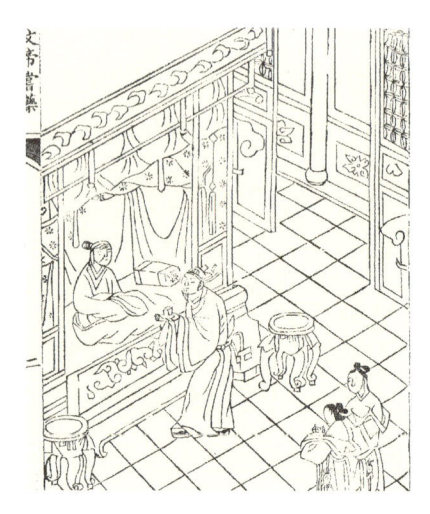

图5-8　清同治七年《二十四孝合刊》

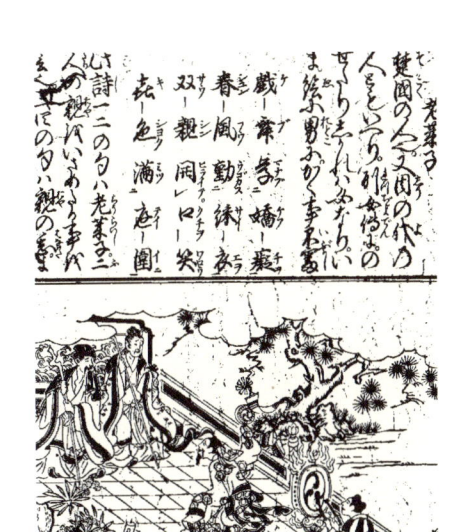

图5-9 平野屋清三郎《二十四孝讲解》　　图5-10　清康熙二十四孝青花瓷瓶　德累斯顿国家艺术收藏馆藏

二十四个主题图像以单元形式装饰瓷瓶，突出展现戏剧情节和主要人物，并以屏风、树木、栏杆等元素营造故事场景的室内外空间。英国古董商安妮塔·格雷（Anita Gray）也曾拍卖有相似二十四孝主题装饰的清代康熙外销青花瓷瓶，以锦地开光的分层描绘戏剧性的主题场景。

（二）东方叙事与欧洲观看：人物图像异域传播的跨文化解读

在德国和英国的这些清康熙外销青花瓷上的二十四孝图像尽管绘画极为精细，但都没有相关的文字说明。相较于长久以来流行的多种媒介中的孝图像，外销青花瓷的装饰缺失了此前这一主题语图互文的表现形式，纯粹图案化的呈现方式要求观者需要具备文化集体意识对其加以理解。

在中国乃至日本等亚洲文本传播背景下，孝图像的形成和发展可以被认为是一种图像转向，或称"符像转向"，即所谓的视觉媒介始终是混合和杂交的，是声音和景象、文本和图像的结合。视觉现象和视觉文化作为艺术学科中广泛兴起的研究视角，提供了对艺术图像多重反思和比较的方向。特别是将经典图像作为一种修辞和思考方式，在文化史中多次出现，并不断地伴随新的复制技术而再现。① 孝图像已成为特定的符号语言，在绘画、石刻、砖雕、陶塑、陶瓷等不同媒介下多元展示，多种形式都基于"元图像"，即一个展现视觉图像自我反思的方式，以及反思观看行文本身的展览。②

值得注意的是，在清代二十四孝青花瓷瓶上流行的孝图像已脱离了孝文化传播的文化依托。18世纪初期，欧洲市场对于亚洲瓷器的图像认知缺乏《二十四孝》等文本的基础，更多在于描述中国的地域风貌与风土人情。当缺乏相关的文本了解时，这些图案就与同期其他外销瓷上的人物主题成为共同理解的群体——即具有异域情趣的人物叙事主题成为18世纪欧洲市场对于孝主题装饰外销瓷的集体共识。这种跨文化的交流及文化转移现象，即20世纪上半叶由古巴人类学家费尔南多·奥尔蒂斯（Fernando Ortiz）提到的一种文化在另一区域的本土化认知过程。在欧洲异域文化视角下，更多以带有东方情调的人物形象被认知，部分图像如有青年男女形象的"董永遇仙姬"则会被推测为爱情主题。值得注意的是，尽管董永是汉代的人物，但在清康熙外销瓷的绘画中，董永和仙姬的服饰、发式等与外销瓷常见的《西厢记》《牡丹亭》等爱情主题人物图像极为相近，并与这一时期流行的才子佳人版画人物形象一致。"乳姑不怠"的主题场景中媳妇哺乳婆婆的场景则被联系到情色主题，这也是同期瓷器及版画中常出现的另一种主题图像，从而成为孝图像的一种转义解读。③ 这样的误读在日本学者金文京的文章中也略有所提，即可作为中国绘画史中罕见的裸女图来欣赏《唐夫人乳母》（乳姑不怠）等场景。④ 这些曾在18世纪欧洲文化背景下转义解读的装饰图像，在全球化的今天随着文化交流的频繁和《二十四孝》等文本的英译、德译本的流传，被再次认知，成为中国传统儒家文化传播的图像载体。

① （美）W.J.T.米切尔著，陈永国、兰丽英、杨宇青译：《元图像》，北京：中国民族文化出版社，2021年，第19页。

② （美）W.J.T.米切尔著，陈永国、兰丽英、杨宇青译：《元图像》，北京：中国民族文化出版社，2021年，第14页。

③ 据笔者2014年冬在德累斯顿工作期间与博物馆相关专家讨论，特此致谢。

④ （日）金文京：《略论〈二十四孝〉演变及其对东亚之影响》，《中国文化研究》，2019年夏之卷。

四、孝文本及图像的误区反思与异域解读

孝文本形成年代久远，在流传过程中其多种文本间也存在矛盾性、局限性等问题。

第一，孝与仁的矛盾。"郭巨埋儿"是其中容易引起讨论的一个案例，其曾在《搜神记》《孝子图》等多个文本中出现，并在元代随着《二十四孝》流传颇广。善恶有报，孝子得福是这类文本所表现的共同主题。但从本质上来说，其与儒家"仁义"有违，《孟子·离娄上》："不孝有三，无后为大。舜不告而娶，为无后也。君子以为犹告也。"① 郭巨埋儿则有违背于此，尽管读来有矛盾，却一度引起效仿，甚至山东境内的汉代孝子堂在北朝后也逐渐成为郭巨祠，供奉郭巨夫妇等。②

元朝廷明确表示反对杀子奉亲。《元史》载："诸为子行孝……埋儿之属为孝者，并禁止之。"③ 但类似事件还时有发生，如元仁宗延祐元年（1314）十月，"保定路清苑县安圣乡军户张驴儿，为父张伯坚患病，割股行孝，止有一子舍儿三岁，为侵父食，抱于祖茔内活埋"④。值得注意的是，这种有违"仁"的行为在元代推崇的孝子行为中并非孤例。上文提及的元代杂剧《小张屠焚儿救母》同样是以牺牲幼子为老母医病的题材。直至清代，杀子奉亲的思想仍在延续，纪昀《阅微草堂笔记》卷一二《槐西杂志》中载："雍正末，有丐妇一手抱儿，一手扶病姑涉此水。至中流，姑蹶而仆。妇弃儿于水，努力负姑出。姑大诟曰：'我已七十老妪，死何害？张氏数世，待此儿延香火，尔胡弃儿以拯我？斩祖宗之祀者尔也！'"⑤ 在这个记载中，可见"杀子奉亲"思想已延续至清，且超越母子之情，即使是丐妇也以此为纲。但在书中对这一行为的描述，已非追捧，而近乎责问。

第二，孝与法的矛盾。对于孝的界定，《孟子·尽心上》中桃应问及孝与司法："桃应问曰：'舜为天子，皋陶为士，瞽瞍杀人，则如之何？'孟子曰：'执之而已矣。''然则舜不禁止？'曰：'夫

---

① 金良年译注：《孟子译注》，上海：上海古籍出版社，2016年，第166页。

② 杨爱国：《故事是如何生成的——以山东长清孝堂山郭氏墓石祠为例》，《社会科学战线》，2016年第9期。

③ （明）宋濂撰：《元史》，清乾隆四年武英殿校刻本，卷一〇五。

④ （元）拜柱纂：《通制条格》，明钞本，卷二七。

⑤ （清）纪昀：《阅微草堂笔记》，清嘉庆五年北平盛氏望益书屋刻本，卷一二。

舜恶得而禁之？夫有所受之也。''然则舜如之何？'曰：'舜视弃天下，犹弃敝蹝也。窃负而逃，遵海滨而处，终身欣然，乐而忘天下。'"①此处，孟子被问及孝与法的关系，即如果舜的父亲杀人，作为执法者舜，应当如何处置？孟子的回答是舍弃天下，携父私逃。这里对于法的罔顾，和对孝的解释也存在矛盾性，类似的以亲至上，不合乎法理的案例在孝文化中多有出现，皆为今人所诟病。

第三，孝与理的矛盾。从《孝经》《孝子传》到《二十四孝》，这些作为典范的孝子故事虽不乏感人至深者，但其中也有一些带有想象色彩，与理不合，不符合自然规律。如《孟宗泣竹》《王祥卧冰》等，都带有明显的臆想成分。这些孝子故事带有神话色彩，增强了其在元明清时期民间的流传性，但在当代社会的认知中，需要明确其误区所在。

此外，孝文化中的部分观念，如重礼崇德等思想渐被"盲目顺从"影响，或与封建社会的"三纲五常"联系，成为愚忠的表现，既不符合孝文化之本源，也与社会发展相违背，是当代社会倡导孝文化时所需摒弃的。也正因此，尽管《二十四孝》等文本在德国等欧洲地区有相关译本，但清代孝瓶在海外异域解读中，仍有不能理解的文化隔阂与误读现象，从而突出东方人物异域风的装饰功能，而淡化其背后的文化内涵，形成与此前丧葬、说教功能不同的转变。

中国古代文化呈现独特的三原色构成原理，并延续千年，在精耕细作的中国农业文化基础上形成天人合一的思想；重视血缘亲属关系，即在亲缘组织团体内的紧密关系；国家结构也配合这样的社会结构，并经由科举及官僚体系使地方势力融入国家政权。②其首要原理，即是对血缘亲情的重视，背后体现了中华孝文化的深刻影响。儒家有两个重要的概念，第一尚德，第二亲亲。亲亲是亲缘关系及亲缘观念的演化。亲亲观念是儒家社会的伦理根本，并在不断地发展之下，成为中国社会凝聚的主要理论基础。③

孝文化根植于儒家思想，其相关典故源于民间传说，从上古到宋代，以春秋、东汉、两晋为主，流传至明清。对于流传较广的

---

① （东周）孟轲撰，（东汉）赵岐注：《孟子赵注》，清乾隆孔氏刻微波榭丛书汇印本，卷一三。

② 许倬云：《中国古代文化的特质》，北京：新星出版社，2006年，第62页。

③ 许倬云：《中国文化的发展过程》，北京：中华书局，2017年，第8页。

二十四孝等主题，在具体传播中，结合《孝经》《孝子传》等多个历史文本，对于其中具有正面性、代表性的人物故事加以突出，使之成为中华孝文化经典故事，并具有民间故事性质的魅力。孝图像以文本为依托，根据不同媒介艺术载体，在不同时期呈现出多元的艺术形象。孝文化主题的语图互文反映了中国传统文化中的仁孝之道，并从汉代的画像石到明清的版画、壁画、瓷器等，呈现多种艺术表达方式，体现了其在中国不同历史时期的丧葬功能，以及域外传播中的文化嫁接现象。清代孝图像围绕《二十四孝》文本，最终运用于外销欧洲的瓷器纹样中，体现了葬和饰的二重功能转变。

第六章

远方伊人：东方"伊丽莎"与女妇婴童之寄寓

随着欧洲对中国外销瓷的追捧，明清时期女性的形象在外销瓷装饰中广泛流行，并涉及宗教人物、庭园仕女、劳作妇人及异域女子等。尽管王室贵族定制的高端外销瓷极为精致，但17世纪的景德镇面对欧洲中上层主要的购买群体所生产的，仍是程式化的大宗商品。其中，以宫廷和官宦女眷生活场景为主题的仕女图备受欢迎，在内容上有反映个人修养的琴棋书画、赏花等，也有体现日常生活的育子图等内容。这些题材在清代贸易瓷器中的流行，是中国根据外国市场受欢迎度调整装饰风格的体现，也反映了在传统经典女性原型形象基础上衍生出对仕女图像的美好寄寓，既符合了欧洲审美的情趣品味，也体现了不同文化背景下喜闻乐道的生活场景引起的观者共鸣。

第一节　明清陶瓷中的女性题材和东方"伊丽莎"形象辨考

基于异域风情和美貌欣赏，女性形象在外销瓷装饰中备受欢迎，表现多样。其中，以庭园仕女最为常见，并在此基础上根据欧洲市场审美，通过风格化、程式化构图等发展成为独特的一类外销仕女形象，被欧洲称为来自东方的"修长伊丽莎"，反映了中国明清仕女图秀丽清瘦和欧洲巴洛克时期丰腴美人不同的跨文化的审美取向。

一、转承之际：外销瓷女性图像的兴起

17世纪，荷兰东印度公司是中国主要的陶瓷贸易订购方，对于主题纹样没有过多的干预，但中国外销瓷器的生产设计、纹样组合等都有意识地迎合海外市场。尽管清代初期实施海禁，中国的瓷器贸易仍在进行。如在荷兰东印度公司的订单记录中，1669年的一艘中国货船就带有约70000件瓷器，经远洋运输抵达印尼爪哇岛的贸易城市万丹，与荷兰东印度公司在此设立的贸易点完成交易。① 至清康熙二十三年（1684）开放海禁，并陆续开设通商口岸，促进了瓷器贸易。② 此外，由于中国明清交替之际的战争和瓷业的衰退，荷兰东印度公司在17世纪中叶将主要瓷器购买地移至日本，日本的伊万里（有田烧）成为重要的亚洲瓷器输出地。③ 在和日本进行贸易竞争的压力下，中国陶工积极发展新的纹样，以高品质的瓷器来争夺欧洲市场利润。清代外销瓷的主流纹样一方面是对晚明外销瓷的继承，另一方面又有新的发展和程式化装饰主题，流行的装饰技法也从青花扩展到古彩等。女性的装饰题材，在早期瓷器中并不常见。追溯到唐宋时期，瓷器仍多为单色釉装饰。优质的钴料苏麻离青从中东地区传入中国，以及元代官方制瓷机构浮梁瓷局的成立，推动了景德镇青花工艺的发展。《元史》载："置大使一员，浮梁磁局（浮梁瓷局），秩正九品，至元十五（1278）年立，掌烧造磁器。"④

元代瓷器釉下青花装饰冲击着中原地区宋代审美，彩绘成主流，但女性题材不多。根据目前公布的大部分元青花馆藏情况，以《元代瓷器》收录的153件青花瓷器为例，仅18件器物绘有人物主题，其中4件与女性相关，分别为《昭君出塞》《西厢记》《百花

① T. Volker, *Porcelain and the Dutch East India Company: As Recorded in the DAGH-REGISTERS of Batavia Castle, Those of Hirado and Deshima and Other Contemporary Papers 1602-1682*, Leiden: E. J. Brill Press, 1971, p.209.

② 刘奇俊：《清初开放海禁考略》，《福建师范大学学报》，1994年第3期。
③ 熊寰：《中日古瓷国际竞市研究——以景德镇和肥前瓷器为例》，《中山大学学报（社会科学版）》，2012年第1期。

④（明）宋濂：《元史》，清乾隆四年武英殿校刻本，卷八八。

亭》等爱情戏剧场景。① 明清时期，国内的瓷器纹样多元化，但女性的题材数量仍较少。据2015年故宫整理入库的部分器物信息，收藏的9023件明代官窑瓷器中，人物纹样约207件，其中女性纹饰仅7件，主要为宣德青花仕女碗；收藏的70205件清代瓷器中，人物纹样约1100件，其中女性题材33件，多为庭园仕女形象。②

外销瓷纹样以花卉动物为主，晚明时期女性形象开始增多，除仕女形象外，还有国内瓷器上少见的劳作中的纺织女性，成为转变期克拉克瓷的流行题材。清康熙年间，随着中国外销欧洲瓷器的复兴，女性题材成为外销瓷备受欢迎的题材，庭园仕女、宗教神话女性、日常织女、欧洲女性等形象多样，纷呈迭出。其中，年轻隽美的庭园仕女形象渐渐呈程式化发展，与欧洲巴洛克时期艺术中盛行的丰腴美人成鲜明对比，这些中国仕女形象体现出当时中国流行的窈窕身姿、柳眉凤眼的东方女性审美特征，被称为"修长伊丽莎"，成功塑造了这一时期中国外销瓷的经典东方女性形象。

外销瓷中的女性题材兴起受到多方面因素影响。中国仕女画的传统及明清版画的流行是此图像的源本和传播载体。明清官窑及内销民窑瓷器中，也都有过以仕女为主的女性装饰题材。基于此前仕女画的基础及瓷器上仕女画的装饰，在明末清初，随着全国版画盛行，如徽州版画、金陵版画等，其中围绕才子佳人主题的仕女形象多样。价格适中、数量众多的版画为景德镇陶工提供了参照和创作基础。来自海外市场的多样化需求和清代海禁贸易政策变化也促使了外销瓷开始流行新颖且具东方风情的仕女图案。

二、神化与世俗：明清外销瓷中女性装饰题材分类

（一）世俗信仰与宗教人物

明代宗教呈现佛教、道教等多元并存的格局，并以佛、儒、道三教融合为主，且民间佛教法会盛行，佛教日益世俗化。③ 明朝的最高统治者也大多崇奉和提倡道教，因个人偏好的差异，统治者对

---

① 叶佩兰：《元代瓷器》，北京：九州图书出版社，1998年。

② 数据来源于故宫博物院信息部，特此致谢。

③ 何孝荣等：《明朝宗教》，南京：南京出版社，2013年，第13页。

道教的崇奉和提倡也呈现出阶段性差异，明代中期崇道尤盛。道教在民间也日益普及和世俗化，影响了文学创作，杂剧家创作了一批以演唱神仙故事、传播道教教义为主的戏剧，特别是八仙题材，如贾仲明《吕洞宾桃柳升仙梦》《铁拐李度金童玉女》，陆进之《韩湘子引度升仙会》等，以及八仙总体出场的戏剧《八仙过海》《八仙祝寿》等。[1] 世俗的信仰也反映在瓷器上，佛教、道教人物题材也常出现在明代中晚期和清初瓷器装饰中。

晚明清初外销瓷上的女性宗教人物形象多来自道教，常见的如八仙中的何仙姑，献寿题材中的麻姑、西王母等。此外，部分佛教中的观音像也是外销德化白瓷中常见的宗教女性形象。清康熙年间景德镇产外销青花和古彩装饰中都运用到此类题材。其中，以带有何仙姑的道教八仙最为常见，这也是明代嘉靖以来官窑瓷器中兴起的祝寿装饰纹样，如嘉靖二十一年（1542）记载有"花白地八仙过海罐一百""青花白底龙凤群仙捧寿等花盒五千"[2] 等官窑器。

外销瓷上的宗教女性多为年轻美女形象，体现了中国传统绘画中对女性形象的理想化塑造。[3] 例如，在康熙时期青花外销瓷碗上常见"八仙祝寿"的人物装饰，西王母和何仙姑（图6-1）等女性都表现为仕女形象。何仙姑是道教八仙中唯一的女性形象，与其他仙人同样立于祥云之上，手持相应法器。西王母相较何仙姑年岁偏大，且文本中的形象描述也与凡人修仙的何仙姑有所差别。如《穆天子传》："西王母如人，虎齿蓬发，戴胜善啸。"[4] 在西王母崇拜大兴之初，其形象曾为白发老妇。汉代画像石盛行的西王母形象，虽白发渐为黑发代替，但仍多为年迈老者正面坐像。[5] 但康熙外销瓷上的西王母和何仙姑相近，并坐于祥云之上，突出其仙人之态。经美化的年轻女性形象已和早期文本中描述的人物形象相差甚远，但更符合审美视角的仕女形象不仅在相关版画中影响广泛（图6-2），还流传至海外。[6]

麻姑最初原型为鸟形，据《列异传》等文本载："神仙麻姑降

[1] 何孝荣等：《明朝宗教》，南京：南京出版社，2013年，第210—211页。

[2] （清）乔溎主修，贺熙龄纂：《浮梁县志》，清道光三年刻本，卷八。

[3] 天津人民美术出版社编：《中国历代仕女画集》，天津：天津人民美术出版社，2007年，第2页。

[4] （西周）佚名撰，（东晋）郭璞注：《穆天子传》，清嘉庆间兰陵孙氏刻平津馆丛书本，卷三。

[5] 马怡：《西汉末年"行西王母诏筹"事件考——兼论早期的西王母形象及其演变》，《形象史学研究》，2016年上半年刊。

[6] C.A.S. Williams, Encyclopedia of Chinese Symbolism and Art Motives, New York: The Julian Press, 1960, p.224.

西王母　　　　　　　　　何仙姑

图6-1　清康熙青花人物碗　德累斯顿国家艺术收藏馆藏

图6-2　西王母版画插图

① （宋）李昉辑：《太平御览》，民国二十四至二十五年上海商务印书馆四部丛刊三编景宋刻配补日本聚珍本，卷三七〇。

② 徐华龙：《麻姑为海上神仙考》，《常州工学院学报》，2013年第1期。

东阳蔡经家，手爪长四寸。"[1]后世诗词如李白《西岳云台歌送丹丘子》等也有多次谈及。外销瓷中的麻姑造型也多为貌美，金钗罗衣，常附有寿桃、鹿等祥瑞图案。[2]从以文本为依托的宗教神化女性形象，到世俗审美下的年轻美人形象，是对宗教人物从神化到世俗化的审美转化，宗教中的神圣感被弱化，而世俗的审美意义得到加强。这正是迎合了欧洲以男性为主要客户群体的审美需求，他们也正是外销瓷的隐性观者。

（二）瓷上美人画：庭园仕女

仕女是传统绘画中常见的题材，宋金时期开始出现在北方磁州窑的瓷枕上，至明代被运用在官窑纹样中，以明代宣德官窑青花仕女为主。以故宫博物院所藏的宣德仕女青花为例，图像多装饰在青花高足碗及青花碗碗壁，内容多为庭园仕女及其侍从。明末以来，外销瓷上的仕女形象日益增多，海外传世藏品数量众多，绘画内容包括游园、赏花、奏乐、读书、绘画、教子等。如图6-3，三位年轻女性挽高髻，其中两位插有步摇，着装相近，均为明代盛行的长衫、裙，并外套霞帔与半臂。① 仕女绘于盘心，中间仕女拈花，一侧仕女相视，另一侧仕女持物，三者相顾，后有蕉叶，前有竹石，并以栏杆做背景，是清康熙时期典型的外销瓷庭园仕女的构图。

仕女图常表现在庭园背景中，包括非叙事场景和叙事场景。庭园即种有花草树木的院落，或附属于住宅的花园。在中国明清时期，庭园是中上层社会女性，尤其是官宦、贵族、商贾家庭中女性日常生活的重要场所。自元杂剧以来，在才子佳人故事中，已将后花园当作理想的爱情场所，在《墙头马上》等杂剧中，故事的发展全过程都是在庭园中完成。明清小说继承了元戏曲"后花园模式"的叙事空间，很多情节都以庭园为场景，反映了贵族社会和市井社

① 清代的部分仕女图，特别是康熙民窑瓷器上的女性着装多承明俗，仍以传统汉服为主。

图6-3 清康熙庭园仕女（游园）青花瓷盘 德累斯顿国家艺术收藏馆藏

① 葛永海、张莉:《明清小说庭园叙事的空间解读——以〈金瓶梅〉与〈红楼梦〉为中心》,《明清小说研究》, 2017年第2期。

② Little Stephen, *Chinese Ceramics of the Transitional Period, 1620-1683*, New York: China House Gallery and China Institute in America, 1983, p.26.

③ C. J. A. Jörg, *Porcelain and the Dutch China Trade*, Hague: Uitgeverij Martinus Nijhoff Press, 1982, pp.22-46.

④ T. Volker, *Porcelain and the Dutch East India Company: As Recorded in the DAGH-REGISTERS of Batavia Castle, Those of Hirado and Deshima and Other Contemporary Papers 1602-1682*, Leiden: E. J. Brill Press, 1971, p.60.

会的家庭生活,并将故事和空间场景相呼应,形成所谓的"庭园叙事"。①

(三)纺纱妇女与欧洲女性

瓷器"转变期"概念由欧洲学者在1910—1920年提出,时间范围通常被认定在1620—1683年,即约明万历末年(1620)至清康熙十九年(1680)官窑复烧之间。民窑作品在此期间得到较大发展,并大量销往欧洲。②荷兰商人在17世纪初已抵达东亚,中国官方严格地调节和控制着贸易船只。③1635年后,荷兰东印度公司开始在订单中对纹样有所要求,如增添了欧式花卉、房屋纹样,以及颇具异域风情的中国普通人物劳作场景,包括耕、樵、读、渔的男性和纺纱妇女形象。④纺纱女性的形象也流行于转变期的外销青花瓷,如图6-4,在这个典型的明末转变期克拉克瓷碗的碗内圆形开光中绘有一位正在纺纱中的妇女。与常见的庭园女性形象不同,此处描绘的并不是年轻优雅的仕女,而是一位劳作的中年女性。这一图像不仅和碗壁男性耕、樵、读、渔的日常生活景象相呼应,也和这一时期家庭女性的主要从事的活动紧密相关。如果说仕女图中的庭园女性反映了明清官宦家庭女眷的日常生活场景,那么这样的纺纱女性则表现了平民家庭的普通女性生活。

此外,至康熙时期,针对欧洲消费者定制的图像增多,欧洲女

图6-4 转变期克拉克瓷碗局部
法兰克福应用艺术博物馆藏

图6-5 清康熙西洋人物纹青花瓷盘
英国国立维多利亚与艾伯特博物馆藏

子形象也开始出现在中国的外销瓷中。① 如现藏于英国国立维多利亚与艾伯特博物馆的康熙青花西洋人物纹瓷盘（图6-5），是根据欧洲铜版画图样创作的，延续了晚明克拉克瓷典型的开光设计。盘心主题纹样展示了庭园演奏的场景，正在弹琴的欧洲女性坐在桌旁，尽管服饰是欧洲样式，但是人物的面庞仍然是偏东方的，画面有可能来自巴黎罗伯特·博纳特（Robert Bonnart）设计的铜版画中的经典式样，这也是欧洲定制在中国初期所常见的情况。

① Craig Clunas, *Chinese Export Art and Design*, London: Victoria & Albert Museum, 1987, pp.3-10.

三、他者视域下的东方仕女："修长伊丽莎"

在17世纪出现的上述各种外销瓷女性图案中，庭园仕女形象最为常见，并逐渐形成特定的绘画风格和构图式样，流行欧洲，尤盛于荷兰市场。

（一）术语与图像："修长伊丽莎"

"修长伊丽莎"（long Eliza；荷兰术语"lange Lijzen"的英译），是在荷兰形成的特定术语，用于描述康熙外销青花瓷中身体修长的年轻仕女形象。② 人物形象具有风格化特征，并沿用晚明外销克拉克瓷的多开光设计式样。这一术语在欧洲被沿用至今，并传至英、美等地。③

从广义而言，康熙外销瓷上修长的女性形象都属于"修长伊丽莎"图像范畴④；狭义中更为典型的"修长伊丽莎"，多采用对称构图，画面向简洁、程式化方向发展。画面人物数量从一位到四位不等，最常见的是两位呈对称构图站立的庭园仕女。装饰器型有瓶、碗、盘等，以瓷盘最为常见。如图6-6，盘心两位仕女正观赏画面中央的盆花，背后两侧均有梧桐树衬托，盘心下端以连续的方式绘有草石点缀。盘壁锦地开光装饰，在变形莲瓣八开光内均为两位对称分布的仕女赏花图，和盘心主题相似，局部简化。开光中的树木、草石等元素因画面大小受限被简略，两位仕女之间的盆花的盆部也被忽略。仕女数量的变化、构图元素的增减、细部的调节和

② C. J. A. Jörg, Rijksmuseum, J. van Campen, *Chinese Ceramics in the Collection of the Rijksmuseum, Amsterdam: The Ming and Qing Dynasties*, London: Philip Wilson in association with the Rijksmuseum, 1997, p.101.

③ Linda Merrill, "Whistler and the 'Lange Lijzen'", *The Burlington Magazine*, Vol. 136, No. 1099, 1994.

④ C. J. A. Jörg, Rijksmuseum, J. van Campen, *Chinese Ceramics in the Collection of the Rijksmuseum, Amsterdam: The Ming and Qing Dynasties*, London: Philip Wilson in association with the Rijksmuseum, 1997, p.109.

图 6-6　清康熙庭园仕女（赏花）青花瓷盘　柏林亚洲艺术博物馆藏

组合元素的改变可根据不同器型丰富画面，使之具有适应性和多样性，提升了瓷器批量生产的效率，也适应了庞大的市场需求。①

（二）伊丽莎绘风溯源

尽管"修长伊丽莎"的对称构图和中国传统美人画有所差异，但其人物造型仍与传统仕女画一脉相承。仕女画，即美人画，外销瓷上美人画阴柔隽美，略带媚态，体现了明清之际美人画风。画面女性具有明清仕女画的纤弱清秀、静女悠闲之态，是传统的"尚雅"之风和明清仕女图所追求的"宜观"相结合的艺术表现。②

除在明代中期仇英和清代中期冷枚等以仕女画著称的画家外，清代初期的画家顾见龙尤其值得关注，他生于晚明万历三十四年（1606），活跃在外销瓷"修长伊丽莎"盛行同期，师从曾鲸，在顺治康熙时期名重京师，人物画重神韵，线条流畅。仕女场景多设置在庭园之内，以书卷、琴画等辅助画面。传世的《顾见龙人物册》选取的仕女图，相貌清秀，和17世纪外销瓷盛行的仕女图像在构图、风格上较为相似。③现藏于美国纳尔逊艺术博物馆的顾见龙画

① 吕章申主编：《瓷之韵：大英博物馆、英国国立维多利亚与艾伯特博物馆藏瓷器精品》，北京：中华书局，2012年，第16页。

② 王宗英：《中国仕女画艺术史》，南京：东南大学出版社，2009年，第57页。

③ 顾见龙：《顾见龙人物册》，杭州：西泠印社出版社，2007年，第6—10页。

册共40余页，如《宫苑仕女图》（图6-7）所呈现的女性和同期外销瓷"修长伊丽莎"形象也趋于一致。①

（三）谁解画中美人意

外销瓷中的"修长伊丽莎"多为泛指，人物关系推测有从属性，特别是固定组合的两位伊丽莎女性赏花图案或具有主仆关系。②但这样的形象大小差异的主仆关系在画面中被逐渐淡化，二者人物形象大小趋于一致。"修长伊丽莎"赏花主题最初源自后宫女眷，游园赏花和盆花观赏都和宫廷女性生活紧密相连，是明清宫廷女子日常生活的一部分。在外销瓷中，其既可指代宫廷中的妃嫔和宫女，也可广义指代普通官宦家庭的女眷和婢女。宫廷女性的赏花生活也影响了民间闺秀及世俗中的风情女子。伊丽莎的仕女形象也可以进一步拓展为民间闺秀庭园赏花之态。

随着外销瓷对海外市场顾客群体的迎合，没有题跋且已风格化的"修长伊丽莎"更直接地与世俗风情女子相关联。事实上，在中国绘画史中，明清两代的美人画中形象并不再仅仅是以德行训诫为准则的贵妇及宗教仙道女性，在一些具有题跋的美人画中其人物名可见，仕女主题已经从宫廷女子走到民间，既有大家闺秀，也有青楼名妓，是来自真实世俗间的红粉佳人。③她们也被同时代及后代世人接纳，社会地位也有所提高，成为绘画等艺术作品中常见的题材。④高居翰也曾提到，这些明清仕女图中的优雅女性有可能是妓女。⑤此外，她们甚至可能是饭馆的侍女，因美丽而入画，成为符合审美需求的商品图像。⑥外销瓷的"修长伊丽莎"形象身份泛

① James Cahill, *Pictures for Use and Pleasure: Vernacular Painting in High Qing China*, Berkeley: University of California Press, 2010, p.10.

② 此推论经由中国社会科学院历史所刘明杉先生商榷得出，特此致谢。

③ 北京画院编：《笔砚写成七尺躯：明清人物画的情与境》，南宁：广西美术出版社，2017年，第326页。

④ 北京画院编：《笔砚写成七尺躯：明清人物画的情与境》，南宁：广西美术出版社，2017年，第342—346页。

⑤ James Cahill, Sarah Handler, Julia M. White, *Beauty Revealed: Images of Women in Qing Dynasty Chinese Painting*, Berkeley: University of California Press, 2013, p.24.

⑥ James Cahill, *Pictures for Use and Pleasure: Vernacular Painting in High Qing China*, Berkeley: University of California Press, 2010, p.60.

图6-7 《宫苑仕女图》（明）顾见龙 纳尔逊艺术博物馆藏

化，从宫廷到世俗的人物形象也渐显媚态，更加符合市场需求，并取悦男性为主的顾客群体。

四、再现与衍生：后续的东方伊丽莎

17世纪中国外销瓷女性纹样受到欧洲市场的喜爱，以"修长伊丽莎"的程式化设计为代表，产生了一定的影响，在18世纪外销瓷中女性题材及修长仕女形象得以继续流行。其影响也很深远，17—18世纪欧洲陶瓷器有很多仿制品，甚至19世纪在美国绘画中还得以再现。女性形象的研究反映了中国工匠敏锐捕捉外国口味，并根据市场改变装饰风格，体现了中外审美的差异，在海上丝路的瓷器贸易史中具有独特的价值。

（一）继承、仿制与绘画

以青花为主的17世纪中国外销瓷女性纹样及东方伊丽莎设计影响了此后的产销双方，并扩展到其他地区，包括继承、仿制和绘画再现三方面。受到欧洲市场的喜爱，以"修长伊丽莎"的程式化设计为代表，随着古彩、粉彩、广彩的发展，18世纪清代的外销瓷器，装饰技法多样，17世纪兴起的女性装饰图像得以继承和发展，包括上述提及的叙事性及非叙事性的女性形象。同时，中国外销瓷的大量输出地欧洲，此类题材也被欧洲仿制。最早模仿的是荷兰代尔夫特陶器。除了普通的中国仕女图，"修长伊丽莎"也因备受欢迎而被积极仿制。当时的荷兰仍然制作陶器，但可以使用蓝彩锡白釉制作视觉效果与青花类似的器皿。在荷兰的海牙市立博物馆中仍藏有带有典型康熙"修长伊丽莎"纹样的方瓶与葫芦瓶等锡釉陶器。[①]18世纪，随着欧洲对瓷器烧造技术的掌握，欧洲各瓷厂也陆续生产模仿中国的瓷器，女性题材的瓷器造型及纹样。如欧洲最早生产瓷器的麦森瓷厂曾根据瓷厂的设立者奥古斯都二世的收藏，在1713—1715年仿造烧制观音像，同时还尝试了黑色陶土的仿制。[②]

① Jan van Campen, Titus Eliens, eds., *Chinese and Japanese Porcelain for the Dutch Golden Age*, Zwolle: Waanders Uitgevers, 2014, pp. 236-240.

② Ulrich Pietsch, *Meissener Porzellan und seine Ostasiatischen Vorbilder*, Leipzig: Edition Leipzig, 1996, p.62.

"修长伊丽莎"图像及术语等还在绘画中得以再现。除了欧洲静物画中的瓷器再现外，19世纪的美国画家、美学革命的领导者惠斯勒（James Abbott McNeill Whistler），常年旅居欧洲，曾到访阿姆斯特丹，在当地的中国瓷器商店接触到17世纪中国外销瓷和"修长伊丽莎"的图像及术语。[①] 1864年，惠斯特创作了《紫与玫瑰：带有六个款识的修长伊莉莎》[②]油画作品（图6-8）。这幅画框的四周绘有六处圆形款识，内书汉字"大清康熙年制"，模拟同期青花瓷常见底款。"lange Leizen"原指青花瓷瓶上的仕女，此处或具有双关性，既可以指画里的修长仕女，也可以指她手中外销青花瓷上的典型"修长伊丽莎"装饰纹样。图中一位欧洲女性穿着中国的衣袍，画家按照"修长伊丽莎"的审美方式体现了身体的拉长感。这幅作品于1865年在英国参展并在图录中加以介绍，引起热议，观赏者尝试解读作品题目蕴含的多重意义。[③] 作品于1917年由美国人约翰·杰森（John G. Johnson）收藏，现藏于美国费城艺术博物馆。

① Linda Merrill, "Whistler and the 'Lange Lijzen'", *The Burlington Magazine*, Vol. 136, No. 1099, 1994.

② 也译为《紫与玫瑰：六大标志的兰格莱森》，由于英文词意的多重性，经多方请教，最终结合画面边框的六字款识和"修长伊丽莎"主题翻译为《紫与玫瑰：带有六个款识的修长伊丽莎》，衷心感谢中国美术学院杨思梁和何亦扬两位师友提供的相关信息和给予的翻译建议。

③ Darrel Sewell, *Philadelphia Museum of Art: Handbook of the Collections*, New Haven: Yale University Press, 1995, p.283.

图6-8 《紫与玫瑰：带有六个款识的修长伊丽莎》（美）惠斯勒 费城艺术博物馆藏

（二）观者之别：差异的审美

从约翰·伯格（John Berger）《观看之道》的角度出发，"修长伊丽莎"在画面中隐含着在男性观者的目光评判中的塑造风度，体现了在男女二元世界中存在的男性观看女性和女性被观看的不平等关系。[①] 外销瓷中以庭园仕女为主的美人画的流行，体现了其在贸易中作为器物的实用性和消遣功用。伊丽莎形象源于中国同期的仕女图，以仕女图纸本和绢本为参考的版画促进了陶瓷中仕女形象的发展。中国各时期的文化审美标准不同，不同时期美的差异性也很大。唐朝美女丰满圆润，头上梳着峨峨高髻，戴金翠玉饰，插簪鲜花，华丽高贵，服装绚丽多彩，仪姿雍容。宋、元、明的仕女画则突出女子的甜美、娇羞。到了清代，仕女多见纤弱修长身姿，以削肩、尖脸、柳眉、细腰的"病态美人"为时尚，如弱柳扶风，楚楚可人。[②] 17世纪外销瓷上的仕女形象体现了从明末到清初，女性从甜美、娇羞到更修长身姿的转变，仕女面若桃花，身姿窈窕，柳眉凤眼，樱桃小口，三寸金莲，并且配饰繁多，妆容艳丽，充分体现出当时男性眼中衡量女性的第一个标准：美貌。[③] 即使是对比康熙时期深受西洋画技法影响的宫廷画家焦秉贞所作仕女图（图6-9），在女性形象塑造上，也保留着上述的传统仕女形象特点。

---

① 王林生：《图像与观者——论约翰·伯格的艺术理论及意义》，北京：中国文联出版社，2015年，第124—127页。

② 单国强：《古代仕女画概论》，《故宫博物院院刊》，1995年第S1期。

③ 张小萍：《从陶瓷仕女图纹看古代女性文化》，《中国陶瓷》，2006年第2期。

图6-9 《焦秉贞画册》及内页　故宫博物院藏

在欧洲绘画史中，从文艺复兴开始，写实的面容和丰腴的身体是绘画中常见的女性形象。17世纪，巴洛克风格的女性人物绘画秉承了文艺复兴的部分特征，同时更偏向丰腴发展。以巴洛克艺术代表画家鲁本斯（Peter Paul Rubens）为例，其《三美神》等作品中多出现丰腴多肉的女性形象。他生于德国，游学意大利，长期生活在弗兰德斯，紧邻荷兰。[①]其所生活的弗兰德斯和荷兰相邻，同属尼德兰地区。在巴洛克时期艺术上，双方画家多有交流和影响。在这种对比中，中国外销瓷图像中女性修长消瘦的身姿愈发明显，更具异域特征，并最终促成此类风格的流行。

第二节 明清陶瓷庭园仕女图与中欧宫廷女性生活

一、宫廷与外销：明清瓷器与仕女图

自六朝始，从秀骨清像到肥腴的隋唐美人画、端严秀丽的宋元仕女、风露清愁的明清仕女，仕女图是中国传统绘画题材。[②]"仕女"，也作"士女"，秦汉之前，士女是两个概念，分指男女。将士女描述为绘画女性，始自唐代朱景玄著《唐朝名画录》。[③]从《辞源》（1979年版）或《辞海》（1999年版）的注释看，狭义上专指官僚家庭的女性，广义上为画家画的美人，是从专指的贵族妇女渐发展为泛指的美人佳丽的概念，包括了宫廷中的女眷。[④]此图像自宋金时期出现在北方磁州窑的瓷枕中，并被运用在明清官窑纹样中，反映了宫廷女性的形象和生活，但在中国官窑中数量及比重较低。

随着海外市场对女性主题纹样的偏爱，明清外销瓷中出现了大量的女性题材纹样，特别是清康熙年间，仕女图在外销瓷中极为常见，并根据欧洲市场的需求形成了特别的设计式样。18世纪，景德镇及广东的陶瓷技师根据越来越多的来自欧洲贵族家庭的订单定

① （美）H. W. 詹森著，艺术史组合翻译实验小组译：《詹森艺术史》，北京：世界图书出版公司，2013年，第701—705页。

② 王宗英：《中国仕女画艺术史》，南京：东南大学出版社，2009年，第1页。

③ 单国强：《古代仕女画概论》，《故宫博物院刊》，1995年第S1期。

④ 王宗英：《中国仕女画艺术史》，南京：东南大学出版社，2009年，第1—3页。

制纹样。作为中西文化的载体，瓷器上的仕女图又同时真实地再现了18世纪欧洲宫廷女性的生活场景，和中国宫廷女性生活具有一定的对比性。

二、瓷器仕女图与中国宫廷女性生活

明清瓷器上的庭园仕女图，表现了女性才艺等自我修养及教育子女的主题。这些仕女图中的经典主题也是明清官窑中常见的纹样，也体现了宫廷女性生活内容的重要部分。

在明清宫廷内围之中，后妃是宫廷中重要的女性成员，其中多有众才华者。在彭勇、潘岳先生的《明代宫廷女性史》中，提到明代思宗田贵妃，便是棋琴书画的典范，且善于打扮，还将其居所营造为风景秀丽的江南庭园。[1] 清代王初桐《奁史》中提及，陈维崧《妇人集》载吴越才女轶事诗文，如"田贵妃明慧沉默，寡言笑，最得帝宠"[2]。

明代民窑瓷器中已出现棋琴书画的图案，也有部分被海外收藏，如法兰克福应用艺术博物馆收藏的瓷器（图6-10）以连续的

[1] 彭勇、潘岳：《明代宫廷女性史》，北京：故宫出版社，2015年，第430页。

[2]（清）陈维崧：《妇人集》，载（清）王初桐辑《奁史》，清嘉庆二年伊江阿刻本，卷一〇。

图6-10 明中期青花大罐 法兰克福应用艺术博物馆藏

方式展现了宫廷女性吹笛、对弈、弹琴、跳舞等体现个人才艺的场景，并结合了妇婴等其他生活场景。

在康熙年间大量的外销瓷器中，仕女图装饰更为常见，以庭园站立或休憩、奏乐、焚香的仕女形象为主，多用在当时盛行的外销瓷盘盘心和碗外壁开光中。图6-11是该时期典型的外销瓷方碗造型，其碗壁四面之一便绘画了吹箫仕女图，另外三面为庭园休憩的仕女。

三、伊丽莎设计与宫廷后妃赏花

除了上述展现女子修养、体现才艺的仕女图外，宫廷女性生活中也包括很多其他活动，比如礼佛、焚香、逗鸟、蹴鞠、赏花等[①]，其中最为常见的是赏花场景，反映了明清宫廷女性闲暇生活的重要内容。

在宫廷中的女性形象，以明代为例，主要有后妃、公主、女官、宫女四类。[②]宫廷女性赏花表现的是后妃们的闲暇生活，不乏宫女的陪同。紫禁城和各处离宫别苑均有花园供皇家游览，皇家宫

① 彭勇、潘岳：《明代宫廷女性史》，北京：故宫出版社，2015年，第428—435页。

② 彭勇、潘岳：《明代宫廷女性史》，北京：故宫出版社，2015年，第427页。

图6-11 清康熙青花方碗 德累斯顿国家艺术收藏馆藏

① 彭勇、潘岳：《明代宫廷女性史》，北京：故宫出版社，2015年，第427页。

②（明）刘若愚：《酌中志》，北京：北京古籍出版社，1994年，第147、152页。

③ 彭勇、潘岳：《明代宫廷女性史》，北京：故宫出版社，2015年，第427页。

④（明）刘若愚：《酌中志》，北京：北京古籍出版社，1994年，第183页。

⑤ Craig Clunas, *Chinese Export Art and Design*, London: Victoria & Albert Museum, 1987, pp. 3-10.

⑥ 吕章申主编：《瓷之韵：大英博物馆、英国国立维多利亚与艾伯特博物馆藏瓷器精品》，北京：中华书局，2012年，第36页。

⑦（英）孟露夏：《中欧瓷器贸易中的批量出口与定制》，载吕章申主编《瓷之韵：大英博物馆、英国国立维多利亚与艾伯特博物馆藏瓷器精品》，北京：中华书局，2012年，第18—19页。

苑一年四季皆有鲜花，宫中也设有司苑局，女官六局二十四司亦有司苑司专门掌管种植。①除御花园外，部分宫廷女性起居之处，如慈宁宫、慈庆宫也有花园。②花开富贵等美好寓意也常和宫廷女性相关，特别是在节庆之中盛开的花卉，更带有瑞意。

除了游园，盆花也是宫廷女性闲暇观赏的重要形式，由宫中宦官宫婢将名木花卉采折搬移入宫中供帝王后妃赏玩。③《酌中志》曾载，宫中一年四季所赏花卉各有不同，并提及"凡内臣多好花木，于院宇之中，摆设多盆"④。此赏花形式在外销瓷器中一经出现，就颇受欢迎，并程式化地大批量地生产，成为特别的设计图案，以供应中上层客户群的需求。

四、外销瓷和欧洲宫廷女性生活比较

除展现以宫廷官宦女性生活为主的仕女图，康熙时期针对欧洲消费者定制的图像增多，欧洲女子形象也出现在中国外销瓷装饰中。⑤版画与素描是中国瓷器纹饰的重要来源之一。1690—1710年，描绘休闲活动和时尚男女的法国版画及荷兰复制品，成为代尔夫特白釉蓝彩陶瓷的重要纹饰蓝本，并渐成为景德镇外销瓷的模本。⑥这一趋势的出现，与法国版画和油画正流行于贵族和社会富有阶层相关。1700年前后，荷兰版画家和出版商把源自宫廷贵族生活的艺术视为时尚的顶点。⑦这些图样体现了这一时期欧洲的宫廷贵族女子形象，也成为和中国同期宫廷女性生活的对比。

根据欧洲铜版画图样创作的康熙时期外销青花将军罐（图6-12），最初应被陈设在一套家具上，也可能是在壁炉上或壁炉旁。肩部有牡丹等花卉，腹部四个开光绘有欧洲女性，和前文庭园中奏乐的西洋人物青花瓷盘中的女性形象相近，其图像同样仿自巴黎罗伯特·博纳特设计的服装版画，这些版画于1685—1700年在巴黎出版，四位女性的初稿可在相关版画中得见（图6-13）。此类版画描绘了休闲活动中身着巴黎高级时尚服装的妇女。坐在阳台上的妇女

图 6-12 清康熙青花将军罐　英国国立维多利亚与艾伯特博物馆藏

图 6-13 欧洲铜版画　约1685—1700年　大英博物馆藏

出自博纳特版画《美惠三女神》，其中有第二女神喜剧缪斯塔利娅（Thalia），第三女神希腊欢乐女神。四位女性都发髻高束，被称为"芳丹头饰时尚"，这一称呼来自路易十四的一位情人引领的流行发髻样式，通常以圆形或椭圆形的小帽固定在头部后侧，再在帽子顶部加以高的钢丝框架，辅以蕾丝、缎带等缠绕装饰。[①]值得注意的是，这里同样表现了对盆花的观赏、拈花等细节，而这正是外销瓷

① 吕章申主编：《瓷之韵：大英博物馆、英国国立维多利亚与艾伯特博物馆藏瓷器精品》，北京：中华书局，2012年，第121页。

仕女图常见的式样。

第三节　寄寓之真实：明清外销瓷女妇婴童图考与元素解读

清代外销瓷中频繁出现的仕女图案题材丰富，女妇婴童是其中重要的组成部分，画面多以仕女和男童组合的方式构成，包括妇婴嬉戏和妇人教子等场景。自清代康熙时期开始，明代中期在官窑瓷器中开始盛行的妇婴主题图像逐渐流行于外销瓷器中。

庭园妇婴图，既用于瓶、罐装饰，也用于碗、盘等器型。图像设计源于绘画，摹自版画，既以程式化的构图迎合市场，又不乏结合传统文化典故。本节结合图像中的符号及隐喻关系，解读不同媒介间图像的共性和差异，探析图像人物与历史原型关系，创作主题人物的虚构与寄寓之真实。

一、画中源：外销瓷女妇婴童的兴起

随着仕女图在明代宣德官窑瓷器上的频繁出现，女妇婴童的组合题材也成为明代中后期常出现的纹样，如天津博物馆藏明隆庆青花方盒（图6-14）上，表现了庭园中的妇人和孩童嬉戏场景。清代广销欧洲的外销瓷中女性图像占据了装饰题材的重要部分，并出现了大量的和仕女相结合的婴戏纹样，反映了自宫廷府邸到民间母子的生活情境。追根溯源，画中人物图像源自绘画婴戏，亦结合仕女图，以版画为媒介，再现陶瓷装饰中，既有真实的人物原型，又是虚构的理想中典范性妇女的代表，并在图案设计的变化中，彰显共同的符号元素。

妇人婴戏的题材初兴于宋代婴戏图，如宋代画家苏汉臣作品多见《秋庭婴戏图》《婴戏图》等婴戏题材。明清时期的绘画亦延续了婴戏主题，如宫廷画家焦秉贞的《百子团圆图》和冷枚的《婴戏

图6-14 明隆庆青花方盒 天津博物馆藏

图》等。女妇婴童的组合题材也见于绘画，如丁观鹏《仕女戏婴图卷》等。

随着绘画中婴戏的盛行，宋代青白瓷、青瓷、白瓷等刻划及印花纹饰中也常出现婴戏纹样，此外，在以白底黑花为主要装饰技法的磁州窑系中，婴戏题材也极为常见。随着明末版画《婴戏叶子》的盛行，进一步丰富了婴戏主题，如抛球、猜拳、奏乐等。①

明清时期，瓷器上的婴戏题材常与仕女相结合，内容多体现庭园中女性及孩童嬉戏场景，既用于瓶、罐外部装饰，也装饰于碗、盘等器型内部，成为外销瓷器的流行图案。一些母子同乐的游戏也被记载于文献中，如清代汪启淑《水曹清暇录》卷五曾载："古女妇婴童团坐，持四枚随手抛掷为戏。掷如各得一色，则为四色全具，以此分胜负焉，即穴骼之遗意耳。"② 此外新盛行的教子图等也纷纷涌现。

① 周小英：《明末版画〈婴戏叶子〉》，《新美术》，2007年第6期。

②（清）汪启淑：《水曹清暇录》，清乾隆五十七年汪氏飞鸿堂刻本，卷五。

二、清代外销瓷女妇婴童图像表现

清代外销瓷的女妇婴童图像主要由仕女和孩童组成，表现形式分为两类，一类为妇人婴戏，由嬉戏中的孩童和仕女组合；另一类是妇人教子，在描绘母子嬉戏之余又表达女性之才。嬉戏与学习主题动静结合，成为清代外销瓷女妇婴童的主要表现形式。

（一）庭中乐：仕女婴戏

清代外销瓷仕女婴戏图像分为绘风缜密的五彩和笔意粗犷的青花两类。如柏林亚洲艺术博物馆所藏的清康熙古彩镂空瓷盘（图6-15），盘中圆形开光内刻画了两位立于梧桐树下的仕女和一侧正在蹴鞠的男童，身后的太湖石和栏杆表明场景是在府邸庭园之内。相对于这件五彩描金器，庭园妇婴嬉戏主题的青花器数量更为庞大，且呈程式化发展，游戏的内容往往并不被刻意描绘，而以孩童的活泼体态展现游戏中的身影，与旁边仕女的静雅相衬。盘的口沿处多对称分布开光设计，以几何形锦纹间隔装饰，锦纹可疏密变化。典型康熙外销青花瓷盘，盘沿均为锦地开光，对称分布的四开光内各饰有祥瑞纹，盘心多为女妇婴童组合，孩童的动作具有相近性，以程式化的提手屈腿肢体语言表示孩童的嬉戏之态，仕女静美和嬉戏的孩童动态相辅相成。康熙青花瓷盘上嬉戏中的孩童姿势相近，均源于明代景德镇民窑盛行的婴戏图，以程式化表达其动态。背景则借亭台之侧彰显官宦府邸的庭园之景。仕女图和婴戏图的人物组合不仅具有重复性，数量也可以自由增减组合。特别是一些器型较大的青花罐等器皿上，孩童及仕女数量都有所增加。

图6-15　清康熙古彩镂空瓷盘　柏林亚洲艺术博物馆藏

（二）室中诗：妇人教子

教子图是在庭园内外女妇婴童主题的另一类表达形式。自明末清初以来，社会对于女性才华多有肯定，如明人叶绍袁提道："丈夫有三不朽：立德立功立言，而妇人亦有三焉：德也，才与色也，几昭昭乎鼎千古矣。"[①] 美国弗利尔美术馆藏丁观鹏的《仕女戏婴图卷》（图6-16），虽为传统庭园婴戏主题，画面正中也表现了女性教子读书情节。瓷器中女妇教子的装饰纹样也渐盛，以书写、琴艺、博古等元素彰显女性才艺。如英国国立维多利亚与艾伯特博物馆藏雍正粉彩妇婴瓷盘（图6-17），盘心绘有女妇婴童主题纹饰，一位仕女端坐在几案侧，两位男童正立于其旁。几案上放置有香炉、花瓶等，地上放有青铜等博古物数件，左侧孩童身后有书卷数册，右侧背景器物中有卷轴书画等置放。这种以书画、博古作为背景烘托人物的构图方式，是清代文人士大夫人物画常见的表现手法，突出画中人物的才识与文学艺术修养。清代外销瓷中女妇婴童主题从婴戏游玩发展到博古教子，运用在五彩及粉彩等釉彩绘画装饰中，在彰显女子贤德的基础上，又体现了对女子学问的赏识。

① （明）沉宜修：《鹂吹》，民国二十四年长沙中国古书刻印社汇印郋园先生全书本，卷一。

（三）乐中情：婴戏与情思

在清代外销瓷女妇婴童主题中，还有对传统闺怨题材的表达。

图6-16 《仕女戏婴图卷》局部 （清）丁观鹏 弗利尔美术馆藏

图6-17 清雍正粉彩妇婴瓷盘 英国国立维多利亚与艾伯特博物馆藏

如康熙古彩镂空描金瓷盘（图6-18），盘心两位仕女，依石案而栖，其中端坐者手中持有毛笔，桌上有砚台，拟在叶上题诗。孩童在旁以嬉戏状欲拿走书写的红叶。画面中的仕女与红叶，源于红叶题诗典故，初见《旧唐诗》。陈景沂撰《全芳备祖》载："顾况于御沟流水上得一桐叶有诗云：'一入深宫里，年年不见春。聊题一片叶，寄与有情人。'"[1]内容表现宫廷中的女性闺怨之情，亦有才子佳人终成眷属之思。与美国露丝和舍曼李日本艺术研究所藏明代唐寅的《红叶题诗仕女图》（图6-19）相比，二者均在庭园之中以红叶题诗，案几上有砚台，仕女手中持笔，背景有草木相衬。画轴中仕女正专注于红叶题诗，画上另有画家自题诗句："红叶题情付御沟，当时叮嘱向西流，无端东下人间去，却使君王不信愁。"[2]画面凸显了宫中女子的闺怨之情。明末清初流行的红叶题诗图像在瓷盘的再现却因海外市场的喜好而出现调整，在康熙古彩镂空描金瓷盘中所体现的红叶题诗典故的层次选择并不以闺怨为主题，与男童的组合成为画面的主要构图，主题的表达也有所变化。瓷盘上的仕女们目光落在正欲嬉戏拿走红叶的男童身上，母子嬉戏之乐主题多于闺怨及爱情表达，红叶题诗或成为彰显女性才情的铺陈。

[1]（宋）陈景沂：《全芳备祖》，明毛氏汲古阁钞本，后集卷一八。

[2] 画卷题跋诗句释读。

图6-18 清康熙古彩镂空描金瓷盘 德累斯顿国家艺术收藏馆藏

图6-19 《红叶题诗仕女图》（明）唐寅 美国露丝和舍曼李日本艺术研究所藏

三、清代外销瓷器女妇婴童的泛真实与真实

清代外销瓷器中女妇婴童的图案成为装饰纹样中重要的一部分,其内容既有泛真实的女妇婴童;也有特指的典范人物,取材于真实历史。清代外销瓷中盛行的女妇婴童主题以富有生活气息的场景描述适应了欧洲广大顾客的偏好性需求,又具有对中国传统多子多福的美好寄寓及对于理想型女性的刻画。

(一)泛真实的理想

庭园中嬉戏的男童与仕女相组合装饰纹样多数属于"泛真实"人物,即泛指的真实,是普遍存在的情境,也是人们喜闻乐见的场景。这种真实在传达中强调了主观的理想,符合人们期待的理想化的真实。女妇婴童初来源于婴戏图,在婴戏图中,虽有对男童有所偏好,却不是唯一的表达对象。如宋代苏汉臣《秋庭婴戏图》,其主要描绘的是姐弟二人在庭园中做推枣磨的游戏,以日常官宦家庭中常见的婴戏场景为对象,更注重其间接的政治寓意。[1] 清代外销瓷中常出现的女妇婴童则均为男性孩童,更倾向于民间多子多福寓意的表达。画面多描绘富贵之家的庭园,女性体态轻盈,面容姣好,源于仕女图;孩童多憨态可掬,活泼可爱,画风和婴戏相近,体现了审美的偏好性。人物的组合具有随意性,可依据器物的尺寸和简繁程度改变仕女和男童数量。作为装饰主体的女性和孩童,来源于真实生活,又体现了贤妻男嗣的中国传统家族观所寄寓的理想。

(二)妇人教子的真实与原型

妇人教子是清代外销瓷中新兴起的装饰纹样,是随着仕女图中对女性才情学问的推崇而发展的,成为装饰题材中的寄寓理想的人物原型。在中国绘画史中,明清两代的仕女画并不仅仅是以德行训诫为准则的贵妇及宗教仙道女性,具有学问才识的女性被社会所认可,也受同时代及后代人士极为推崇,社会地位也有所提高,成为

[1] 程沁:《〈秋庭婴戏图〉研究》,《绘画美学》,2009年第6期。

① 北京画院编：《笔砚写成七尺躯：明清人物画的情与境》，南宁：广西美术出版社，2017年，第342—346页。

② （清）王龄撰，任熊绘：《于越先贤像传赞》，清养和堂刻本，载傅惜华编辑《中国古典文学版画选集》，上海：上海人民美术出版社，1981年，第1018页。

③ （清）阮元辑：《两浙輶轩录》，清光绪十六至十七年浙江书局刻本，卷四〇。

④ （清）朱彝尊辑：《明诗综》清康熙四十四年六峰阁刻本，卷八六。

⑤ （清）沈季友：《檇李诗系》，清文渊阁四库全书本，卷三五。

绘画等艺术作品中常见的题材。①

在清代流传的养和堂刊本《于越先贤像传赞》中有妇人教子图版画（图6-20），并题跋"明巡抚忠惠祁公妻商夫人景兰"②。画面以仕女端坐读书之姿突出景兰学识，并于一侧案几旁绘有正在学习写字的二子。女子个人才识和对子嗣的教育相合，成为备受推崇的先贤之像。图像的教子表现和雍正粉彩妇婴瓷盘中的教子意境相符。商景兰，字媚生，会稽（今浙江绍兴）人，明兵部尚书商周祚长女，能书善画，德才兼备。万历四十八年（1620）适同邑祁彪佳（祁忠敏公）为妻，伉俪相敬，琴瑟和谐，时人以金童玉女相称，是才女之典范。清顺治二年（1645），清兵攻下南京，彪佳投水殉国。据清代阮元《两浙輶轩录》载，商景兰"忠敏怀沙日，夫人年仅四十有二。教其二子理孙、班孙，三女德渊、德琼、德茝，及子妇张德蕙、朱德蓉。葡萄之树，芍药之花，题咏殆遍。经梅市者，望若十二琼楼焉"③。这段内容也同样出现在朱彝尊《明诗综》卷八六，该卷录有商景兰《送别黄皆令》等诗词三首，在彰显其个人才华的同时，人物介绍强调了其对子嗣的教育。④可见当时祁氏门中除二子外，女性文学活动兴盛。商景兰也名盛一时，著有《锦囊集》（旧名《香奁集》），收诗词百余首。在清沈季友《檇李诗系》卷三五关于才女黄媛介的记载中，也提到商景兰与之诗词互通。⑤从才女到教子，明末商景兰成为这一类题材的代表性人物。商景兰直至康熙十四年（1675）去世，在民间享有盛名，其教子之名亦被流传。

张实的传奇小说《流红记》详细叙述了书生于祐与宫女韩氏因红叶题诗终喜结良缘的传奇故

图6-20　养和堂刊本《于越先贤像传赞》"明巡抚忠惠祁公妻商夫人景兰"版画　（清）王龄

事。传奇中的韩氏宫女嫁给于祐后，多子嗣且有所成，文中载："韩氏生五子三女，子以力学俱有官，女配名家。韩氏治家有法度，终身为命妇。"① 从宫女闺怨之思到才子佳人，在反映闺怨和情爱的主题之余，宫女韩氏成为才女和教子有方的典型。康熙古彩镂空描金瓷盘将韩氏未出宫时的红叶题诗和出宫后教子情景融合，来源于传奇人物原型，而又寄寓理想的才女教子之意。

从传统以娱乐为题材的仕女婴戏到以教子为主题的才女母性形象，是清代外销瓷女妇婴童主题新兴的表达方式。具有特指的图像为此类女性提供了范本，成为相关瓷器上教子图像的代表性人物原型。

（三）理想化的真实：从四妃十六子到"潘趣酒碗"

众女性和群子的妇婴主题常和四妃十六子图主题相连。四妃十六子图，又名庭园婴戏图。四妃十六子中四妃原指贵、淑、德、贤。据宋代高承所撰《事物纪原》卷一《帝王后妃·四妃》记载："天官后妃四星，其一为正嫡，三为后官。故帝誉取象于此，立四妃……则是四妃之制，自黄帝始矣。三代有三夫人而无妃号，汉有贵人，魏始置妃，此夫号妃之始也。唐初皇后而降，有贵、淑、德、贤，是为四妃也。"② 四妃十六子主题纹样在明代已成为妇婴组合的典型祥瑞图案，《天水冰山录》关于绘画的名类中即提到，"四妃十六子图十轴"，数量远多于"海屋添筹""毛女仙姑"等其他主题画作。③ 清翟灏撰《通俗编》卷八也提到《严氏书画记》中所列各类祥瑞图，亦包括了四妃十六子图。④ 四妃十六子图在瓷器上的装饰中人数不一，有人数为众，图6-21为典型的康熙时期外销青花盖罐，罐身同样绘有象征庭园的栏杆，并在迂回婉

① （宋）张实：《流红记》，载（宋）刘斧撰辑《青琐高议前集》，清红药山房钞本，卷五。

② （宋）高承辑：《事物纪原》，清光绪二十二年长沙刻惜阴轩丛书本，卷一。

③ （明）佚名：《天水冰山录》，清乾隆三十七年至道光三年长塘鲍氏刻知不足斋丛书本。

④ （清）翟灏：《通俗编》，清光绪七至八年广汉钟登甲乐道斋仿万卷楼刻函海本，卷八。

图6-21 清康熙青花盖罐
德累斯顿国家艺术收藏馆藏

图6-22 清道光人物纹潘趣酒碗 广东省博物馆藏

转的构图中将画面上的多名仕女和孩童错落分布。画面下方有象征前景的竹石，上方有后景的楼台。

妇婴图在外销瓷中运用持续时间较久，至乾隆年间，广彩瓷将其运用装饰在特定的外销瓷碗外壁开光内，被称为"人物纹潘趣酒碗"。如图6-22，此潘趣碗外壁绘有成群的妇女和儿童在庭园中嬉戏。这类大碗用于盛装潘趣酒，"潘趣"一词来自印地语"panch"。17世纪早期，英国东印度公司的官员和水手将饮用潘趣酒的习俗从印度带到英国。最初这种饮品是将酒和各种果汁混在一起，葡萄酒和白兰地尤其受到欢迎，17世纪中期以后还加入了牙买加甘蔗蒸馏出来的甜酒。①

四、妇婴图像的元素解读

在女妇婴童主题的图像中，一些特定的元素成为画面结构中的固定组合部分，并有特定的指代关系。如亭台、案几，将树木衬托的户外场景引入富裕官宦家庭的庭园之中；书卷、古董等元素体现了包括宫廷女眷在内的仕女们的个人修养，整个画面充盈着温情与高雅的气氛，同时也暗示了身处宫廷或宦官之家身份高贵的妇女应当具有的品行；祥瑞图案等的装饰运用，也使画面更符合理想化图案。这些组合元素在与女妇婴童主题的结合中，丰富了女妇婴童题材的多元表达，展示了嬉戏和教子等多种情境，促成了其主题绘画的风格化发展。

① 吕章申主编：《瓷之韵：大英博物馆、英国国立维多利亚与艾伯特博物馆藏瓷器精品》，北京：中华书局，2012年，第195页。

（一）亭台栏杆

亭台、栏杆等为常见的构图元素，暗示出有花园的宫廷及贵族府邸。[1]这类元素的出现，将女妇婴童主题的场景从户外引入庭园，形成特定的场景。在上述几件外销瓷器上，常以亭阁、栏杆、梧桐树、太湖石等设定其庭园场景。

（二）博古之设

妇婴主题的外销瓷中的博古之物，包括屋内陈设的青铜器及几案上摆放的瓷器、玉器等（图6-23）。周围的博古陈设不仅是财富祥瑞的象征，也彰显其个人修养。

清宫绘画中女子也常身处典籍与古董之中，借古物表现女性优雅的完美形象。比如雍正皇帝曾定制的《十二美人图》，周围的陈设象征女子的学识和修养。画中女子在居室中读书、刺绣，身边环绕典籍与古董，表现的是优雅的完美形象。[2]此主题多具有祥瑞之意，如清代刘凤诰《存悔斋集》外集卷一："绘囷（图）于博古婴戏儿孙，是以焜耀冠裾回翔藻缋锡之。"[3]对比雍正瓷盘图中的女妇婴童主题纹饰和版画原型，瓷器图像中同样添加了书卷、博古器物，既是对商景兰教子典范的拟意，也同时寄寓了理想的富裕、祥瑞之意。

（三）书卷笔墨

书卷、砚台及毛笔等元素也常被运用在女妇婴童主题瓷器装饰

[1]（德）雷德侯著，张总等译：《万物：中国艺术中的模件化和规模化生产》，北京：生活·读书·新知三联书店，2005年，第242页。

[2] 吕章申主编：《瓷之韵：大英博物馆、英国国立维多利亚与艾伯特博物馆藏瓷器精品》，北京：中华书局，2012年，第191页。

[3]（清）刘凤诰：《存悔斋集》，清道光十七年刻本，外集卷一。

图6-23 清乾隆广彩人物纹八棱盘 广东省博物馆藏

中，特别是教子的题材。从清代的文学作品中可见，用于书写的几案、书卷、笔墨及为文人所推崇的名家书画也出现在清代女性的闺房之中。如《红楼梦》第四十回中提及探春闺房秋爽斋，"当地放着一张花梨大理石大案，案上磊着各种名人法帖，并数十方宝砚，各色笔筒，笔海内插的笔如树林一般。那一边设着斗大的一个汝窑花囊，插着满满的一囊水晶球儿的白菊。西墙上当中挂着大一幅米襄阳'烟雨图'。左右挂着一副对联，乃是颜鲁公墨迹。其联云：'烟霞闲骨格，泉石野生涯。'"[①] 秋爽斋的布置，突出了清代仕女在学识、艺术等方面的综合修养，强调其对于书画艺术的雅好。[②] 在瓷器中的教子图和红叶题诗庭园婴戏图中出现的书卷和笔墨等正是体现女性文采和教子之才的元素。

（四）祥瑞边饰

清代外销瓷女妇婴童的瓷器边饰中也有诸多祥瑞图案。在前文所述的边饰之中，铜钱、锦地、寿桃、莲花等都是具有祥瑞寓意的图案元素，以传达富贵连连、长寿吉祥等寓意。边饰的祥瑞元素与女妇婴童的主题装饰相结合，在丰富画面的同时，也进一步突出了主题的祥瑞之意。

在大航海时代背景下，明末清初中国外销瓷源源不断地销往欧洲，数量庞大，成为这一时期风靡欧洲的新事物。以景德镇陶瓷工厂为主的中国制者为迎合海外市场，特别是为欧洲中上层群体所生产的大宗产品中，东方女性题材尤为常见，并在题材上呈多样化发展，特别是与国内流行的婴戏题材的结合，形成丰富的女妇婴童题材。同时，明末清初社会对于女子才华的推崇和商景兰等人物的驰名，进一步促进了女妇婴童题材从游戏到教子的发展。多子多福、才德兼备的隐喻反映了该主题在表达中所寄寓的真实，成为理想的情境设定。此外，其在外销瓷中的盛行，亦反映了作为观者的欧洲顾客群体对于异域风情的追捧和本地域审美传统影响下的购买风潮。

[①]（清）曹雪芹著，启功主编：《红楼梦：浇筑本》，北京：北京师范大学出版社，2012年，第620—621页。

[②] 李希凡、李萌：《"孰谓莲社之熊才，独许须眉"——贾探春论》，《红楼梦学刊》，2006年第2辑刊。

下篇

中国陶瓷的欧洲镜像

在大航海时代到达之前，欧洲已经有了关于中国瓷器的收藏，无论是马可波罗瓷罐，还是那些同时代的瓷器，又或是此后那些辗转抵达欧洲的中国瓷器。随着中欧海上丝路和贸易的发展，来自中国等地的亚洲瓷器来到欧洲，成为欧洲宫廷争相购买的奢侈品，并与宫廷生活、宫殿装饰相融。

元代景德镇青白釉玉壶春瓶"丰山瓶"被认为是目前所知传入欧洲最早，且流转记录明晰的中国瓷器，现存于爱尔兰国家博物馆。约经西亚陆路抵达欧洲，最初由匈牙利的路易斯国王（Louis the Great of Hungary）收藏，后转送给查理三世（Charles Ⅲ of Durazzo），作为其登基为拿波里国王的贺礼。[①]

在英国国立维多利亚和艾伯特博物馆中保存历史最为久远，记录最完整的镶嵌瓷之一是嘉靖年间（1522—1566）的瓷碗，碗内部为青花装饰，外部饰有铁红彩花卉图案，即金襕手装饰技法。这件瓷碗是1583年由德国布兰肯海姆的艾伯哈特·冯·曼德沙伊德伯爵（Count Eberhart von Maderscheit of Blankenheim）从土耳其带回的两件瓷碗中的一件，随后由德国金匠加上了镀银底座。[②]

最初，这些流入欧洲的东方物件是从波斯而来的，包括中国丝绸一起随着陆上丝绸之路辗转抵达欧洲，同时传播了凤凰、孔雀、龙等东方图像，11世纪拜占庭式的象牙珠宝箱上的装饰就开始了图像的再现。[③]14世纪后，在欧洲丝织业重镇卢卡也出现了对于东方纹饰的再现。威尼斯画派的引导者乔凡尼·贝利尼（Giovanni Bellini）和其弟子提香·韦切利奥（Tiziano Vecellio）共同完成了画作《诸神之宴》，中国明代的青花瓷多次出现在这样一幅神话题材的作品中。17世纪初期的弗兰德斯画家鲁本斯和老扬·勃鲁盖尔（Jan Brueghel de Oude）在一幅天主教作品《视觉的寓言》中再现了更多的中国陶瓷，同时开启了欧洲静物画的界域。18世纪初期，自德国麦森[④]成功烧制硬质瓷以来，欧洲各地陆续烧出真正意义上的瓷器，但无论是在此之前流行的釉陶，还是欧洲瓷器时代的早期产品，都或多或少地以欧洲的手法再现东方，呈现明清陶瓷的欧洲镜像。

---

① 刘朝晖、崔璨：《改装和重饰：18世纪法国对中国外销瓷的金属镶嵌》，2019年第5期。

② （英）柯玫瑰、孟露夏著，张淳淳译：《中国外销瓷》，上海：上海书画出版社，2014年，第107页。

③ （英）休·昂纳著，刘爱英、秦红译：《中国风：遗失在西方800年的中国元素》，北京：北京大学出版社，2017年，第40页。

④ 麦森为德文"Meißen（Meissen）"的音译，也译作梅森、迈森等。

第七章

明清陶瓷在德国：珍宝、时尚和技术更迭

从15世纪初开始，中国瓷器正式出现在德国地区的历史记载中，随着欧洲收藏中国瓷器之风及航海贸易的盛行，德国各地的选帝侯们也竞相收购中国瓷器。来自远东的瓷器不仅成为财富展示的一部分，也是各地亲王之间馈赠的佳器。18世纪的德国地区萨克森选帝侯以对亚洲瓷器的热衷而促成欧洲硬质瓷的创烧成功。麦森瓷厂在约翰·弗里德里希·波特格尔（Johann Friedrich Böttger）等人的不断努力下，借鉴亚洲瓷器的材质类型和装饰图案，先后发展了波特格尔陶、釉下青花、珐琅彩等多种装饰风格，并形成中西交融的洋葱纹等经典式样，其在《舒尔茨图集》的基础上设计了具有异域风情，又符合欧洲审美的"中国风"系列图样。此外，麦森瓷厂结合欧洲传统雕塑艺术，在瓷器雕塑之父凯恩德勒（Johann Joachim Kändler）等人的创作中，完美呈现了欧洲经典女神、天使等优雅形象，并塑造了文学、喜剧作品中的经典人物，以及现实社会中帝王、贵族、市民等不同阶级的人物形象。麦森瓷厂在不断探索中，最终形成了独特的风格。作为欧洲最早烧造成功硬质瓷的产地，麦森瓷器影响了德国乃至欧洲其他地区瓷器的发展。历经300余年，麦森瓷厂一直以传统的工匠传学方式坚持着其高品质而低产量的生产方式。产品不仅销往欧洲，还走向亚洲、美洲、中东等世界各地。

第一节　收藏路径：从王室、藏家到政治外交

德国所藏的中国瓷器主要分为三类：首先是以萨克森（德累斯顿）、巴伐利亚（慕尼黑）等选帝侯在17—18世纪的王室收藏为主，作为异域舶来品的明清外销瓷是德国历史收藏的重要部分；其次是19—20世纪以来德国私人藏家及对新兴博物馆的捐赠，丰富了中国陶瓷在德国的收藏类型；最后是具有特殊政治意义的柏林地区，不仅具有相关的宫廷收藏和私人收藏馈赠，还包括在中德建交中的特殊馈赠等。德国收藏的中国陶瓷目前主要分布在新兴博物馆及宫殿旧址等地。德国各地博物馆现有6000余座，多集中于大中型城市。大批公共艺术博物馆在19—20世纪内建成，王室家族旧藏等成为博物馆重要的文物来源。此外，还包括陆续流入的藏品、拍卖收购及私人藏家捐赠等。①

一、宫廷与王室：选帝侯的收藏、置换与传承

德国宫廷文化开始于中世纪，"宫廷"一词最早出现在《皇帝编年史》等文学作品中，与宫廷文化领域密切相关，产生于12世纪的欧洲宫廷，如德语中的"hövesch"和"hövescheit"在13世纪均与宫廷制度相关。这一时期，德意志宫廷的物质文化也得到了一定的发展，"宫廷"有宫廷的、骑士社会的身份认同，也有高雅的、优雅显贵的行为界定。②诸侯宫廷成为德国社会和文化的中心，也成为明清外销瓷的主要收藏地。

（一）家族馈赠与遗产继承

黑森州卡塞尔州立博物馆收藏的明初青瓷碗是目前历史记载中最早流入德国的中国瓷器，并带有1453年徽章纹的欧洲金属镶嵌。该馆的东亚陶瓷研究图录《中国和日本的瓷器：黑森州卡塞尔州立博物馆的瓷器展厅》中，强调了其所属者亨利三世（Heinrich

---

① 孙亮：《漫谈德国艺术博物馆的早期收藏及战后重建》，《中国美术馆》，2012年第10期。

② （德）约阿希姆·布姆克著，何珊、刘华新译：《宫廷文化：中世纪盛期的文学与社会》，北京：生活·读书·新知三联书店，2006年，第7、70—73页。

Ⅲ. Von Hessen）1479年去世后的遗产清单中。文献记载了这件青瓷是来自卡兹奈伦伯根伯爵（Count Philip von Katzenellenbogen）的馈赠，由伯爵在1433—1434年前往耶路撒冷朝圣途中购于相近的商业城市阿卡。① 这种辗转收藏的方式是早期德国宫廷流传中国瓷器的主要路径。德累斯顿萨克森选帝侯的早期亚洲瓷器收藏也同样来自意大利美第奇家族托斯卡纳·费迪南德·美第奇（Toskana Ferdinand de'Medic）在1590年赠送给德累斯顿萨克森选帝侯克里斯托一世（Kurfuerst Christian Ⅰ）的馈赠，这批明代中期的瓷器在萨克森选帝侯的家族遗产继承中，也得以传承至今。②

（二）德国宫廷文化的兴盛与王室发展

17世纪中叶开始，勃兰登堡－普鲁士开始领导邦国整合与扩展。特别是在"大选侯"弗里德里希·威廉（Friedrich Wilhelm）及其继承者统治期间，军事得以发展，国力强盛。17世纪的德意志以开明专制之名推行一种持续性的现代化和理性化过程，在巴洛克式样王宫里的邦城君主们采取差异性的管理措施，并重用教育程度较高的专业人士。③ 巴伐利亚作为神圣罗马帝国的等级邦国，其实力在德意志中、小联邦国中占据首位，自1180年皇帝红胡子弗里德里希一世（Friedrich Ⅰ der Barbarossa）将巴伐利亚赐给维特尔斯巴赫家族的奥托一世（Otto Ⅰ der Rotkopf）后，这个家族对这一地区的统治持续至20世纪初。④ 作为神圣罗马帝国的中等等级邦国，萨克森的实力仅次于巴伐利亚。1694年，号称"强壮者"的奥古斯特二世（August Ⅱ the Strong）上任后，萨克森选侯邦国开始走上统一、君主专制道路。除此之外，这一时期的德意志中小邦国还包括汉诺威、符腾堡、梅克伦堡等地。

（三）法国宫廷文化影响与亚洲陶瓷收藏

12—13世纪法兰西文化在欧洲占据一定的统治地位，德意志诸侯纷纷把子嗣送到法兰西去接受教育，德法贵族间存在着密切的

① Ulrich Schmidt, *Porzellan aus China und Japan: Die Porzellangalerie der Landgrafen von Hessen-Kassel Staatliche Kunstsammlungenen*, Kassel and Berlin: Dietrich Reimer, 1990, p. 218.

② Ulrich Pietsch, Anette Loesch, Eva Ströber, *China, Japan, Meißen, Die Porzellansammlung zu Dresden, Staatliche Kunstsammlungen Dresden*, Berlin: Deutscher Kunstverlag, 2006, p.13.

③（德）乌尔夫·迪尔迈尔等著，孟钟捷等译：《德意志史》，北京：商务印书馆，2018年，第150页。

④（德）约阿希姆·布姆克著，何珊、刘华新译：《宫廷文化：中世纪盛期的文学与社会》，北京：生活·读书·新知三联书店，2006年，第132页。

⑤（德）约阿希姆·布姆克著，何珊、刘华新译：《宫廷文化：中世纪盛期的文学与社会》，北京：生活·读书·新知三联书店，2006年，第94页。

政治联系和私人联系。⑤17—18世纪的法国的宫廷文化也积极影响着德意志等周边地区。由法国路易十四所建的凡尔赛宫及其亚洲藏瓷也带动了欧洲其他皇室类似宫殿的建造和收藏效仿。相对于路易十四对于远东艺术品的收藏，17—18世纪的德国东北部的萨克森地区选帝侯奥古斯特强力王以热衷于亚洲瓷器收藏著称，来自中国和日本瓷器被以墙壁镶嵌、塔式架、壁炉摆放等多种形式与建筑结合，装饰宫殿。20世纪以来，德累斯顿国家艺术收藏博物馆通过购买和私人捐赠等方式又陆续增加了一些藏品。目前，萨克森选帝侯奥古斯特家族的瓷器及后续收藏主要在茨温格宫中展示，成为德累斯顿国家艺术收藏博物馆的陶瓷专馆（图7-1）。基于其亚洲藏瓷的历史积累，德累斯顿国家艺术收藏博物馆出版了多本瓷器图录。此外，巴伐利亚地区的慕尼黑皇宫也有相关的瓷器图录研究。德国其他宫殿也散见一些中国明清外销瓷器，但多见于综合图录之中。

（四）德累斯顿与慕尼黑：宫廷陶瓷收藏与研究视角

德累斯顿瓷器收藏得益于奥古斯特强力王，1717年他购买了

图7-1　德累斯顿国家艺术收藏馆　茨温格宫

在易北河岸的荷兰宫，用以陈设他收藏的亚洲瓷器和麦森瓷器，并完成了最早的档案记载，尽管其中描述存在一定的误读现象，如中国瓷器装饰或被称为印度风格。[1] 20世纪初期，奥斯卡·吕克尔·恩布登（Oscar Rücker Embden）等藏家将其购买的瓷器捐赠给德累斯顿国家艺术收藏博物馆，丰富了博物馆的中国早期陶瓷及明清官窑藏品。得益于私人藏家的支持，德累斯顿国家艺术收藏博物馆出版的早期图录多围绕藏家捐赠及选帝侯传世旧藏，如以青花为专题的图录《14—17世纪的中国明代瓷器》。内容围绕该馆1987年5月18日至12月31日的一次特展，展示了122件青花器物，以罐、瓶、碗等器物为主，也包括少数青花宗教人物塑像。图录展示了明代中晚期的青花旧藏，特别是以克拉克瓷为主的碗盘。此外，还在图录撰写中突出了藏家姓名及购入时间、地点等信息。如图录编号49的万历青花罐，命名为"birförmiger topf"（梨形罐），在描述文字首先提到1926年由奥斯卡·吕克尔·恩布登购买，并对其以釉下彩钴料绘画的鹿、蝴蝶等青花纹样加以简述。[2] 1990年出版的《7—18世纪的中国瓷器釉上彩》以博物馆在同年的同名特展为主题。展览藏品以1900—1930年新增藏品为主，主要来自三位德国收藏家：莫里茨·路易（Moritz Lewy）、奥斯卡·吕克尔·恩布登、恩斯特·齐默尔曼（Ernst Zimmermann）。[3] 图录部分共收入240件瓷器，包括118件彩色图版及122件黑白图版，其撰写说明的文字相对简单。如彩图版中编号41的哥窑产青瓷碗仅介绍其为皇帝生产的南宋官窑器物，而对于其工艺及装饰等都没有加以阐释。

根据德累斯顿国家艺术收藏博物馆的陶瓷收藏，该博物馆多位学者共同撰写并在1998年出版了导读性的图录《德累斯顿茨温格瓷器收藏导览》。这本图录是英文彩色版，整体介绍了博物馆的收藏史及中国、日本、德国的瓷器。图录选取的中国瓷器有百余件，基本代表了明清各个主要装饰类型的器皿，包括素三彩、粉彩、古彩、青花、白瓷等，以及少数早期宋代青瓷、青白瓷、磁州窑白底黑花等，主要来源于20世纪初期奥斯卡·吕克尔·恩布登等藏家。

[1] Anette Loesch, Ulrich Pietsch, Friedrich Reichel, *State Art Collections: Dresden Porcelain Collection*, Dresden: Dresden Porcelain Collection, 1998, p. 5.

[2] Friedrich Reiche, *Chinesisches Porzellan der Ming Dynastie 14. bis 17. Jahrhundert: Staatliche Kunstsammlungenen Dresden, Porzellansammlung im Zwinger Ausstellung vom 18. Mai bis 31. Dezember, 1987*, Dresden: Staatliche Kunstsammlungen Dresden, 1987, p. 57.

[3] Friedrich Reichel, *Farbige Glasuren auf Porzellan China 7. bis 18. Jahrhundert, Staatliche Kunstsammlungen Dresden Porzellansammlung im Zwinger Ausstellung vom 8.3-12.31*, Dresden: Staatliche Kunstsammlungen Dresden, 1990, p. 5.

图录的文字介绍了不同类型的器物背景和艺术特征，如针对博物馆萨克森宫廷藏康熙时期的一件青花军持的图录撰写中，提到这一时期的青花钴料为中国本地所产（浙料或珠明料），色泽鲜艳的康熙青花被欧洲釉陶、麦森瓷厂仿制等历史背景。①

此后，博物馆的图录更专注于对标的性器物的深入研究，包括对于器物溯源、类型分组、历史文献梳理及不同区域间功能的讨论，体现了近几十年图录研究的深度拓展。如2001出版的图录《"瓷器病"：奥古斯特强力王的东亚瓷器收藏》，分德文及英文两版。集中介绍了该馆萨克森宫廷旧藏的中国和日本陶瓷，撰文者伊娃（Eva Ströber）时任该陶瓷馆东亚部主任。图录选取了百余件中国器物，并按照独立及成套组合的形式分为54个图片介绍，内容翔实丰富，不仅按照类别细分，而且注重对其装饰材质、纹样、工艺、功能、意义及影响等全面阐释。特别是关于成套器物的分组及归类，不同于此前图录的单个器物举隅。此外，描述中关注到18世纪的文档记载，加以核对比较，对于其藏瓷的溯源具有重要意义。如将14件清代康熙白瓷列为一组，高度描述为3.1—6.6厘米，提到这些瓷器产自德化，即"中国白"，胎质洁白，施以透明釉，杯子的形状为当时外销瓷中流行的八角杯等，其中犀角杯造型的白瓷杯随后在麦森瓷厂被仿制。这类杯子在中国有用于供奉祖先的神圣功能。在荷兰东印度公司的贸易记录中，这种杯被命名为"皮佩尔肯"（pimpelken），表明其在欧洲的功能，如用于饮用白兰地等酒类，更多地用于盛装茶、咖啡和可可。在1721年博物馆的旧藏文档中，其被描述为"巧克力杯"或"咖啡杯"。②在此基础上，2006年又陆续出版了德文版《中国·日本·麦森·德累斯顿的瓷器收藏》，内容与撰写方式与1998年以介绍性为主的图录颇为相近。③

德累斯顿国家艺术收藏博物馆学者最新出版的关于中国瓷器收藏的图录为2014年刊行的《德累斯顿日本宫：奥古斯特强力王的皇家瓷器收藏》，由陶瓷馆时任馆长皮奇（Ulrich Pietsch）等编撰。这

---

① Anette Loesch, Ulrich Pietsch, Friedrich Reichel, *State Art Collections: Dresden Porcelain Collection*, Dresden: Dresden Porcelain Collection, 1998, pp. 34–35.

② Eva Ströber, *"La Maladie de porcelain", East Asian Porcelain from the Collection of Augustus the Strong*, Leipzig: Edition Leipzig, 2001, p. 116.

③ Ulrich Pietsch, Anette Loesch, Eva Ströber, *China, Japan, Meißen, Die Porzellansammlung zu Dresden, Staatliche Kunstsammlungen Dresden*, Berlin: Deutscher Kunstverlag, 2006.

本300余页的图录分成"萨克森宫廷瓷器""荷兰宫收藏""皇家的日本宫"等六个相关专题,通过多位学者撰文的形式,体现了对同一主题的多维性研究。瓷器部馆长和东亚瓷器部前主任伊娃撰写了导论部分,详细地论述了东亚瓷器的来源。其他学者的论述则围绕历史溯源、文献整理、建筑与收藏、装饰方式等角度展开论述。①

除了德累斯顿萨克森选帝侯的收藏外,慕尼黑皇宫博物馆(图7-2)的维特尔斯巴赫家族的东亚瓷器收藏是欧洲最重要的此类皇家收藏之一。1966年出版的《慕尼黑皇宫博物馆的中国瓷器》是早期关于中国藏瓷的图录,由赫伯特·布伦纳(Herbert Brunner)撰写阐释了巴伐利亚宫殿的中国瓷器收藏历史,即1598年由约翰·巴普蒂斯特·菲克勒(Johann Baptist Fickler)为宫殿艺术收藏室编写的历史档案。所谓艺术收藏室,也称为珍宝馆,兴起于17世纪弗兰德斯地区安特卫普的王侯府邸,是欧洲广泛流行的贵族府邸展示收藏的场所。艺术收藏室最初由巴伐利亚统治者赫尔佐格·阿尔布雷希特五世(Herzog Albrecht V. von Bayern)建于1572年前后。图录记载了这一时期收藏的167件中国瓷器,图录以

① Ulrich Pietsch, Cordula Bischoff, *Japanisches Palais zu Dresden: Die Königliche Porzellansammlung Augusts des Starken*, München: Hirmer Verlag, 2014.

图7-2 慕尼黑皇宫博物馆

综述形式概述这一时期中国瓷器的收藏背景及主要产地景德镇等内容，附图部分选取了55张代表性器物黑白图片，并描述了其名称、装饰、制作时间、尺寸。①

2005年该博物馆出版的《慕尼黑皇宫中的维特尔斯巴赫家族藏东亚瓷器》，按照馆藏中国瓷器的主要类型依次展开。②维特尔斯巴赫家族是1180—1918年间统治巴伐利亚的德国家族，其收藏包括500多件来自中国和日本的瓷器，大部分来自17世纪航海贸易，少数在16世纪末已有传教士带到德国宫廷。图录体现了其针对的读者群体已从专业读者走向广大爱好者，图文结合地介绍了瓷器相关知识性的内容，以及航海贸易时代下的收藏背景、中国瓷器和中国式样，主要产地景德镇，并专题介绍了藏品的装饰类型，如古彩、粉彩、釉下彩、黑釉瓷、白瓷及日本的柿右卫门、伊万里等。图录对主题和形式多样性的展示旨在介绍东亚瓷器美学及文化，并强调了其在欧洲的金属镶嵌等装饰，呈现了这一历史时期中、日、欧间的商品贸易和文化交流面貌。

二、私人藏家及新兴博物馆陈设

20世纪以来，随着博物馆的纷纷建立及私人藏家的慷慨赠予，这些兴起的博物馆也陆续收藏了中国瓷器，特别是专门的瓷器博物馆，以及以中国瓷器为主要组成部分的东亚艺术博物馆或应用艺术博物馆等。

（一）私人藏家与科隆东亚艺术博物馆的兴建

1913年对公众开放的科隆东亚艺术博物馆（图7-3），其创始人阿道夫·费舍尔（Adolf Fischer）来自奥地利维也纳，馆内收藏也得益于其个人收藏。2015年博物馆出版德英双语版的中国藏瓷图录《白金：1400至1900间的中国瓷器和建筑陶瓷》，图录藏瓷以15—20世纪的中国瓷器为主，按照时间顺序结合代表性藏品进行

---

① Herbert Brunner, *Chinesisches Porzellan im Residenzmusem München*, München: F. Bruckmann KG Muenchen, 1966, p.4.

② Friederike Ulrichs, *Die Ostasiatische Porzellansammlung der Wittelsbacher in der Residenz München*, München: Bayerische Schlössverwaltung, 2005.

图7-3 科隆东亚艺术博物馆

阐释，讲述了这一时期主要的瓷器造型和装饰图案。此外，该图录还包括一些来自18世纪清代的静宜园中的塔寺等建筑构件，由费舍尔在1900年前后于北京收购。① 相较于其他德国出版的相关书籍，这本图任用了中国学者霍杰娜撰写，尽管这种方式在英美地区已较为常见，但在德国收藏图录撰写中尚不多见，体现了新的发展趋势。

（二）德国陶瓷博物馆：中国瓷器的专门史书写

杜塞尔多夫黑提恩斯博物馆（图7-4）也称德国陶瓷博物馆，是以陶瓷收藏为主的博物馆，这些瓷器最初来自黑提恩斯（Hetjens）的个人收藏。该博物馆于1955年出版了关于黑白图录《杜塞尔多夫黑提恩斯博物馆藏来自三千五百年的中国陶瓷》，展示了221件来自中国的陶瓷，尽管这些并不够全面，却是博物馆最重要的收藏部分。② 黑提恩斯的陶瓷收藏同样丰富了杜塞尔多夫艺术博物馆的藏品，在与杜塞尔多夫黑提恩斯博物馆的合作项目中，杜塞尔多夫艺术博物馆陆续增加了此前空缺的中国瓷器的收藏部分，并在1967年出版了黑白版图录《杜塞尔多夫艺术博物馆的中国瓷

① Jiena Huo, Adele Schlombs, *Weisses Gold: Porzellan und Baukeramik aus China 1400 bis 1900*, Köln: Verlag der Buchhandlung Walther König, 2015.

② Albert Klein (Hrsg.), *Chinesische Keramik aus dreieihalbe Jahrtausenden*, Kunstsammlungenen der Stadt Düsseldorf Hetjens-Museum, Düsseldorf: Düsseldorf Hetjens-Museum, 1955.

器图册》，指出元代的龙泉青瓷和17—18世纪的康熙外销瓷是其主要组成部分，选取了具有代表性的36件陶瓷。[1] 类似的博物馆还有希德斯海姆的罗默和佩利措伊斯博物馆（罗默博物馆），得益于收藏家恩斯特·奥尔末（Ernst Ohlmer）的馈赠，丰富了该博物馆的亚洲藏瓷。1898年，恩斯特·奥尔末撰写出版了《希德斯海姆

[1] Adalbert Klein, *Chinesischers Porzellan: Bildhefte des Kunstmuseums Düsseldorf*, Düsseldorf: Kunstmuseums Düsseldorf, 1967.

图 7-4　杜塞尔多夫黑提恩斯博物馆

罗默博物馆藏恩斯特·奥尔末中国瓷器藏品导览》，详细阐述了中国瓷器的历史和主要种类，并辅以少数藏品作为书的附图说明。①在此基础上，博物馆随后又以图录形式出版了《德国希德斯海姆罗默博物馆中奥尔末收藏的中国瓷器》，重点介绍相关陶瓷藏品。②

（三）应用艺术博物馆：作为工艺美术观看的中国陶瓷

在新兴的博物馆中，除了以传统的经典绘画雕塑作品呈现为主的美术馆以外，还包括了以手工业工艺品为主的应用艺术博物馆，德国莱比锡和法兰克福的应用艺术博物馆也都与亚洲藏瓷紧密相关，其藏品离不开当地的私人藏家，并在馆藏基础上出版了相关图录。以法兰克福应用艺术博物馆（图7-5）为例，该博物馆自1985年对外开放，曾名为法兰克福手工艺博物馆，博物馆白色主体建筑由美国建筑师理查德·迈耶（Richard Meier）设计。馆藏的中国陶瓷主要来自私人藏家及后续购入，其出版的中国瓷器图录目前主要有两本，其一是以收藏的唐宋陶瓷为主的早期中国瓷器——《法兰克福应用艺术博物馆藏火中诞生的中国早期陶瓷》，图录包括新石器时代彩陶、汉代釉陶、唐三彩及宋代青瓷等共计372件器

① Ernst Ohlmer, *Früher durch die Ernst Ohlmer-Sammlung im Hermann Roemer-Museum in Hildesheim*, Hildesheim: Verlag des Museum Hildesheim, 1898.

② Ulrich Wiesner, *Chinesisches Porzellan Die Ohlmer'sche Sammlung im Roemer-Museum Hildesheim*, Mainz am Rhein: Verlag Philipp von Zabern, 1981.

图7-5　法兰克福应用艺术博物馆

皿，书后附图对不同类型选取代表器物加以综合论述，同时介绍了中国早期陶瓷文化及产地分布等综合信息。① 其二是1992年出版的图录《法兰克福手工艺博物馆收藏的中国瓷器》，和上一本图录的主要撰文者都为时任该馆伊斯兰和中国部主任史戴芬·凡·舒伦波克（Stephan Graf von der Schulenburg）。图录内容按照藏品的种类分为四个部分：青花瓷、单色釉、颜色釉、白瓷，重点介绍了该馆收藏的明清时期中国瓷器，并在附录中给出中国明清瓷器的主要底款、瓷器祥瑞装饰图案的象征寓意、技术名词等。在图录的撰写中，对器物的制作时间、技术、纹饰等作出细致分析，如编号41的青花瓷杯，界定为晚明转变期风格，并提到底款为寄托款"宣德年制"，这对瓷器的年代界定有了清晰的判断，类似的器物也在图录中加以对比和分组。②

莱比锡格拉西博物馆（图7-6）也有一定数量的中国瓷器收藏，其中包括了私人藏家赫里伯特·穆勒（Heribert Meurer）等馈赠的中国早期陶瓷。博物馆于2009年出版的图录《东亚艺术：冲动为欧洲》，旨在综合介绍中国、日本等艺术品类别，其中也对收藏的中国陶瓷加以描述，包括唐三彩、宋代建窑茶盏等，并给出这部分陶瓷在19世纪末至20世纪初的具体购入年份③；另一本是《莱比锡格拉西博物馆藏穆勒收藏的中国早期陶瓷》④。

---

① Stephan Graf von der Schulenburg, Rainld Simon, *Feuergeburte fruehe Chinesische Keramik im mak. Frankfurt*, Heidelber: Verlag Das Wunderhorn GmbH, 2002.

② Gunhild Avitabile, Stephan Graf von der Schulenburg, *Chinesisches Porzellan: Aus Beständen des Museums für Kunsthandwerk Frankfurt am Main*, Frankfurt am Main: Museum für Kunsthandwerk, 1992, p. 32.

③ Grassi Museum für Angewandte Kunst Leipzig, *Asiatische Kunst Impulse für Europa*, Leipzig: Passage-Verlag Leipzig, 2009, p. 56.

④ Olaf Thormann, *Frühchinesische Keramik Bestandskatalog Sammlung Heribert Meurer Grassi Museum für Angewandte Kunst Leipzig*, Stuttgart: Arnoldsche Art Publishers, 2017.

图7-6　莱比锡格拉西博物馆

三、王室、私人收藏到政治外交：中国瓷器收藏路径转向

来自中国的陶瓷在柏林地区博物馆和宫殿中广泛分布，中国的瓷器不仅仅是德国历史上普鲁士国王及其家族收藏的奢侈品，也有重要私人藏家的积极捐资，还和中德建交、文化交流息息相关。

（一）柏林地区博物馆和中国瓷器收藏

柏林地区目前有170多家博物馆，以柏林博物馆岛的五座展览馆最为著名，即柏林旧博物馆、柏林新博物馆、老国家艺术画廊、腓特烈国王博物馆（即博德博物馆）及以德国域外考古为基础的佩加蒙博物馆。其中柏林旧博物馆是德国最早成立的独立博物馆之一，1825—1830年由新古典主义建筑大师卡尔·弗里德里希·申克尔（Karl Friedrich Schinkel）设计而成。① 柏林的中国陶瓷收藏长期集中在达莱姆地区的柏林东亚艺术博物馆（现柏林亚洲艺术博物馆）（图7-7），其创建于1959年，前身为建立于1907年的"东亚艺术收藏"，即德意志帝国时期建立的第二座非欧洲文化博物馆。博物馆以东西柏林统一前各自的东亚文物收藏为基础整合而成。

柏林地区中国瓷器的收藏历史大体上可分为四个阶段：①初期阶段（约15—16世纪），藏品珍贵，数量稀少，部分藏品在欧洲进行金属镶嵌工艺再装饰，凸显华丽。②鼎盛阶段（约17世纪至19世纪上半叶），17世纪以来，在航海贸易发展的同时，海上丝绸之

① 柏林国立博物馆、bpk艺术、文化与历史图片社编辑，汉斯·格奥尔格·希勒·冯·格特林根图文，苏晓琴译：《柏林博物馆岛：五座馆和她们的珍宝》，德国艺术出版社，2010年，第4页。

图7-7　柏林东亚艺术博物馆（现柏林亚洲艺术博物馆）

路日益繁盛，中国陶瓷外销欧洲数量激增，种类丰富。德国柏林地区的皇室及王宫贵族等大量购买中国的瓷器，收藏数量庞大，开始用作建筑装饰，融入德国各地宫殿墙饰及家具陈设，柏林地区的宫殿收藏及陈设多与这一时期的历史收藏相关。③发展阶段（19世纪下半叶至20世纪中叶），随着德国与中国直接往来关系的加强，瓷器通过私人收藏及官方馈赠形式也陆续来到德国柏林地区。为庆祝东德政府成立十周年及中国和东德友好关系，1959年中国政府馈赠东德政府251件中国陶瓷，体现了中国瓷器在欧洲政治生活和外交中具有非常活跃和重要的功能。④后续收藏（20世纪后期至今），随着私人收藏兴起，以及海捞瓷的发现等，包括官窑瓷器在内的中国瓷器流散至德国。目前有专门陶瓷图录《悦古堂：一个柏林的中国陶瓷收藏》。此外，1929年出版的展览图录《中国艺术展览》和1960年出版的《中华人民共和国的馈赠——四千年陶与瓷、丝织品、漆器、珐琅、玉器、当代水墨》均包括了陶瓷部分。

（二）交互书写：柏林地区的王室收藏与私人馈赠

柏林与勃兰登堡地区的中国瓷器收藏主要以腓特烈大帝时期的收藏为主，并在后期不断丰富，展示形式主要有帝王宫殿与综合博物馆两种形式。在柏林及波茨坦地区的王宫和花园由普鲁士皇家宫殿和花园基金会统一管理，以还原普鲁士宫殿历史原貌，其旧藏文物、室内装饰和宫殿室内建筑与花园的开放空间融为一体，如柏林的夏洛滕堡与奥拉宁堡宫殿、波茨坦的无忧宫等。普鲁士地区的帝王历史收藏以明代万历年间的青花釉里红杯最具代表性，其曾被收藏于宫殿中艺术收藏室，并在17世纪（1688—1689）历史文档中有相关记载。①

柏林悦古堂陶瓷藏品以汉代至元明时期的陶瓷器物为主，藏品来自柏林地区的家族收藏，并在1999年纳入柏林东亚艺术博物馆，补充了德国东部地区对于中国瓷器的收藏。②柏林东亚艺术博物馆在2000年出版的《悦古堂：一个柏林的中国陶瓷收藏》是一本以

---

① Beatrix von Rague, *Ausgewälte Werke Ostasiatischer Kunst*, Berlin: Staatliche Museen Preussicher Kulturbesitz, 1970.

② Regina Krahl, *YUEGUTANG Eine Berliner Sammlung Chinesischer Keramik in Berlin*, Berlin: G+H Verlag, 2000.

所藏中国陶瓷为对象的彩版图录，德英双语，图录撰写者康蕊馨以研究亚洲瓷器专长而著称。图录以博物馆收藏的232件新石器至明代陶瓷为对象，撰写中以历史年代为背景，同时突出了中国陶瓷的类型和产地，具体分为18类，如隋唐青瓷（编号71—74）、隋唐褐彩瓷（编号75—79）、隋唐白瓷（编号80—92）、隋唐黑瓷（编号93—99）、宋金耀州窑和相关瓷器（编号129—140）、宋金元钧瓷（编号141—144）、宋元景德镇窑系瓷器（编号201—220）、宋元明龙泉瓷（221—232）等。其中数量最多的是汉代与六朝的越窑系陶瓷（编号39—70），共计32件，其他类别多为几件至十余件，并在每一类的开篇加以综述，介绍这一类型的瓷器产地、时期、釉色特点等。①

（三）东亚协会与早期文物展览图录中的中国瓷器

1929年的"中国艺术展览"是20世纪初期在柏林由德国东亚艺术协会和柏林普鲁士艺术学会联合举办的关于中国文物的特展，展出德国柏林及邻近地区所藏的青铜器、玉器、瓷器、陶器、雕塑、字画等共计1125件。该展览图录的编写涉及全部展出器物，以黑白图片的形式加以文字简述。图录对于瓷器的介绍包括基本器型、尺寸、材质、纹样、年代鉴别（罗马数字）、器物来源等。如编号724的青花瓷盖碗的描述文字："盖碗，釉下彩青花，水藻鱼纹，口径12.4厘米，明代，16世纪，德累斯顿国家艺术馆陶瓷收藏。"②

图录对有底款的瓷器加以款识描述，针对一些特殊器物，如来自柏林宫殿博物馆编号726的明代中晚期执壶，在对其的描述中提到，该器物在1547—1579年由埃尔福特的乔治·拜尔格（Georg Berger）加以镶嵌镀金工艺，并与其他类似的藏品比较。

（四）政治与艺术：中德外交与政府馈赠的中国瓷器

出版于1960年的《中华人民共和国的馈赠——四千年陶与瓷、

① Regina Krahl, *YUEGUTANG Eine Berliner Sammlung Chinesischer Keramik in Berlin*, Berlin: G+H Verlag, 2000.

② 参考原文 "DOSE. Pozellan mit kobalt-blauer Unterglasurmalerei. Fische zwischen Wasserpflanzen. D.12.4cm, Ming (1368-1644) XVI. Jahrh. Bes. Staatl. Pozellansammlung, Dresden", in Gesellschaft für Ostasiatische Kunst und der Preußischen Akademie der Kunste Berlin(Hrsg.), *Ausstellung Chinesischer Kunst*, Berlin: Würfel Verlag, 1929, p. 274.

丝织品、漆器、珐琅、玉器、当代水墨》是一本具有政治外交及文化交流背景的特定图录。"序言"部分提到该图录翻译自1957年柏林文化和进步出版社出版的书籍《中国，一个千年变化中的强国》和1958年北京外文出版社出版的杨恩霖译《中国历史简书》。图录所展示的是1959年在德意志民主共和国成立十周年之际，中国政府作为贺礼送出的文物。时任中国第一任文化部部长沈雁冰和德意志民主共和国文化部部长亚历山大·阿布施（Alexander Abusch）等为此书作序。[①]1989年后，这些文物又被辗转至柏林东亚艺术博物馆所收藏并展示。

图录共收录有来自中国政府馈赠的251件文物。这些文物跨越时间长，类型多样，展示了中国悠久历史中艺术文化的繁荣发展。图录简约且不标页码，内容以文字说明为主，部分器物在书后附图。图录主要用于内部资料，而非对参观者的广泛销售。图录按中国历史年代顺序展开，在251件器物撰写中，编号1—17为陶瓷器，编号176—222为丝绸部分，编号223—232为珐琅器，编号223—242为玉器，编号243—251为漆器。瓷器约占总体数量的70%，成为中德馈赠中最重要的组成部分，并涵盖了新石器时代到清朝的各个历史阶段。在瓷器部分的图录撰写侧重于时间、材质、质地和来源。如新石器时代的十件陶器描述，先对新石器时代的背景加以介绍，再附上器物简介。以书后附图中编号为6的陶罐为例：半山时期，新石器时代晚期，高27厘米，口径17厘米，腹径35.5厘米，底径12厘米，红色陶土，黑色及红色彩绘纹饰，腹部有两手柄，底部不圆，并修复，墓葬出土。[②]

相对于1929年的展览图录，1960年的图录中陶瓷展品全面而系统，与每个时期详尽的年代综述相得益彰，成为不同历史阶段文化艺术的典型代表。在丝绸、漆器部分，仅按照不同类别对等做简要介绍。1970年柏林东亚艺术博物馆出版了《东亚艺术选萃》，这一年是该馆在战争结束后，经过25年的再次开放。这本图录结合该馆东亚瓷器收藏做出梳理，内容包括瓷器、绘画等，在瓷器部分

---

① Staatliche Museen zu Berlin, *Geschenke der Volksrepublik China: Keramik und Porzellan aus Vier Jahrtausenden, Seidemwebereinen Stickereien Lack-Emaille-Jadearbeiten Zeitgenoesische Tuschmalerei*, Berlin: Staatliche. Museen zu Berlin, Nr. 6, 1960.

② Staatliche Museen zu Berlin, *Geschenke der Volksrepublik China: Keramik und Porzellan aus Vier Jahrtausenden, Seidemwebereinen Stickereien Lack-Emaille-Jadearbeiten Zeitgenoesische Tuschmalerei*, Berlin: Staatliche. Museen zu Berlin, Nr. 6, 1960.

特别提及普鲁士宫殿的旧藏，以明代万历年间的青花釉里红杯为例，其重点描述了曾被收藏于勃兰登堡宫殿中艺术收藏室，并在1688—1689年有了相关的历史档案编号Nr. 6532。①

① Beatrix von Rague, *Ausgewälte Werke Ostasiatischer Kunst*, Berlin: Staatliche Museen Preussicher Kulturbesitz, Nr. 64, 1970.

（五）公共转向：洪堡论坛与中国瓷器重组

经过筹备多年，在2021年开幕的柏林洪堡世界文化博物院（简称"洪堡论坛"，图7-8）是德国乃至欧洲近年最大的文化项目，达莱姆地区的柏林东亚艺术博物馆中的中国陶瓷展品也被陆续迁移至此。其建筑是普鲁士王宫的部分重建，并作为柏林非欧洲文化的收藏展示场所。洪堡论坛得名于18世纪生长于柏林的亚历山大·冯·洪堡（Alexander and Wilhelm von Humboldt）和威廉·冯·洪堡（Wilhelm von Humboldt）兄弟，展览由普鲁士文化遗产基金会、柏林文化计划、柏林市立博物馆、柏林洪堡大学四方合作监管。②普鲁士城市王宫一直是勃兰登堡藩侯与其承袭者，以及后来的普鲁士国王，乃至德国皇帝的主要居所，后因战争等多种原因毁坏。普鲁士文化遗产基金会主席克劳斯·雷曼（Klaus-Dieter Lehmann）较早提出的建议，将展示非欧洲艺术与文化的达勒姆博物馆作为公共机构移至历史中心，从而促使更多的游客前来观看，它不仅是博物馆，更是一个有公众参与的、世界各类文化共享同时代性的对话

② 陈珂：《德国柏林洪堡论坛（Humboldt Forum）将于2021年初开业》，《中国会展（中国会议）》，2021年第2期。

图7-8 洪堡论坛

下篇 中国陶瓷的欧洲镜像

平台。[①] 洪堡论坛的建立，使柏林地区中国陶瓷器物走出其在德国最初的异域奇珍收藏，进入国际性多元艺术的公共展示空间，将王室、私人藏家和外交不同收藏路径的藏品融入新型博物馆、王室的公共场域，使德国对中国瓷的研究走进更广泛的世界艺术史范畴。

第二节 欧洲瓷器诞生：萨克森宫廷和皇家瓷厂

以选帝侯奥古斯特强力王为主的萨克森宫廷亚洲藏瓷是18世纪欧洲重要的亚洲陶瓷收藏之一。奥古斯特强力王支持任用了埃伦弗里德·沃尔特·冯·齐恩豪斯（Ehrenfried Walter von Tschirnhaus）和波特格尔等人，成功创烧了硬质瓷——即欧洲真正意义上最早的瓷器。他创立的麦森瓷厂，注重胎釉技术和装饰图样的发展。早期麦森瓷器在器型和装饰技法上效仿了强力王收藏的亚洲陶瓷，并在此基础上开拓创新，形成了麦森瓷器丰富的器型和独特的装饰风格，对18—19世纪德国乃至欧洲其他地方的瓷器创烧和装饰起到一定的影响。

一、萨克森选帝侯亚洲瓷器收藏的分期与来源

德国萨克森选帝侯奥古斯特强力王是一位备受推崇的统治者，他注重政治、经济的改革及军事的发展，成功地开始了对萨克森地区的专制统治，开创了繁盛的萨克森奥古斯特时代，即由奥古斯特及其继承人统治该地区的全盛时期（1694—1763）。[②] 德累斯顿国家艺术收藏馆以丰富的亚洲藏瓷闻名于世，其藏品主要来自萨克森选帝侯奥古斯特强力王的收藏。他在萨克森首府德累斯顿、波兰华沙等地建造了系列巴洛克风格的建筑，宫廷建筑师马特乌斯·丹尼尔·珀佩尔曼（Matthäus Daniel Pöppelmann）和

---

① （德）弗里德里希·冯·博泽著，康丽、郝晓源、李晓宁译：《柏林洪堡世界文化博物院的建立：地方历史与文化政治的磋商》，《民间文化论坛》，2015年第4期。

② Karl Czok, *August der Starke und seine Zeit.Kurfürst von Sachsen und König von Polen*, Munich: Piper, *2006.*

约翰·克里斯托夫·克吕福（Johann Christoph Knöffel）负责德累斯顿宫殿、歌剧院、画廊、桥梁等城市主要建筑设计图稿。[1]1717年，强力王购买了萨克森伯爵雅格勃·海因里希·冯·弗莱明（Jacob Heinrich von Flemming）的荷兰宫，并将东亚瓷器等收藏陆续迁移至此。1727年，荷兰宫更名为"日本宫"，珀佩尔曼及古典巴洛克建筑家扎卡利亚斯·龙格鲁尼（Zacharias Longuelune）将日本宫墙面装饰和塔式架结合设计，以展示亚洲藏瓷。[2]

萨克森地区的宫廷藏瓷年份主要为16—18世纪，以奥古斯特强力王旧藏为主体的德累斯顿国家艺术收藏馆中的亚洲藏瓷记录在1721—1727年的档案中，已被整理登录的达24000余件。其中包括中国瓷器17000余件，其余多为日本瓷器，还有部分高丽青瓷，以及一件越南青花罐等。[3]目前存世旧藏10093件，中国瓷器占8400余件，其余流散于世界各地。[4]收藏中国瓷器以青花瓷数量居多，同时包括五彩、粉彩、德化白瓷和宜兴紫砂；日本瓷器包括伊万里青花瓷器、柿右卫门式样及金襕手等类型。这些瓷器的收藏可分为以下四个阶段。

（一）缘起：美第奇的馈赠

德累斯顿最早的亚洲瓷器收藏器物年代约为16世纪中期，这是一批来自意大利美第奇家族在1590年赠送给德累斯顿萨克森选帝侯克里斯托一世的中国明代瓷器，包括素三彩和青花等品种共计16件，8件仍流传至今。[5]其中，有3件为青花碗，包括2件带有鸬鹚荷花及山水纹样的青花碗、1件饰有水藻鳜鱼纹样的盖碗；另外2件碗内部有青花纹样，外壁施红彩或绿彩描金装饰[6]；还有1件造型独特的素三彩凤凰酒瓶（图7-9）[7]和2件龙虾、蟾蜍造型的素三彩水滴。

（二）兴盛：展会购买及礼赠

奥古斯特二世即位后，17世纪下半叶至18世纪上半叶是萨克

[1] Herbert Pönicke, *August der Starke: Ein Fürst des Barock*, Gottingen, Zürich, Frankfurt am Main: Muster-schmidt Verlag, 1972, p.54.

[2] Ulrich Pietsch, Anette Loesch, Eva Ströber, *China, Japan, Meißen, Die Porzellansammlung zu Dresden, Staatliche Kunstsammlungen Dresden*, Berlin: Deutscher Kunstverlag, 2006, p.5.

[3] Eva Ströber, "La Maladie de porcelain", *East Asian Porcelain from the Collection of Augustus the Strong*, Leipzig: Edition Leipzig, 2001, p.10.

[4] 根据德累斯顿国家艺术收藏馆东亚瓷器部科拉·维尔梅尔（Cora Würmell）女士函件回复及资料整理，特此致谢。

[5] Ulrich Pietsch, Anette Loesch, Eva Ströber, *China, Japan, Meißen, Die Porzellansammlung zu Dresden, Staatliche Kunstsammlungen Dresden*, Berlin: Deutscher Kunstverlag, 2006, p.13.

[6] （德）伊娃·斯特霍伯：《有据可考的珍宝——奥古斯特二世在德国的中国瓷收藏》，载故宫博物院古陶瓷研究中心编《故宫博物院八十华诞古陶瓷国际学术研讨会论文集》，北京：紫禁城出版社，2007年，第41—42页。

[7] 此件器物造型独特，在德累斯顿博物馆陶瓷部的图录记载中被称为"wine carafe"，即一种酒器。

图7-9 明嘉靖素三彩凤凰酒瓶 德累斯顿国家艺术收藏馆藏

森宫廷对亚洲瓷器的主要收藏时期。邻近德累斯顿的莱比锡是当时欧洲的重要商业城市，也是大型展销会的举办地。来自中国及其他亚洲地区的瓷器，经由荷兰东印度公司从亚洲市场购买并海运到欧洲后，除定制物品外，大多数瓷器由德国商会从荷兰拍卖购回，在德国莱比锡展销会中转售。奥古斯特二世强力王热衷于莱比锡的展销会，并从中选择自己喜欢的瓷器。他在担任波兰王后，还从华沙马苏伦购买过大量的中国五彩瓷。此外，一些伯爵等还参与协助奥古斯特二世购买亚洲陶瓷，根据茨温格宫所藏的瓷器清单记载，坎特·拉格纳斯卡伯爵（Count Lagnasco）曾在1716年旅居普鲁士，这一时期他为奥古斯特二世购买过许多亚洲陶瓷。此外，奥古斯特二世也曾收到一些作为礼品赠送的东亚瓷器。如坎特·弗莱明伯爵（Count Fleming）也曾在1723年将个人收藏的东亚瓷器赠送给选帝侯。[1]

（三）巅峰：置换交易

1717年，奥古斯特强力王赠送600名骑兵给腓特列·威廉一世，并得到威廉一世在柏林夏洛滕堡和奥拉宁堡两处宫殿所藏共计151

---

[1] 详见黄忠杰：《波兰王奥古斯都二世收藏的中国外销瓷艺术研究》，博士学位论文，福建师范大学，2012年。

件康熙青花花瓶的馈赠，因为这一以近卫兵置换花瓶的历史事件，这批花瓶被称作"近卫花瓶"，目前部分展览在德累斯顿国家艺术收藏馆的茨温格宫（图7-10）。[1][2] 这些瓷器大部分是威廉一世的父亲，即普鲁士第一位国王腓特烈一世在世时期的收藏。威廉一世继位后，由于多种原因将瓷器与奥古斯特强力王置换。这也是当时欧洲亲王之间一种常见的变相购买方式。

近卫花瓶为带盖青花瓷瓶，为康熙时期景德镇生产的典型外销瓷类型之一。高度约104厘米，装饰繁密，构图饱满，笔触细腻，瓶身自下而上分多层绘画，以白地蓝花的中国荷花、蕉叶类纹饰和瓶腹部中心的蓝地白花卷草龙纹相结合，极具装饰感，是康熙时期青花瓷器中的精品。目前，奥拉宁堡宫殿中也展出了两件近卫花瓶，均为近年来从德累斯顿国家艺术收藏馆回购所得，和其他亚洲瓷器共同放置在战后按建筑图纸修复的展厅塔式陈设架两侧，作为传奇历史的见证（图7-11）。

（四）后续：流散与重建

在奥古斯特二世的继承人奥古斯特三世在位期间，由于财政的原因又将萨克森宫廷藏瓷中的部分器型和装饰相近且数量较多的瓷器转售给柏林等地区的贵族王室。萨克森宫廷藏瓷也被转移至库房

[1] Dresden Porcelain Collection eds., *Die Schönsten Porzellane im Zwinger*, Düsseldorf: Prisma Verlag, 1982, p.15.

[2] Anette Loesch, Ulrich Pietsch, Friedrich Reichel, *State Art Collections: Dresden Porcelain Collection*, Dresden: Dresden Porcelain Collection, 1998.

图7-10 清康熙青花近卫花瓶 德累斯顿国家艺术收藏馆藏

图7-11 清康熙青花近卫花瓶 奥拉宁堡宫殿藏

存放，直到1876年才重新展出。"二战"期间的转移保存，使大部分瓷器免遭掠夺，得以幸存。部分流失到俄国的萨克森宫廷东亚藏瓷，此后又归还于德累斯顿，但仍有大量流散于世界各地。奥古斯特强力王整理了亚洲藏瓷，在瓷器的底部以浅刻和黑彩书写罗马字体"N"和数字编号。今天其他博物馆或私人收藏中相关的萨克森宫廷藏瓷，也因底部这些独特的编号而易于辨认，成为可供比较的标准瓷器。如在莱比锡格拉西博物馆中收藏的康熙青花外销八仙纹葵口碗，与德累斯顿茨温格宫中的传世品风格一致。柏林亚洲艺术博物馆所藏的康熙青花仕女纹盘也与德累斯顿旧藏相近似，这些器物均有奥古斯特"N"的编号。20世纪初，时任德累斯顿国家艺术收藏馆茨温格宫的负责人恩斯特·兹摩尔玛门（Ernst Zimmermann）也曾向德国奥斯卡·鲁克（Oscar Embden）家族购买了大批中国陶瓷。[①] 此后茨温格宫还陆续接收到社会捐赠。新增瓷器数量有限，主要为中国的高古陶瓷、清代中晚期瓷器及少数明清官窑瓷器，它们进一步丰富了德累斯顿收藏的范围。在茨温格宫收藏的瓷器中，底部没有"N"编号的瓷器都是19世纪之后陆续增加的。

"二战"期间，因英国等盟军对德累斯顿的空袭，城区主体建筑严重受损。大部分瓷器及其他珍宝因早期转移库藏地而得以幸存。随着战后相关建筑的重建和修复，亚洲瓷器也陆续移回茨温格宫。茨温格宫展厅的重建以1727年珀佩尔曼和龙格鲁尼的室内设计图纸为基础，将瓷器以增加金色底座的形式装饰于巴洛克建

① 黄忠杰：《波兰王奥古斯都二世收藏的中国外销瓷艺术研究》，博士学位论文，福建师范大学，2012年。

图7-12　德累斯顿国家艺术收藏馆陈列的青花瓷

筑墙面，复原塔式陈设架，并与现代玻璃展柜的布展方式相结合（图7-12）。在奥古斯特二世之后陆续新增的明清官窑瓷器等，也被有选择地在展览中呈现。近年，也有部分瓷器被迁回与茨温格宫一河相隔的日本宫，重现日本宫18世纪亚洲瓷器收藏的情形。

二、启发与审美：从亚洲藏瓷到瓷厂创办

奥古斯特强力王不仅热衷亚洲藏瓷，也迫切期待能够生产瓷器。他执政期间，在紧邻萨克森首府德累斯顿的麦森地区，由专人研制生产出欧洲最早的硬质瓷——真正意义上的瓷器，随之创办麦森瓷厂。奥古斯特强力王也成为欧洲第一个拥有自己瓷厂的君主，影响并推动了欧洲其他君王皇家瓷厂的创办和审美趋势。欧洲皇室设立的瓷厂体现了与中国明清御窑厂相近的职能，除家族特别定制外，大部分产品同时用于销售，而不局限于宫廷内部。

由于帝王意志和对瓷厂的直接管控，萨克森宫廷藏瓷对早期麦森瓷厂的烧制、造型、纹饰、工艺技法等都具有启发性，异域审美也影响了麦森瓷器风格并实现了向本土化审美的转变。造型独特的

中国仿生瓷壶、烛台、瓷塑人物，极具异域风格的龙凤、花鸟人物纹样，以及日本鸟笼瓶器型和柿右卫门装饰风的"岁寒三友""梅竹虎"等主题纹样，也在早期麦森瓷器的制作中得以再现，并进一步发展为麦森经典式样，如藏于法国塞夫勒国家陶瓷博物馆的"梅竹虎"瓷盘等（图7-13）。这类风格的瓷器最早出现于1728年，随后在1730年前后，法国商人勒梅尔（Rodolphe Lemaire）曾和萨克森选帝侯奥古斯特二世签订协议，订购数以万计的麦森仿日本柿右卫门风的瓷器，体现了麦森瓷器在欧洲的流传和影响。①

奥古斯特二世曾要求麦森瓷厂精确地仿制他所收藏的亚洲瓷器，在对异域瓷器的图像认知中，麦森瓷厂不可避免地出现了文化嫁接的现象，即一种文化在另一区域的本土化，从而将外来特征融合和吸纳进特定情境的过程。②麦森瓷器在地域文化的影响下，形成符合欧洲审美的亚洲式样，如麦森瓷厂早期制作的极具特色的"米酒瓶"，器型受到日本外销瓷器器型的影响，这样的日本瓷瓶在奥古斯特强力王的收藏中极为常见。瓶腹则采用欧洲贵金属器皿上凸纹装饰技术，呈现具有浮雕效果的欧洲花卉、兽首或人物纹。在将"岁寒三友"等亚洲藏瓷主题纹样仿制于瓷盘等器物之上的时候，也会将原空白口沿处绘满花卉边饰，以趋于本土盛行装饰风的

① 根据戴若伟女士在图录的相关描述，详情参见上海博物馆编：《东西汇融——中欧陶瓷与文化交流特集》，上海：上海书画出版社，2021年，第284页。

② （荷）凯蒂·泽尔曼斯、威尔弗莱德·范丹姆主编，刘翔宇、李修建译：《世界艺术研究：概念与方法》，北京：中国文联出版社，2021年，第359页。

图7-13　麦森"梅竹虎"纹瓷盘　塞夫勒国家陶瓷博物馆藏

巴洛克华丽审美。[1]麦森瓷器体现了对东方元素的借鉴，同时受到欧洲本体的审美的影响，在仿制和创新过程中，强调对原始组合图像的偏移、形式调整，以对称工整加强画面整体形式感。[2]

三、麦森瓷厂的创烧、仿制与技术革新

经波特格尔、约翰·艾铭格（Johann Jacob Irminger）、约翰·格里奥·海洛特（Johann Gregorius Höroldt）、约翰·约阿西姆·凯恩德勒（Johann Joachim Kändler）等对制瓷技术的不断发展和突破，1710年，麦森瓷厂开始作为萨克森选帝侯的皇家创烧瓷器场所，并在同年5月首次参加莱比锡东方贸易展会，成为欧洲贵族收藏的奢侈品之一。麦森瓷厂的生产影响了德国乃至欧洲其他地方的瓷业发展。

（一）胎釉技术

和欧洲其他地区相近，萨克森地区的陶瓷在17世纪主要为粗陶、精陶及炻器。粗陶，或称砂陶，坯体密度较低，具有吸水性。精陶可用氧化锡施以白色底釉，再进行彩绘装饰，也被称为"费昂斯"。炻器坯体不渗水，但炻器胎土成分和瓷器不同，呈红色胎质，而瓷器为白色坯体。[3]随着17世纪海上贸易的兴盛，欧洲对于大量涌入欧洲的亚洲瓷器表现出极大的热情，并尝试探寻其秘密所在。尽管有很多地区声称发现了瓷器的奥秘，但仍未生产出真正意义上的瓷器。

18世纪初，齐恩豪斯接到奥古斯特二世兴建瓷器工厂及生产瓷器的指示。他曾在1701年专程前往巴黎、代尔夫特等地，当时的巴黎以生产"法国瓷器"驰名，采用的是一种从玻璃器皿制造"熔块法"发展而来的技术，在坯体原料中加上白色的乳化剂；而代尔夫特则以装饰中国瓷器图案的"费昂斯"釉陶盛行一时。齐恩豪斯回到德累斯顿后，结合当地陶瓷生产经验，尝试不同土质的混

[1] 上海市历史博物馆编：《白色金子·东西瓷都——从景德镇到梅森瓷器选》，上海：上海书画出版社，2019年，第112、132页。

[2] 王才勇：《从18世纪梅森仿中华与东洋瓷看中欧、日欧及中日美术文化》，《学习与探索》，2021年第5期。

[3] Sven Frotscher, *Dtv-Atlas Keramik und Porzellan*, München: Deutscher Taschenbuch Verlag, 2003, p.10.

① Ulrich Pietsch, Peter Ufer, *Mythos Meissen: Das Erste Porzellan Europas*, Dresden: Sächsische Zeitung, 2008, pp.11-12.

② Ulrich Pietsch, Peter Ufer, *Mythos Meissen: Das Erste Porzellan Europas*, Dresden: Sächsische Zeitung, 2008, p.24.

③ Ulrich Pietsch, Peter Ufer, *Mythos Meissen: Das Erste Porzellan Europas*, Dresden: Sächsische Zeitung, 2008, p.43.

合制瓷，并将窑炉改进，烧造温度可达1450℃，但仍没有取得成功。① 波特格尔称非贵金属可通过嬗变炼成黄金，他曾是柏林地区的炼金师，后从普鲁士来到萨克森。另一位化学家帕布斯特·冯·奥海因（Gottfried Pabst von Ohain）也在1701年被奥古斯特二世邀请来德累斯顿，共同研制瓷器的烧造。

1707年，波特格尔发现瓦尔登堡市和科迪斯地区两地的矿土含有对生产瓷器最为重要的高岭土成分。他在随后的实验中添入助熔的类长石矿，此后进一步完善，特别是将烧成温度控制在1250—1300℃，最终成功地烧制出了欧洲历史上最早的瓷器。瓷器烧制配方于1708年1月15日首次被记载②，并被麦森瓷厂保存至今（图7-14）。长石的比例不少于12.5%，来自科迪斯等地区含有高岭土成分的矿土约87.5%，最后以不超过1400℃的高温烧造。从1724年开始，麦森瓷器坯体的主要成分为长石、石英和高岭土，从这一时期开始，高岭土主要从距离麦森12公里的塞里茨山上开采，沿用至今。麦森瓷釉主要来自像玻璃一样的原料，即石英和助熔剂，将它们同时在稀释的悬浮状进行研磨和混合，再施于器物表面，经烧制而成。③

图7-14 波特格尔瓷器烧制配方

（二）装饰工艺

麦森瓷器装饰手法多样，装饰工艺包括胎体装饰和彩绘装饰两类。胎体装饰浮雕、贴花等工艺，以德累斯顿的金匠约翰·艾铭格的作品最为出名。高浮雕的制作，往往将部分模印出的局部装饰粘贴在器物表面；浅浮雕则多在阴模内保持细致纹样，手工拉坯后的素坯在未干时，通过模具挤压的方式，形成表面的浅浮雕效果，和中国宋元时期传统瓷坯装饰工艺相近。此外，使用固定的模具模印出独立的花、叶等，也可以通过稀质黏土黏结在器物表面，形成贴塑装饰。如在一些白瓷或红陶的茶壶上粘贴模印出的花、叶辅助装饰，这一手法借鉴萨克森宫廷藏中国宜兴紫砂壶和德化白瓷。

麦森瓷器的彩绘装饰，包括釉下青花、釉上彩及金彩装饰等。彩绘用笔取材于松鼠尾部的毛质，在质感上和景德镇传统瓷绘黄鼠狼毛质画笔相近，硬度和韧性的统一极适合釉彩绘制。[1] 约翰·格里奥·海洛特对麦森瓷器的釉彩技术具有重要的影响。[2] 1719—1720年，海洛特在奥地利维也纳的瓷厂杜·帕奇业工作。随着麦森瓷厂的发展和壮大，1720年5月海洛特来到麦森瓷厂工作，并带来蓝色和红色两种釉彩。由于海洛特高超的绘画技艺和对釉色的把握能力，1724年他被奥古斯特强力王任命为宫廷画师。1725—1726年，海洛特根据萨克森宫廷藏亚洲瓷器上的纹样及欧洲盛行的远东旅行报道、书籍插图等，设计了约1000种"中国风"图样，当时的麦森瓷厂临时聘请了一些画师，均以此为摹本。至1731年，海洛特成为萨克森宫廷首席画家和执管者，并将色釉装饰发展到以红色、蓝色、黄色、绿色、紫色等为基调的16种珐琅彩，麦森瓷器也从最初的单色绘制发展成丰富的多彩装饰。[3] 麦森瓷器也使用金彩装饰，或独立运用，或结合珐琅彩装饰。通常在完成釉上彩装饰低温烧造后的器物表面，以金箔加工，做金彩装饰，入窑复烧，出窑后再打磨抛光。珐琅彩结合金彩的综合装饰技法，最终还促进了麦森釉上彩绘瓷器代表性装饰风格的形成。

[1] 麦森瓷厂的用笔毛质为松鼠尾毛，制作方法延续至今，相关使用经验基于2012年在麦森瓷厂考察期间与瓷厂画工的交流。

[2] Ulrich Pietsch, *Meissener Porzellan und seine Ostasiatischen Vorbilder*, Leipzig: Edition Leipzig, 1996, p.28.

[3] Ulrich Pietsch, *Meissener Porzellan und seine Ostasiatischen Vorbilder*, Leipzig: Edition Leipzig, 1996, pp.12-45.

（三）瓷塑艺术

动物和人像等瓷塑是麦森瓷厂重要的产品，"瓷器雕塑之父"——凯恩德勒创造了一批经典瓷器。这些瓷器造型的设计多来自神话、诙谐戏剧、流行文本等中的经典人物和动物形象。[①]制作方式多采用分段模制和局部手工雕刻相结合的方式。麦森瓷厂初期曾对康熙素三彩鹦鹉、瓷狮等动物进行仿制，并在后期逐渐开发出特定的猴子、乌鸦等动物瓷塑。除了小型的人物雕塑外，凯恩德勒也曾应奥古斯特强力王之需，制作了一批形象生动、雕刻细腻的大型白色动物瓷像。以瓷土塑形，模仿孔雀、象、公牛（图7-15）等真实动物大小，坯体干燥后施透明釉色后入窑烧成。[②]

麦森瓷厂的人像瓷塑延续了欧洲的雕塑传统，18世纪欧洲生活中的各类人物形象，也成为人物瓷塑的取材主题。在人物瓷塑中，身体的各部位由独立的模具分开制作，用泥浆黏结成一体后，辅以局部手工雕刻，再施透明釉烧造。麦森瓷器雕塑的高度多在10—50厘米之间，用以室内装饰摆设。很多模制工具（图7-16）在麦森瓷厂得以保存。随着釉彩的完善，素烧完成的瓷器人物及动物形象，往往需以彩釉描绘细部，入窑二次复烧，形成色彩斑斓、具有立体造型的创新产品和经典形象（图7-17）。

[①] Ulrich Pietsch, *Meissener Porzellan und seine Ostasiatischen Vorbilder*, Leipzig: Edition Leipzig, 1996, pp.28-30.

[②] 这组大型陶瓷雕塑为尽快完成而缩减干燥时间，导致第一次烧成后多有开裂现象，为避免损坏，不再施彩釉复烧。

图7-15　麦森白瓷公牛　麦森瓷厂藏

图7-16 麦森陶瓷模具 麦森瓷厂藏

图7-17 麦森人物瓷塑制作流程展示 麦森瓷厂藏

四、麦森瓷器和东亚瓷器的比较

萨克森宫廷收藏的东亚瓷器与麦森瓷器的出现和发展关系紧密，并促成了麦森瓷器不同品种的创烧及不同纹样的形成和演化。从材质来看麦森瓷器包括以德化白瓷为原型的麦森素胎白瓷、以宜兴紫砂为模仿对象的麦森波特格尔陶器；从装饰技法上看包括以中国青花为参照的麦森青花瓷器、从模仿中国和日本瓷器装饰走向独特风格的麦森釉上彩绘装饰瓷器等。

（一）胎釉比较

麦森瓷厂的瓷土烧成后质地细腻，胎色白润，和明末清初景德镇民窑中质量较高的瓷器胎质相近。瓷器上普遍施透明釉，成分接近玻璃，与中国明清时期带有青绿色调的透明釉略有不同。这些白色瓷土还被用以仿制德化白瓷。麦森瓷器釉彩色域较广，釉料多来自当地及附近矿区。主要分为四类：第一类为釉下青花，其所用钴料发色鲜艳，和康熙时期民窑中所使用的珠明料发色相近；第二类为釉上彩，在烧成后颜色和东亚瓷器趋于一致（图7-18）；第三类为珐琅彩与金彩结合装饰，主要用于麦森生产欧洲风格明显的彩绘装饰瓷器，人物的服饰乃至面部的晕染，多用于"中国风"式样及欧洲人物等（图7-19）；第四类为黑彩装饰，在白釉上以黑彩绘画，再低温复烧，为麦森瓷厂的创新釉彩（图7-20）。

图7-18 麦森仿中国仕女纹瓷盘 法兰克福应用艺术博物馆藏

（二）装饰之别

麦森瓷厂的装饰工艺和萨克森选帝侯所收藏的亚洲陶瓷装饰相比较，既有借鉴，也有独创。在胎体装饰上，麦森瓷厂模仿了宜兴紫砂器、德化白瓷等，以模印浮雕装饰，同时运用贴塑工艺在器物表面进行立体贴花装饰。这种通过手工捏造作为点缀的贴花工艺不断发展，并在1739年由凯恩德勒创造的装饰式样——"雪花球"（图7-21）。贴花以细小繁密的花瓣密集装饰于器物表面，装饰繁复、细致、纯净，迎合了欧洲这一时期的审美风俗。装饰中无数的白色花朵显得优雅而高贵，辅助性的金色枝叶增强了其奢华感，备受欢迎。与萨克森相邻的普鲁士腓特烈大帝（Friedrich Ⅱ der Gross）也曾在1760年订购了6件"雪花球"

图7-19 麦森"中国风"纹样咖啡壶 柏林装饰艺术博物馆藏

图7-20 麦森"中国风"墨彩瓷杯 布拉格装饰艺术博物馆藏

装饰器皿。①

在釉彩装饰中，早期麦森瓷厂曾模仿亚洲藏瓷，随后在装饰主题中借鉴欧洲宗教、神话、徽章、花卉等纹样，形成独特的装饰风格。如图7-22是18世纪初期中国销往欧洲的典型外销青花瓷盘，在德累斯顿茨温格宫和莱比锡格拉西博物馆等地都有收藏。盘内主题纹样为菊花、竹子，以"S"形蜿蜒缠绕在竹子上的花卉。这种盘绕状的构图方式受到明天启元年（1621）集雅斋《花鸟谱》（图7-23）版画的影响，常用在花卉、葡萄和竹子或树木的组合构图中。②盘沿有各种瓜果和花卉交替装饰。这类青花的装饰感极强，构图丰富、绘画细腻，深受麦森瓷厂喜爱并模仿。在此基础上，1730年前后麦森瓷厂设计出独特的"洋葱纹样"（图7-24）。③这一纹样也称"三果变体式"，纹样借鉴于中国同期外销瓷纹样，由于对纹样的误读和本土化的理解，逐渐形成独特的风格，以德国本地常见的洋葱代替瓜果。④风格化和程式化的蓝色洋葱图案因符合欧洲审美而风靡一时，不仅用于此类组合装饰的瓷盘边饰，后来也应用于其他罐、碗等器型的装饰主题图案，并被欧洲代尔夫特等其他瓷厂所借鉴。⑤此外，龙凤纹样也从对中国瓷器传统纹样模仿发展成为麦森风格，如图7-25，盘心的团凤主题和盘沿的龙纹都来自东亚藏瓷，但在装饰上趋于扁平化，体现了中国和日本"和风"

① Meissen Museum of Meissen, eds., *Jubiläumskollektion 300 Jahr Manufaktur Meissen*, Meissen: Manufaktur Meissen Staatliche Porzellan-Manufaktur Meissen GmbH, 2010, pp. 28-29.

② 昌彼得编纂：《明代版画选》，台北："国立中央"图书馆，1969年，第94页。

③ Ulrich Pietsch, *Meissener Porzellan und seine Ostasiatischen Vorbilder*, Leipzig: Edition Leipzig, 1996, p.94.

④ 孙琳：《麦森瓷洋葱图案（Onion Pattern）源流考》，《中国陶瓷》，2017年第10期。另参见宋广林：《麦森窑早期瓷器的中国装饰艺术风格初探》，《装饰》，2011年第9期。

⑤ 李璠：《麦森瓷"蓝色洋葱"图案的前世今生》，载李军主编《跨文化美术史年鉴1：一个故事的两种讲法》，济南：山东美术出版社，2019年，第193—195页。

图7-21 麦森"雪花球"盖碗 杜塞尔多夫黑提恩斯博物馆（杜塞尔多夫陶瓷博物馆）藏

图7-22 清康熙青花外销瓷盘 莱比锡格拉西博物馆藏

图7-23 明天启元年集雅斋《花鸟谱》

图7-24 麦森青花"洋葱纹"瓷盘 杜塞尔多夫黑提恩斯博物馆（杜塞尔多夫陶瓷博物馆）藏

图7-25 麦森红彩团凤纹瓷盘 麦森瓷厂藏

① 胡新地:《梅森瓷器装饰艺术中的"红龙纹"考略》,《艺术百家》,2017年第4期。

的双重影响。① 在整体瓷器绘画风格中，麦森瓷厂画工更强调细腻的笔触和精致的勾勒，而盛行于中国民窑中的写意手法并没有被接受。此外，麦森瓷厂青花的分水技法尚未娴熟，青花呈色缺乏层次感，因此少见大面积的青花色块，多以线条勾勒。

麦森瓷厂在彩釉绘画装饰上也模仿日本彩釉瓷器。1720—1740年，麦森瓷厂仿制了很多古伊万里瓷器及柿右卫门式样。尤其在1720—1731年，麦森瓷厂画工海洛特以萨克森宫廷藏日本瓷器为模仿对象，仿制了很多日本风格纹样。这些收藏在萨克森宫廷的柿右卫门式样有很多模仿中国人物纹样，如书生、仕女及叙事题材。这类瓷器是日本迎合欧洲市场而生产的外销瓷器。如"司马光砸缸"纹样，画面并没有表达出故事核心内容，特别是"砸缸"被转变为从水缸中拉起的救援场景。生动活泼、具有异域风情和叙事情结的孩童嬉戏场景受到欧洲市场的追捧，也成为麦森瓷厂仿制的题材，并和"竹虎梅"等其他主题纹样一起发展成为麦森经典纹样（图7-26）。除了来源于亚洲藏瓷设计灵感的瓷器装饰外，1737—1741年间由凯恩德勒与约翰·弗雷德里希·艾柏林（Johann Friedrich Eberlein）共同设计了运用模印方式制作、凸浅浮雕效果的天鹅等经典装饰样式（图7-27），体现了其在发展中的变迁与本土化，在欧洲及北美地区都有相关收藏。

（三）造型异同

萨克森宫廷藏瓷器物造型以盘、杯、碗等餐饮器皿居多，还有用于建筑装饰的大罐、大缸和花瓶等，此外还包括中国的佛教、道教塑像人物及少数应欧洲订单而生产的欧洲人物。麦森瓷器造型直接借鉴于亚洲藏瓷的造型，波特格尔在1709年选择了奥古斯特二世收藏的八尊中国德化人物瓷塑作为参考仿烧，其中最具代表性的是一尊制作于1675—1725年的福建德化窑观音像（图7-28），高度为47.6厘米。麦森瓷厂曾于1710—1715年，尝试了以黑色陶土，借助现有的观音像进行翻模烧造，烧成后高度约为37厘米。

图7-26　麦森"司马光纹砸缸"样瓷罐　麦森瓷厂藏

图7-27　麦森天鹅纹样白瓷盘　加德纳陶瓷博物馆藏

① Ulrich Pietsch, Peter Ufer, *Mythos Meissen: Das Erste Porzellan Europas*, Dresden: Sächsische Zeitung, 2008, pp. 28-29.

1713—1715年，麦森瓷厂以白瓷形式翻模仿制，瓷坯烧成后高度为36厘米。由于烧成过程中的收缩率，麦森瓷厂早期的仿中国德化观音像和原作类似，但尺寸偏小。① 因德化观音像手部缺失，麦森观音像的手部为仿制中修复，故不同于常见的观音手势。随着烧制工艺的发展，对于亚洲器型的仿制在尺寸上趋于一致，盖罐（将军罐）、花觚、碗、盘、茶杯与茶托等亚洲藏瓷的造型也成为麦森瓷的经典造型，但仍会有所差异，通常在器物局部比例关系上略有改动，并辅以装饰图案色彩的变化和主题纹样的偏离，最终形成麦森瓷器的典型式样。

麦森瓷器包括用于日用餐饮的碗、盘类，以及装饰性瓷塑，和17世纪为主的亚洲藏瓷相比，麦森瓷厂日用瓷器更多是品种繁多、数量庞大的成套的欧洲日用餐具等，这也影响了18世纪中国外销瓷的成套组合。波特格尔陶也从对中国茶壶造型的模仿转向对欧洲早期炻器、金属器皿等造型的模仿。所藏亚洲瓷塑主要是尺寸较小的仕女、观音、佛像及鹦鹉、狮子等动物摆件，麦森瓷塑在复制相关造型的基础上得以迅速发展，既有大型的动物造型，又有形态丰富的人物造型，内容多取材于欧洲宗教、文学、神话、绘画作品中的经典人物，如一组体态各异的猴子管弦乐团（图7-29）成为麦森瓷器的独特造型之一。尤为重要的是，在瓷塑人物及动物造型

图7-28 麦森白瓷观音像 德累斯顿国家艺术收藏馆藏

图7-29 麦森猴子弦乐团瓷 麦森瓷厂藏

中，麦森瓷器同样追求成套的组合性，单个完成的瓷塑往往以组合的形式陈设，服务于大型室内装饰和餐桌点缀等摆放，成套造型中个体瓷塑形态差异和整体风格一致，并注重相互间姿态的呼应关系。

五、亚洲藏瓷对麦森的影响及成因

萨克森宫廷亚洲藏瓷对麦森瓷器影响深远，可以分为初期的复制、本土化融合、创新发展三个阶段。第一阶段是麦森瓷厂的发展初期，亚洲藏瓷促成其对制瓷秘密的发现。波特格尔创烧成功的硬质瓷器胎土质白，瓷土含铁量低，和所藏瓷器的白色瓷胎质地相近。同时，创烧的波特格尔陶也是对宜兴紫砂的复制。此外，在釉下青花及釉上彩等技法方面，也曾大量模仿了亚洲藏瓷，并在造型和呈色中都尽力与原件趋于一致。第二阶段是麦森瓷厂根据亚洲藏瓷在造型、纹样、装饰技法上与本土的融合过程，特别是对于青花洋葱纹、"中国风"人物式样等，在设计中都从亚洲藏瓷中获得较多素材，但在装饰风格上又以本土化方式变化，形成了独特的麦森瓷器青花和釉上彩花果、人物纹样。第三阶段是麦森瓷厂的创新发展期，这一时期亚洲藏瓷的影响慢慢减弱，麦森瓷厂的生产器物以欧洲餐饮器皿为主要对象，既有对早期炽器的仿制，也有结合亚洲藏瓷的创新。特别是在陶瓷雕塑中，依据欧洲的宗教文学、雕塑艺术传统形成了一系列的麦森瓷塑经典形象。

麦森瓷厂制瓷工艺对亚洲藏瓷借鉴和创新是多种因素促成的，包括时代背景、政治原因、艺术追求、地理因素等。从时代背景来看，伴随着海上丝绸之路的发展和大航海时代的到来，来自中国和日本的陶瓷大量进入欧洲，成为17—18世纪欧洲贵族间颇受欢迎的舶来品。此期的外销瓷尽管在装饰风格上较国内民窑更为繁复缜密，以迎合海外市场，但在纹样和器型上都与中国本土瓷器相近，造型和纹样颇具异域风情，加之瓷器的胎釉质地，为欧洲人所称赞。在政治方面，奥古斯特强力王1694年取得了继承权后，开创了繁盛的萨克森奥古斯特时代，即由奥古斯特及其继承人统治该地区的全盛时期（1694—1763），1697年被册封为波兰王，为其收藏提供了稳定的政治环境和经济基础。① 从个人的艺术追求来看，他兴趣广泛，收藏品众多，对于瓷器的收藏更是达到狂热的程度，也促成其对亚洲陶瓷的收藏不仅数量上众多，品质上也为此期外销瓷中精品。此外，地理原因是造就麦森瓷厂的必要因素，在萨克森选帝侯准备制造瓷器后，首先需要的是解决原料的来源问题，在麦森附近发现的高岭土、红土及其他原料促成了麦森瓷厂的成立和发展。

六、麦森制瓷工艺在欧洲的传播

麦森瓷器创烧成功后，在1710年5月莱比锡的东方贸易展会中，便开始参展且获得成功。麦森瓷厂的技术虽然极为保密，人员管理也很苛刻，工人大部分时间在封闭的城堡中工作生活，行为缺乏自由，但也不乏有人员外流，如在麦森瓷厂担任画工的罗温芬克（Adam Friedrich Löwenfinck），便于1746年转往法兰克福附近的海科斯特瓷厂，在选帝侯奥斯汀（Johann Friedrich Carl von Ostein）的支持下，建立了德国历史上第二所瓷厂——赫斯特瓷厂。罗温芬克带去了麦森瓷厂成熟的制瓷和釉彩技术，赫斯特瓷器在发展初期很大程度上受到麦森瓷厂的影响，在赫斯特瓷厂式样设计师约翰·彼得·梅尔基奥尔（Johann Peter Melchior）的创作下，才逐渐迎来自己的产品特色和风格。② 麦森瓷器的釉上彩绘，金彩装饰，人物、动物造型瓷塑等，此后也成为其他欧洲瓷厂得以借鉴的装饰和器型主流。赫斯特瓷厂的负责人约翰·科里安·本克尔夫（Johann Kilian Benckgraff）因内部人员矛盾，又转赴他地，随后成立菲尔斯滕贝格瓷厂。从地位上来说，麦森瓷厂是德国各地瓷器发展的开拓者与奠基者，对欧洲其他地区制瓷技术也有一定影响，包

---

① Karl Czok, *August der Starke und seine Zeit.Kurfürst von Sachsen und König von Polen*, Munich: Piper, 2006.

② （德）赫斯特瓷厂供稿，吴若明译：《中国风格和欧洲传统的相遇——十八世纪赫斯特瓷器》，《收藏》，2015年第6期。

括维也纳、威尼斯等地。麦森瓷厂的成功，还引起对亚洲瓷器热衷的欧洲亲王们建立瓷厂的热潮。借助在景德镇生活7年的法国传教士殷弘绪（Francois Xavier d'Entrecolles）关于景德镇制瓷的信件，法国也遂掌握瓷器制作的方法。法国等欧洲其他各地的王室也纷纷仿效，支持兴建瓷厂，并在风格上借鉴广为收藏的麦森瓷器。随着器物的流动，麦森瓷器的装饰风格也影响了其他欧洲瓷厂，如19世纪英国维奇伍德瓷厂有对麦森瓷厂从中国纹样衍生的经典"洋葱"青花瓷盘的仿制品，同样借鉴中国元素，并在此基础上形成其"柳亭图案"式样。[1]

第三节 宜兴紫砂与波特格尔陶：传统手工艺的区域之变与当代转化

宜兴紫砂盛于明清，随着海上丝绸之路的兴起，其成为中国外销陶瓷器中的重要组成部分。奥古斯特强力王的收藏中就包括数百件产自中国宜兴的紫砂，器型以茶壶为主。其选派了波特格尔等人在萨克森首府德累斯顿附近的中世纪遗存的阿尔布莱希特城堡中进行陶瓷烧造实验，包括对宜兴紫砂的仿制。研发成功的波特格尔陶包括赤陶、黑陶等，既有对中国宜兴紫砂造型、纹样的仿造，又结合了德国本土的制陶工艺及17—18世纪欧洲盛行的描金、金属镶嵌等工艺，成为备受德国乃至欧洲贵族追捧的陶器。在异域的审美背景下，波特格尔陶还借鉴了抛光、打磨等工艺，将中国宜兴紫砂质朴的艺术表达语言更加丰富化以迎合市场。

一、宜兴紫砂与海外收藏

紫砂在欧洲早期被称为"博卡洛陶"，名称来源于葡萄牙殖民者在拉丁美洲发现的一种红色陶壶。[2]随着外销宜兴紫砂数量的增加，其中数量最多的茶壶根据产地被称为"宜兴茶壶"，而宜兴紫

[1] 广东省博物馆编：《惊艳"中国风"——17—18世纪中国外销瓷》，广州：岭南美术出版社，2020年，第192—195页。

[2] （法）帕特里斯·万福莱著，施云乔译：《销往欧洲的宜兴茶壶》，杭州：西泠印社出版社，2015年，第30页。

砂则被统称为"宜兴炽器"。宜兴紫砂以其独特的黏土和富有创意器型而备受推崇，随着大航海时代的到来和海上丝绸之路的兴盛，17—18世纪大量的中国宜兴紫砂行销海外，被欧洲各国争相收藏。收藏的器皿以紫砂茶壶为多，装饰多为花器。

这些制作精美的宜兴紫砂茶壶经荷兰东印度公司等从中国销往欧洲，再由各国争相收购。据荷兰东印度公司的记录，1679年由漳浦运抵巴达维亚（今印度尼西亚雅加达）七箱紫砂朱泥茶壶，此后亦有大量的宜兴紫砂随其他青花、五彩等器皿一并销往欧洲。[①] 明清之际的宜兴紫砂器皿以文人雅玩、笔筒、茶壶等为著，有朱泥、段泥、紫泥等多种颜色，装饰类别包括风格质朴的光器、装饰繁缛的花货、筋囊货等。外销紫砂则根据顾客区域不同，变化风格，和内销市场产品有异，欧洲地区以装饰丰富的花货最为盛行。

二、萨克森宫廷藏紫砂及艺术风格

以奥古斯特强力王旧藏为主体的萨克森宫廷藏瓷经整理录入的有两万余件，记录在德累斯顿国家艺术收藏馆1721—1727年的亚洲瓷器收藏档案中，目前存世仍有1万余件。萨克森宫廷藏宜兴紫砂在胎质上多为宜兴朱砂泥为胎，呈色暗红，同时包括少数段泥和紫泥茶具。器型和国内茶壶相近，以圆形茶壶为主，采用18世纪初期打身筒工艺，即将泥条置于转盘上，拍打身筒成型，再按照规格用泥料搓弯制作壶嘴、弯錾，并辅以规车制作壶盖。此外，萨克森宫廷藏紫砂中不乏方器，亦采用镶身筒工艺制作壶身，并以泥料搓制等方式完成其他部分。[②]

装饰工艺上，萨克森宫廷藏宜兴紫砂的装饰形式以繁复的贴塑和花卉纹样为主，较国内同期有所不同。这样的装饰形式的转变，体现了从自然审美到生活审美，及其在不同地域背景下的解读。国内市场的紫砂壶造型拙朴中略显古意，同时擅以"拟真"造型凸显奇巧之意，创作灵感直接来自自然界。球形茶腹的侧柄式样逐渐发

---

① 郭丹英：《中国古代外销陶瓷茶具研究》，硕士学位论文，浙江大学，2007年。

② 蒋琰滨、范颖：《浅谈17～18世纪外销紫砂器特征及对欧洲制陶业影响》，《江苏陶瓷》，2009年第4期。

展成为明清时期常见的茶壶造型，也是宜兴紫砂外销茶壶中最常见的类型之一。相对于内销市场中的古拙奇巧立意，在外销紫砂茶壶则多以"拟真"的植物藤蔓进行贴塑装饰。从造型拟真到装饰转型，以"浅浮雕"立体效果呈现东方纹饰的紫砂壶展现了工匠的想象力，逐渐发展成外销紫砂茶主流装饰形式。[1]德国萨克森选地侯奥古斯特二世的历史旧藏档案中，尚存约80把紫砂茶壶也是这种造型。[2]奥古斯特强力王收藏的宜兴紫砂茶壶（图7-30）胎体表面以模印的葡萄叶贴塑，并以泥条搓制葡萄藤，交错仰覆，错落有致。壶盖顶部以象生造型捏塑，与器物表面装饰相应。整体风格虽为迎合欧洲市场而复杂繁华，却不失宜兴紫砂以自然为师的象生风格。值得注意的是，在这件宜兴紫砂茶壶的表面还被局部施以金彩，这是在欧洲的再装饰，既衬托其器物的贵重，又在审美上加强华丽的感觉，适应欧洲审美的需要。1687年，尼古拉·德·布雷尼（Nicolas de Blégny）出版的《正确使用茶、咖啡和巧克力来预防与治疗疾病》插图中，也体现了这种茶壶的广泛影响，尽管它有可能是来自欧洲工匠的银质或锡质壶。[3]

此外，模印、镂空等都是萨克森宫廷藏宜兴紫砂茶壶常用的装

[1]（英）塔妮娅·M.布克瑞·珀斯著，张弛、李天琪译：《茶味英伦：视觉艺术中的饮茶文化与社会生活》，北京：北京大学出版社，2021年，第106页。

[2]（法）帕特里斯·万福莱著，施云乔译：《销往欧洲的宜兴茶壶》，杭州：西泠印社出版社，2015年，第47页。

[3]（法）帕特里斯·万福莱著，施云乔译：《销往欧洲的宜兴茶壶》，杭州：西泠印社出版社，2015年，第51页。

图7-30 奥古斯特强力王收藏的宜兴紫砂壶 德累斯顿国家艺术收藏馆藏

饰方法，器物表面装饰复杂而华丽。从美学角度来看，人类审美包括自然审美、工艺审美、艺术审美和生活审美，社会因素会对审美观点产生影响。[1]以装饰复杂的花货外销，正是宜兴紫砂按审美对象从以雅为尚的文人士大夫转为以华丽为美的欧洲贵族的发展趋势。

三、波特格尔陶的仿制与地域转换

随着奥古斯特强力王瓷器收藏的日渐丰富，进一步激起了他在自己的领地上生产陶瓷的渴望。当时的荷兰已率先开始仿制宜兴紫砂，如格罗林根博物馆藏有一件仿宜兴紫砂的茶壶，即为代尔夫特17—18世纪著名的陶瓷工坊"金属锅"在1691—1724年所产，茶壶上有其工坊所属者兰贝托斯·范·恩霍恩（Lambertus van Eenhorn）的标识。[2]

普鲁士炼金师弗里德里希·波特格尔在此期间来到萨克森，与当地的一些物理学家在德累斯顿附近麦森中世纪遗存的阿尔布莱希特城堡中进行瓷器烧造实验，以红土及褐土成功烧制了波特格尔陶。波特格尔陶以暗红色陶土为主，和奥古斯特二世收藏的百余件紫砂器皿呈色相近。

麦森仿宜兴紫砂壶所制产品用料均为用麦森附近的当地红土烧制，器物多为分段模制，装饰上也多采用贴花浮雕装饰，以接近于宜兴紫砂装饰效果。如图7-31，陶壶造型和欧洲收藏的中国紫砂茶壶常见造型（图7-30）较为相近，与上文提及的代尔夫特仿紫砂壶也趋于一致。壶身以梅花纹贴塑的方式装饰壶身，在口流、壶盖及弯錾处辅以金属镶嵌工艺。除茶壶外，波特格尔陶还包括茶叶罐等其他器型，如以模印方式装饰的八棱花鸟盖罐（图7-32），与元代青瓷贴模印八仙罐非常相近，在风格上又结合了宜兴紫砂筋囊器的分棱手法，既突出了宜兴紫砂自然审美的风格，又显现出德国麦森瓷厂陶瓷制作的精细缜密之风。

---

[1] 薛富兴：《生活美学——一种立足于大众文化立场的现实主义思考》，《文艺研究》，2003年第3期。

[2] Jan van Campen, Titus Eliens, eds., *Chinese and Japanese Porcelain for the Dutch Golden Age*, Zwolle: Waanders Uitgevers, 2014, p. 247.

图7-31 麦森波特格尔陶壶 德累斯顿国家艺术收藏馆藏

图7-32 麦森波特格尔陶盖罐 麦森瓷厂藏

  波特格尔陶还运用抛光工艺，即通过对胎体多棱面或平面打磨，在不施釉的条件下表面呈现出如瓷釉般的光亮效果，并与金彩装饰、金属镶嵌相结合，成为麦森瓷厂中颇受欢迎的一类器皿，在造型上也更为丰富，适应欧洲市场的生活审美（图7-33）。此外，波特格尔在1717年尝试对红陶器皿的表面施以黑釉，烧成后形成具有漆器效果的瓷器，仅在表面施以金彩装饰，这类波特格尔黑釉红陶被称为"博卡罗陶"。[①]装饰效果接近于外销欧洲的日本漆器，也与清代的黑釉瓷器相一致。

  波特格尔陶成为麦森瓷厂的重要产品，装饰手法、器物造型不断变化，虽价格昂贵，仍备受欧洲市场欢迎，至今在德国乃至欧洲各地广为收藏。相较于对宜兴外销瓷仿制为主的荷兰和英国等瓷厂，波特格尔陶在这场模仿中脱颖而出，成功地完成了地域转换。基于前文的描述，在这场地域转换中，波特格尔陶顾及了三个方面：产品造型、器物类别、装饰工艺。对于热销的宜兴紫砂茶壶，波特格尔陶也经历了模仿期，但在造型上更为规整，改变了崇尚自然质朴的宜兴紫砂文人审美风格。同时，波特格尔陶还改变了以茶具为主的单一器物形式，生产更多适合欧洲生活的器皿，扩大了市场需求。此外，在装饰工艺上，无论是抛光打磨工艺、金属镶嵌工艺的运用，还是与黑漆工艺的结合，波特格尔陶显然更强调装饰技

① D. Syndram, U. Weinhold, *Böttger Stoneware: Johann Friedrich Böttger and Treasury Art*, Berlin: Deutscher Kunstverlag, 2009, p.123.

图 7-33　麦森波特格尔陶瓶　柏林装饰艺术博物馆藏

艺,在纹样上并没有完全以欧洲的纹样介入,而常用类似紫砂茶壶的花鸟主题,体现了异域的风情,从而符合欧洲18世纪巴洛克背景下的生活审美和工艺审美,是对艺术舶来品从模仿到本土化转型的成功案例。

四、从地域到时空:宜兴紫砂的当代转换

宜兴紫砂不同于普通家用陶器,在明清时期,主要服务于社会中上层阶级,为文人士大夫阶层所好。与饮茶品茗、舞文弄墨相关的宜兴茶具、文玩追求雅致古意,也与印刻书法相结合,以名人制作而备受吹捧,为时人所好。在时代发展的今天,宜兴紫砂面临着新的语境,如何进行当代转换是宜兴紫砂发展不可回避的命题。当下的宜兴紫砂生产,亦可借鉴波特格尔陶地域转型的成功案例,更好地完成当代转换。

从生活审美的角度出发,宜兴紫砂和市场关系较近,随着时代的变化其需求量也发生了改变,包括大众紫砂和精品紫砂两类。20世纪80年代,多所宜兴紫砂厂相继成立,改变了传统的作坊制生产模式,随着香港、台湾等地兴起的"紫砂热",宜兴紫砂各厂收到大量订单,成为时尚的生活器皿,并在质量上从精品化走向大众

化。90年代后,部分瓷厂出现倒闭,一些技艺高超的陶工又转为作坊制生产方式。目前,丁蜀镇陶业制作者约有4万人,工作室、工厂、作坊、店铺等达到百余家,产品系列包括中低端到高端等。[①] 随着经济的发展,大众对陶瓷品质的追求越来越高。与网络营销中的低端价格战背道而驰,将有限的紫砂泥土用于生产正规化的中端产品,打造紫砂品牌;并在高端产品系列中,支持陶艺名家的作坊制与工作室,成为国际陶艺领域的一部分。

宜兴紫砂的时代转换以艺术家葛军为例,他以纪念中国人民解放军授衔50周年为出发点,创作"将军壶",造型采用了长城烽火台等元素,在立意上符合当代审美和时代背景;另一组金钱豹造型的茶壶,通过釉彩的装饰技法,从传统宜兴紫砂对瓜果树木的象生造型转变为对动物毛发的模仿,造型具有现代感,实现了宜兴紫砂的当代转换。

如何在当下将传统紫砂工艺与时代元素结合是宜兴紫砂需要面临的挑战。波特格尔陶的跨区域之变和本土化是宜兴紫砂工艺在跨区域传播中的典范,为宜兴紫砂在跨时代传统手工艺转换方面提供了很好的经验借鉴。结合传统与当代艺术的时代语境、装饰技法和社会文化,在互联网时代将名家、大师的工作室生产模式平台化、特征化、精品化,成为当下紫砂发展的一个新方向。

---

① 朱翊叶、王拓:《非遗的产业化保护与非遗生态的构建——以宜兴紫砂的发展现状为例》,《中国艺术时空》,2018年第5期。

第八章

异域重构：明清陶瓷的欧洲图像记忆与风格转译

传播到欧洲的中国陶瓷历史最早可以追溯到13世纪，在马可·波罗的游记中提到中国的德化白瓷，在1295年被带回意大利，意大利威尼斯的圣马可教堂至今也有相关中国早期白瓷的收藏，尽管其是否是马可·波罗提到的这件仍有待考证。中国的陶瓷还曾多次作为欧洲各地区之间，或欧洲与北非间礼物馈赠的重要组成。[①]

自15世纪以来，中国的瓷器及其风格仿制品在欧洲绘画中频频出现。

早期：15—16世纪欧洲绘画中的中国陶瓷往往出现在文艺复兴的主要地区，即意大利画家作品中，多为宗教主题。在一幅作品中通常以一件或较少的几件瓷器作为背景，具体在画面中体现为以下两类职能：一，宗教或神话题材表现的主题人物餐饮用具，如乔凡尼·贝利尼（Giovanni Bellini）等根据古罗马诗人奥维德（Publius Ovidius Naso）诗歌创作的《诸神的宴会》；二，参与宗教礼仪的器物，如丁托列托（Tintoretto）的《耶稣为门徒洗脚》中明代早期风格的青花缠枝莲瓷盆，曼坦尼亚（Andrea del Mantegna）的《三博士来拜》中具有中国青花瓷杯造型及装饰风格的器物等。

鼎盛时期：17世纪欧洲绘画中的中国瓷器及仿品日益繁多，成为荷兰及周边地区静物画中的流行元素。在威廉·卡尔夫（Willem

---

① 王静灵：《17世纪欧洲绘画里的中国陶瓷及相关问题》，载上海博物馆编《东西汇融——中欧陶瓷与文化交流特集》，上海：上海书画出版社，2021年，第37—38页。

Kalf）等荷兰及弗兰德斯静物画家的画作中，克拉克瓷盘、折沿碗等常以一种微倾斜的角度置于桌面，盛放食物。[1] 在维米尔《窗边读信得女子》等荷兰风俗画中，类似的中国青花器物也多次出现，体现了其在欧洲的收藏陈设、餐饮实用，以及与社会生活结合的多元再现。

延续与发展：18世纪以来，欧洲绘画中依然常有中国瓷器的再现，延续了此前中国瓷器的静物陈设及与人物生活、家居等组合的方式。

千百年来，瓷器是世界上备受尊崇和被广泛仿制的器物，并在世界文化交流中居于重要地位。作为跨越遥远距离的物质媒介，陶瓷促成欧亚大陆间艺术象征、主题、图案的同化与传播。[2] 中国陶瓷的装饰，不仅成为欧洲画面中的记忆，也在东西方的交流中不断发展，成为共同书写的回忆和文化交流的历史见证者。欧洲的画家们还将设计融入瓷器图稿，如荷兰的画家兼设计师考纳利斯·普龙克（Cornelis Pronk）曾借鉴欧洲流传的明清释道人物形象，进行创新设计。普龙克的图式不仅运用到相关释道人物形象，颇具异域情调，又在人物组合和场景设置中，巧妙地结合了欧洲本土审美理念。此外，一些在中国生产的瓷器，又在荷兰进行二次彩绘装饰，被称为"阿姆斯特丹邦特瓷"，成为东西方陶瓷绘画的共同载体。

第一节　图像记忆：《视觉的寓言》绘画中的明代瓷器

随着航海技术的进步和世界是悬浮球体的发现，1494年以西经41°—45°之间分界，即教皇子午线，分界线以东发现的新大陆归葡萄牙所有，以西发现的归西班牙所有。明朝正德时期，葡萄牙人率先出现在中国的南海之滨，来到大明朝的广州与中国商人进行直接贸易。1580—1640年，葡萄牙被西班牙所侵占，西班牙人遂控制着海上大宗贸易。尼德兰地区，即低地国家，包括北部的荷兰

---

[1] Donna R. Barnes, Peter G. Rose, *Matters of Taste: Food and Drink in Seventeenth-Century Dutch Art and Life*, Albany and Syracuse: Albany Institute of History & Art and Syracuse University Press, 2002, p. 12.

[2]（美）罗伯特·芬雷著，郑明萱译：《青花瓷的故事：中国瓷的时代》，海口：海南出版社，2015年，第6—7页。

和南部的弗兰德斯地区（今比利时、卢森堡等地）。16世纪，西班牙国王查理五世（Charles V）出生在今比利时地区，从祖母处继承了对尼德兰地区的统治权，随后其子嗣也继承了对尼德兰地区的统治权。

17世纪的欧洲，当艺术从文艺复兴走向巴洛克时期，尼德兰地区绘画成为一颗璀璨的明珠。随着海上贸易的兴起，以中国晚明外销青花瓷为主的多种东方元素，逐渐流行于尼德兰地区的静物画、风俗画等作品，有张扬的陈设，也有隐喻的表达，反映了海上丝路贸易背景下东西图像的交融与艺术再现。

西班牙普拉多博物馆藏《视觉的寓言》（图8-1）是鲁本斯和老扬·勃鲁盖尔在1617—1618年共同完成的画作，画面高大壁柜中隐现了数件中国青花瓷器，即晚明中国南方地区所生产的外销瓷器，经海上贸易抵达欧洲。这幅作品中的柜子是以克拉克瓷器为代

图8-1 《视觉的寓言》 鲁本斯、老扬·勃鲁盖尔 普拉多博物馆藏

表的晚明外销瓷与欧洲传统宗教人物绘画多元组合呈现式样。随着瓷器贸易量的剧增和贸易对象的变动，晚明外销瓷在荷兰等地的静物画、风俗画中以更为自由的形式呈现，从单个的主题到组合使用，具有不同背景及隐喻。本书从普拉多博物馆藏画出发，结合17世纪中国外销瓷在欧洲绘画中的镜像呈现，综合审视跨文化艺术的形成及其本土化变迁。

一、东西方的交汇：奢华静物画、虚空派与东方元素

来自近东及远东的物品，因贸易的繁荣融入欧洲的生活。17世纪欧洲理解的"东方"，指起始于非洲大西洋海岸的伊斯兰世界，至日本最北部诸岛屿的广大区域。[①]"东方元素"包括了从近东波斯或土耳其的织物到印度乃至中国的器物。瓷器是贸易中重要的物品，来自中国的瓷器随着贸易量的激增，渐融入当地生活，再现于地方绘画。

弗兰德斯地区兴起的静物画，早期多以普通蔬果为主题。自17世纪以来，随着海上贸易的兴起、新奇的异域物品的盛行，如扬·达维兹·德·海姆（Jan Davidsz de Heem）（图8-2）、简·凡·凯塞尔（Jan van Kessel）等画家的作品中，经常展示有来自土耳其的郁金香，新大陆的海螺和鹦鹉螺的壳，塞维利亚的橙子、柠檬，具有异域情趣的鹦鹉，以及中国的青花瓷等昂贵的进口商品。这些集中了世界各地的美食、奇鸟等奢侈品的静物画被称为"豪华静物画"（pronk），画面丰富、琳琅满目，在此时期弗兰德斯绘画中尤其盛行。随着荷兰和弗兰德斯两地画家的流动性，如威廉·卡尔夫的绘画作品中同样展现了大量来自中国的青花瓷器。这些来自遥远东方的异域元素渐成为整个尼德兰地区静物绘画中流行的元素，一方面是贵族阶层的财富象征，这也是"pronk"本意"卖弄、招摇的"的体现，和"pronk"相对的是盛行在荷兰静物画中的"瓦尼

[①] （英）迈克尔·苏立文著，赵潇译：《东西方艺术的交会》，上海：上海人民出版社，2014年，第11页。

图8-2 《水果、青花瓷和鱼的静物》 扬·达维兹·德·海姆 比利时皇家美术馆藏

塔斯"（vanitas），即虚空派，意指空虚松散、无意义的尘世生活和转瞬即逝的虚荣，一些由瓷器盛放水果的静物画有时候也表现了这种易于逝去情绪；另一方面以饮食为题材的静物也很好地适应了家庭中餐厅的摆放，迎合了顾客群体的需求。此外，瓷釉表面光亮的效果，符合了巴洛克时期画家们对光线明暗对比关系的追求。那些华丽的波斯地毯、光亮的瓷器、鲜艳的水果、奢华的金银器等器皿在画面中相得益彰。

二、型与数：《视觉的寓言》壁柜中的明代瓷器

在17世纪弗兰德斯地区安特卫普的王侯府邸发展起来一种欧洲艺术收藏类别的绘画，被称为"艺术馆"或"珍宝馆"。由老扬·勃鲁盖尔开创，是弗兰德斯地区独有的绘画种类。当时的弗兰德斯地区仍处在西班牙的统治之下，信奉天主教，天主教中对物

质世界的敬意也看作对心灵洞察力的尊崇。①鲁本斯和勃鲁盖尔合作的《视觉的寓言》属于《五种感官》系列作品之一，用于赠送给西班牙的安布斯堡家族大公夫妇阿尔伯特（Albert）和伊莎贝娜（Isabella）。

画面中心是圣母子，圣母旁的桌面铺设了色彩华丽的具有仁爱象征的波斯地毯。桌子上摆放了绘有大公夫妇像的相框，一只极为精美且经欧洲金属镶嵌工艺加工的克拉克瓷碗，被放置在相框的正前方，显示了其珍贵和东方异域元素。相框后方是一件梨形瓶，即玉壶春瓶的造型。和中国本地瓷器造型相近，在荷兰订单中也称为波斯瓶，即此类器型和波斯中亚等地区汲水器皿形似，在贸易中偏向中东市场。②画面左侧壁柜中的瓷器基本涵盖了明代晚期盛行的克拉克瓷器的多种器型，碗盘居多，以层层相叠的形式堆放。在盘子旁边还同时放置了一件球状口流的军持（图8-3）。

三、画里画外：收藏、使用与重组

《视觉的寓言》画面空间营造和家具摆设中赋予了多种异域元素，这些来自遥远东方及近东的舶来品彰显了作品主人的丰富收藏，如色彩华丽的波斯毛毯、窗外庭园中的孔雀、克拉克瓷等。

画中的瓷器可能选自伊莎贝娜从她父亲那里继承的300多件瓷器，另一种可能是来自西班牙国王菲利普三世（Felipe Ⅲ）的馈

① （美）H. W.詹森著，艺术史组合翻译实验小组译：《詹森艺术史》，北京：世界图书出版公司，2013年，第707页。

② 陈昌全：《玉壶春瓶考》，《文物鉴定与鉴赏》，2010年第11期。

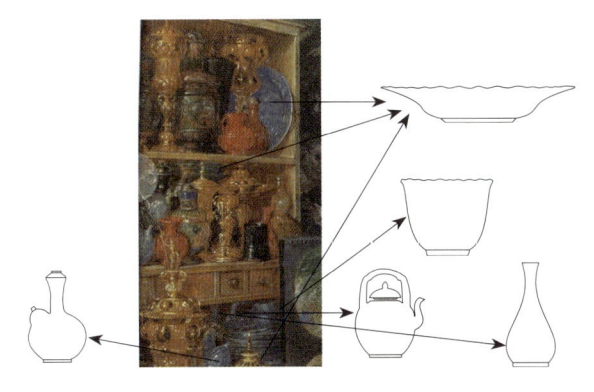

图8-3 《视觉的寓言》局部瓷器类型

① Jan van Campen, Titus Eliens, eds., *Chinese and Japanese Porcelain for the Dutch Golden Age*, Zwolle: Waanders Uitgevers, 2014.

赠，包括912件瓷盘、27件瓷壶、660个小碗等。①《视觉的寓言》体现了克拉克瓷器最初在欧洲的收藏功能，壁柜展示的方式受到中东地区收藏方式的影响。随着克拉克瓷器在海外市场数量的不断增加和价格的逐渐降低，画面中出现的这些碗盘，也渐渐走入日常餐饮。

四、图绘中国瓷器的原型及广义象征

大航海时代背景之下，葡萄牙商人直接到达中国，亚洲物品包括中国瓷器也被更多地运往欧洲，中国瓷器抵达欧洲的数量已远超此前。相较于其他图像中的瓷器表现形式和功能，《视觉的寓言》画面中的瓷器器型多样，体现了晚明时期中国外销瓷的主要类型及装饰风格，也反映了财富的所属性。这类器物绘画既来源于实物原型，也是广义的象征。最为精细的器物通常带有欧洲的金银镶嵌工艺二次加工，并出现在画面的相对重要的主题人物手中或相片前，凸显了其人物的身份，以贵重器皿加强对主题人物的烘托，这一点与早期宗教题材画作上的中国瓷器具有可比性。

《视觉的寓言》画面橱柜上用于插花的鹿纹开光克拉克瓷罐（见图8-1），与其他外销瓷器形成纵深构图，关于这件瓷罐是否属于伊莎贝娜的瓷器收藏或许仍有待商榷，但值得注意的是，在同期鲁本斯和老扬·勃鲁盖尔两位画家共同完成的五种感官系列画作中的另一幅《嗅觉的寓言》（图8-4）中，这件鹿纹开光克拉克瓷罐同样以花瓶的形式出现。此外，在维也纳艺术史博物馆收藏的老扬·勃鲁盖尔另外一幅独立的花卉静物中，这件鹿纹开光克拉克瓷罐同样以插花的形式再现。②这类带有开光的瓷罐是克拉克器型中常见的类型，而器物主题纹样为鹿纹，这也是克拉克瓷器中颇为常见的装饰题材。

壁柜中的瓷器多样，底层堆起的一摞青花瓷盘上摆放着3个瓷碗，盘、碗的外壁可见克拉克的开光设计。尽管盘、碗的纹样并不

② Karina H.Corrigan, Jan van Campen,, Femke Diercks,eds., *Asia in Amsterdam: The culture of luxury in the Golden Age*, Amsterdam: Peabody Essex Museum, Salem, Massachusetts, and the Rijksmuseum, 2015.

图8-4 《嗅觉的寓言》 鲁本斯、老扬·勃鲁盖尔 普拉多博物馆藏

易辨识，但类似的造型与装饰在同期瓷器收藏中数量颇丰。盘、碗一侧摆放着有球状口流的军持，造型和开光装饰也与传世克拉克军持相近，碗盘后方依稀可辨提梁壶与梨形瓶，也都是晚明外销瓷常见器型。壁橱顶层右边的金属器皿后面还侧立着摆放了一件独特花卉纹样的瓷盘，加强了陈设的装饰性。在吕伐登的公主瓷器博物馆中也收藏有类似的晚明外销瓷盘。[①]相框侧面的梨形瓶也可以在西班牙、荷兰、德国等其他欧洲国家的收藏中找到类似器物，且瓶颈部的璎珞纹和腹部的开光等吉祥纹样都趋于一致，具有克拉克装饰的普遍特征。

尽管在这一时期及之后很多的欧洲油画中的克拉克瓷器纹饰不能清晰地被辨识，甚至出现是否是欧洲仿制的釉陶，或来自日本等其他窑口的作品，但在17世纪早期，特别是《视觉的寓言》创作完成的1617—1618年，日本有田等制瓷要地尚未开始仿制晚明克拉克瓷器，而欧洲釉陶也没有开始对大量风格化的克拉克瓷器进行仿制。在画面强调收藏品的壁柜中所展示的克拉克瓷器，与收藏者所拥有的克拉克瓷器关系紧密。当然，在有限的画面尺幅中，壁柜中收藏的克拉克瓷器数量远不及伊莎贝娜关于晚明瓷器的真实收藏数量，但在器物类型的分析中，可以发现几乎所有代表性的器型都以组合的形式出现在画面中，这种刻意的选取和构图似乎并不只是为了单纯再现一个真实的收藏壁柜，更是透过

① Teresa Canepa, *Silk, Porcelain and Lack: China and Japan and their Trade with Western Europe and the New World 1500-1644*, London: Paul Holberton Publishing, 2016.

壁柜的藏品去展示其收藏的丰富类型和优秀品质，壁柜中的各类克拉克瓷器俨然成为收藏的代表，一种广义的象征。

五、瓷器、镜像与图像记忆

装饰特征明显的克拉克瓷器大量地出现在绘画作品《视觉的寓言》中的壁柜等地，如镜面影像般地反映了这个时期的瓷器贸易背景，西班牙与葡萄牙、弗兰德斯等地的关系，以及画作所属者的收藏和当时的室内陈设。当然，画家在描绘时也对对象做出了主观的选取，克拉克瓷器各类器型、不同功能的丰富呈现，金属镶嵌对其造型的改变等，又在客观描绘真实原型的同时具有广义的象征意义，并体现了镜像呈现的四种形式：一，原始器物的器型与象征，不仅再现器物本身，也是综合呈现其收藏的整体性；二，异域使用的功能展现，如画面壁柜中的克拉克瓷收藏和克拉克瓷罐作为花插的使用等，都体现了不同的地域环境影响下文化嫁接的镜像呈现方式；三，欧洲绘画中的器物描绘根据真实表现与否、主题呈现或背景隐喻体现了其镜像呈现的多维空间；四，特定器物的多重呈现与镜像焦点，相似风格的器物模拟及在绘画中的混淆使用，特别是克拉克瓷罐这一相同器物作为画家在其不同画面中反复表现的内容，从画面衬托变成刻绘主题，成为镜像呈现的焦点。

第二节 "中国风"的序曲：荷兰风俗画与东方隐喻

16世纪，欧洲宗教改革运动时期的基督教新教加尔文宗，传布于苏格兰、荷兰等地，为尼德兰革命提供了理论依据。北部的荷兰地区，在威廉·奥兰治（William Hendrick van Orange）的领导下，推行新教改革，反对罗马教廷出售赎罪券，发动"破坏圣像运动"等活动，荷兰也逐渐成为第一个资本主义国家。市场化的商品经济发展，导致荷兰的画家们一方面摆脱了对赞助人的依附，另一方面又不得不直接面对市场竞争和公众的选择。由于宗教圣母像等传统题材很难适应信奉新教为主的顾客群体，荷兰画家需要作画再找到买主，并寻找新的适合新兴中小资产阶层挂在家中的创作题材。除了前文提到的静物画，风景的题材也很流行，特别是海景，以及反映真实生活的风俗画。这些画面尺寸都不是很大，以适合普通家庭的室内装饰。

荷兰风俗画正是在此时期衍生出来的一个重要绘画分支，这些画作展现了日常生活中的人和事。维米尔是这一时期荷兰风俗画画家中非常杰出的一位，忙于日常劳作的女性经常是其画面表现的主题，人物往往被定格在一个静止的瞬间。他善于对光影进行描绘，画作多以左侧的窗户取光，并可能借助暗箱光学实验的装置，因此在画面中对光的表现格外精准。衬托主体人物的画面其他地方同样运用织物和瓷器等东方元素，和流行的珍珠、玻璃、金属器皿类似，瓷器的曲面如画，呈现出绚丽多变的光斑效果。

风俗画在真实再现生活的同时，其所具有的隐喻性又传达了画面之外的更多声音。以维米尔《窗前读信的少女》（图8-5）为例，收藏在德累斯顿国家艺术收藏馆，画面绘制了一位静立的读信少女，少女的面庞朦胧地映射在打开的一扇窗户上，信的内容并不可见，但可以推测出是一封情书。背景灰白的墙面上曾绘画了具有爱情寓意的丘比特，但最终这一直白的明喻图像被画家涂去。少女读信时的忐忑心情通过一侧桌上凌乱散落、具有隐喻性的果盘得以体现。这些水果盛放在一个中国外销青花瓷盘中，瓷盘下是来自土耳其的毛毯。画面表现的一个室内空间，画家却通过这些元素将观赏者的视野引领出画室。事实上，当时的荷兰男性大部分在从事东印度公司相关的海外贸易，画家家族中也有三位表亲供职于荷兰东印度公司，而这样的来自近东和远东的瓷器、毛毯等正是贸易的舶来品。

在17世纪荷兰另一位画家伦勃朗·哈尔曼松·凡·莱因

图8-5 《窗前读信的少女》 维米尔 德累斯顿国家艺术收藏馆藏

（Rembrandt Harmenszoon van Rijn）的绘画中，也同样有着东方元素装点。比如他的《刺杀参孙》中，从人物的着装到饰品，充满了近东地区东方式的华美。他还热衷收藏近东器物，并将这些藏品作为画中的道具。有意思的是，伦勃朗还专门创作过一幅名为《东方人》（图8-6）的画作，画中的人物形象来自他经常绘画的模特，但衣着、缠裹的头巾及头上的饰品都来自近东地区。[①]

从近东地区的织物到远东的瓷器等，从各类瓜果饮食到生活家居器皿等，在宗教改革和海上争霸的背景中，东方元素是17世纪的尼德兰地区绘画中常见的组成部分。这些融入当地生活和艺术的中国外销瓷以晚明青花瓷为主，也不乏清初瓷器，既用以在静物绘画中盛放画家精心选定的一组物品，以表达共同的主题，或炫耀浮夸、或衰败虚荣等；也出现在以人物为主的风俗画中，在丰富画面的同时，更隐喻地传达了该历史时期的经济、贸易和文化交流。

[①] 上海博物馆编：《伦勃朗与黄金时代：荷兰阿姆斯特丹国立博物馆藏珍》，上海：上海古籍出版社，2007年，第19页。

图8-6 《东方人》 伦勃朗 荷兰阿姆斯特丹国立博物馆藏

第三节 风格转译：明清释道人物瓷器的欧洲流传与普龙克图式再现

传统释道典型人物形象以青花、白瓷等瓷塑及瓷绘的形式表现，是明清陶瓷宗教人物形象常见的艺术表达方式。随着中欧海上丝路陶瓷贸易的发展及收藏之风盛行，形象生动、颇具异域情调的宗教人物类瓷器也流传海外。荷兰普龙克所设计的博士、持伞仕女、亭台妇童等图式，多与此关联。这类在中国具有特定含义的瓷器最终在东西方的跨文化背景下，发展为东方风格内涵转译的典型，奏响欧洲"中国风"篇章的序曲。

一、明清释道人物瓷器及海外流传

明清统治者在宗教政策上秉承传统，三教并存发展，在不同皇帝统治期又因个人喜好略有偏倚，明清瓷器中释道人物多以瓷塑及瓷绘装饰表现。明正德九年（1514）葡萄牙人率先来到广州，开启欧洲和亚洲直接贸易之门，明清瓷器释道人物得以在海外流传，具体可分为两个收藏时期：第一阶段是在17—18世纪海上丝路贸易，第二阶段为19—20世纪的后续收购。早期收藏群体以王室贵族为主，随着贸易量的锐增而扩展到欧洲艺术家、商人等大众群体。

（一）瓷塑与瓷绘：释道形象的表征

陶瓷释道造像多出于民窑，宫廷烧造实例不多，文献中偶提烧造瓷塑观音像等。如清代方以智《通雅》载："窑变则时有之报国寺观音窑变也。"[1] 另有《天府广记》载："窑变观音仅高尺许，宝冠绿帔，瞑而右倚，以手承颐，宛是吴道子妙画。"[2] 除特定官窑定制外，大部分释道人物瓷塑由民窑制作。造像种类多为佛教观音像、弥勒佛，道教八仙、真武帝、文昌帝等，既用于专门的宗教公共道场，也用于皇廷官宦家私人礼佛等不同场所。

明清释道人物瓷塑包括景德镇窑青花瓷、青白瓷、红绿彩瓷，德化窑白瓷，磁州窑人物瓷塑，山西法华人物瓷塑等，以青花和白瓷最为常见。如天津博物馆藏明成化青花僧人像（图8-7）及明正德青花真武大帝像（图8-8）。青花僧人像是明代宗教人物造像中年代较早的一尊，通高21厘米。穿右衽直缀僧衣，即将偏衫与群裳合缀而成的僧服，领部绘青花如意纹，头戴僧冠。左手施无畏印，须弥座以青花饰松叶、火珠纹等。[3] 真武大帝像高26厘米，底座绘玄（真）武纹，十字火焰及火轮纹样等。[4] 真武大帝，也称玄天上帝（玄武帝），道教四帝之一，《楚辞·远游》《重修纬书集成》中皆有记载，明代《大岳太和山志》中载："真武玄天上帝，有护国翊运之功。"[5] 另有释道塑像如德化白瓷观音、弥勒佛及道

[1]（清）方以智：《通雅》，清光绪十一年刻本，卷三三。

[2]（清）孙承泽：《天府广记》，清钞本，卷三八。

[3] 天津博物馆编：《青蓝雅静——馆藏明清青花瓷器陈列》，北京：文物出版社，2013年，第30页。

[4] 天津博物馆编：《青蓝雅静——馆藏明清青花瓷器陈列》，北京：文物出版社，2013年，第35页。

[5]（明）任自垣：《大岳太和山志》，明宣德刻本，卷一五。

图8-7 明成化青花僧人像
天津博物馆藏

图8-8 明正德青花真武大帝像
天津博物馆藏

教八仙等造像,以何朝宗白瓷观音尤具盛誉。

大英博物馆收藏有奥古斯塔斯·沃拉斯顿·弗兰克斯爵士（Sir Augustus Wollaston Franks）捐赠的晚明万历青花寿星瓷塑,高34厘米。另有青白瓷吕洞宾及青花、白瓷何仙姑小像等八仙瓷塑,底部均有嘉靖民窑"富贵佳器"四方款识。[1]此外,山西法华人物瓷塑在欧洲也有流传,多来自19—20世纪初的收藏,常见铭文,带有祈愿等功能。

除了瓷塑外,碗、盘等日用器型外销瓷中也常以释道人物图像装饰,分主题绘画及组合题材两类。如大英博物馆藏晚明万历青花瓷盘,盘心绘布袋和尚,背后篆书"寿"字,盘外绘灵芝纹。另有天启年间的刘海戏蟾青花瓷盘、老子骑牛的青花方器等,均为弗兰克斯爵士捐赠。[2]麻姑献寿及西王母等女性形象也是外销瓷盘中常见的主题装饰图像,多见于欧洲宫廷旧藏。明清外销瓷释道人物的组合题材形式多样,道教瓷绘装饰图像以八仙祝寿最为常见,盛行于清代康熙外销瓷。佛教人物中,和尚形象常见的两种组合形式如下:其一是"扫象"主题装饰(图8-9),主要出现在晚明外销

[1] Jessica Harrisson-Hall, *Catalogue of Late Yuan and Ming Ceramics in the British Museum*, London: British Museum, 2001, p. 355.

[2] Jessica Harrisson-Hall, *Catalogue of late Yuan and Ming ceramics in the British Museum*, London: The British Museum Press, 2001, pp. 324-325.

克拉克瓷盘及清代五彩瓷器上，在德累斯顿国家艺术收藏馆、柏林亚洲艺术博物馆、普林森霍夫博物馆中都有相关旧藏。"扫象"最早可追溯到六朝和唐初，是晚明时期盛行的绘画题材。丁云鹏曾绘有多幅相关主题作品，"扫象"画面常表现和尚给大象清洗的场景，以其谐音喻指"扫除虚幻图像"。"扫象"也是明清时期农历六月六的风俗，以此活动得心中纯净。[1]在明清版画中也有这类图像，集前人之笔墨，成为母题文本（图8-10）。[2]其二为康熙时期外销瓷中盛行的《西厢记》《水浒传》等叙事性主题故事，在这类图像中，因为叙事题材中的和尚形象，往往成为图像识别中的参考。

（二）帕哥登：误读的异域东方

18世纪的欧洲收藏者称这些独具风格、异域特征浓郁的东方释道人物形象为"帕哥登"（pagoda），即东方宝塔的衍生词汇。如德累斯顿国家艺术收藏馆的档案中记载，1727年的4月24日萨克森选帝侯奥古斯特强力王从华沙购买收藏了两件印度帕哥登，并

---

[1] James Cahil, *The Distant Mountains: Chinese Painting of the Late Ming Dynasty, 1570-1644*, New York: Weatherhill, 1982, p. 219.

[2] （明）顾炳摹辑：《顾氏画谱》，北京：文物出版社，1983年。

图8-9　明转变期青花瓷盘　普林森霍夫博物馆藏

图8-10　明代版画《扫象图》，《顾氏画谱》双桂堂版本

放置于荷兰宫殿（今日本宫）。① 文献记载所描述的为两件清代宗教人物瓷塑，包括一件三头十八臂德化白瓷菩萨像（准提佛母），而在上述相关历史档案记载中被认为来自印度。人物瓷塑的具体描述在18世纪的欧洲经常出现这样的混淆和误读，帕哥登则成为亚洲舶来品收藏展示中的诗意表达。

对于欧洲18、19世纪之后陆续收藏的明清释道人物瓷器，至今仍存在识别中的误读。如法兰克福应用艺术博物馆藏明嘉靖青花瓷文官像（图8-11），通高36.7厘米。所穿官服自领至裔（衣服边沿）去地一寸，袖长过手复回至肘，袖口九寸。衣袍中间为明代二品文官补服图案皆用双禽锦鸡，回首相应。周围有十字祥云纹，补子之下为丁字云纹。这样的明代文官形象，多为道教文昌帝。但因其右手持小扇，可推知为吕祖，即吕洞宾，所戴类似文吏梁帽实为道教纯阳巾。② 在欧洲20世纪90年代相关研究中，曾根据其手持扇子被推测为道教人物钟离权。③ 由此可见，欧洲在接受中国释道人物瓷器的过程中，宗教意义始终处于一种被抽离的状态，而更多地关注作为"异象"或"异国情调"的典型东方形象。

图8-11 明嘉靖青花瓷文官像 法兰克福应用艺术博物馆藏

二、释道人物瓷器的欧洲贸易、功能与仿制

颇具异域情调的明清释道人物瓷器在欧洲贸易中得以广泛流传，并融入欧洲宫殿装饰，亦被仿制生产，误读的宗教形象与想象的东方世界相互融合。

① 档案记载：Inventory of 1727, "2 St(ück) Ind(ianische) Pagoden", in Anette Loesch, Ulrich Pietsch, Friedrich Reichel, *State Art Collections: Dresden Porcelain Collection*, Dresden: Dresden Porcelain Collection, 1998, p.29.

② 此件吕祖形象瓷塑，由中国社会科学院杂志社姜子策先生讨论确定，特此致谢。

③ Gunhild Avitabile, Stephan Graf von der Schulenburg, *Chinesisches Porzellan: Aus Beständen des Museums für Kunsthandwerk Frankfurt am Main*, Frankfurt am Main: Museum für Kunsthandwerk, 1992, p.28.

（一）世俗消费：弥勒佛瓷塑与灯座装饰

明清释道人物瓷塑多用于宗教供奉，也有长寿、祥瑞之寓意。这些流传于欧洲的相关释道人物瓷器则以异域情调的人物图像起到多种装饰性功用，特别是宫殿的建筑及陈设装饰，从而弱化其产出地本土的宗教寓意。尤其是造型特别的弥勒佛形象，18世纪50年代，英国家具设计师约翰·林内尔（John Linnell）设计了一款更衣室壁炉台上的镜子，其托架则由这些瓷像装饰。类似的弥勒佛瓷塑也曾用于欧洲宫廷晚会灯座，以及其他室内装饰。在约1730年德国奥格斯堡完成的铜版画（图8-12）中，宴饮桌上摆放着十几件弥勒佛瓷塑改造的灯座。画面为约翰·克里斯蒂安·利奥博德（Johann Christian Leopol）绘制，画面记录了1729年1月11日一场命名为"中国节日"的活动场景。[1]

（二）仿制与创新

随着欧洲瓷器的发展和中国瓷器在欧洲的收藏，特别是尺寸偏小的弥勒佛、观音等白瓷瓷塑，以及在明清外销瓷碗、盘上所绘释道人物等流传，18世纪的欧洲陶瓷生产中出现了很多相关的主题形象，包括翻模制作、模仿制作、创新制作三类。1710—1715年，麦森瓷厂曾以萨克森宫廷收藏德化白瓷观音像为模仿对象，由波特

---

[1] Staatlichen Schlösser, Gärten Baden-Württemberg, eds., *Die Blau-Weißen Asiatischen Porzellan in Schloß Favorite bei Rastatt*, Baden-Württemberg: Band 1, K.F. Schimper-Verlag, 1998, p.16.

图8-12 "中国节日"铜版画 约翰·克里斯蒂安·利奥博德

格尔等人先后尝试以黑陶和白瓷翻模制作，烧成后由于收缩关系尺寸大概为原件的77%。[1]荷兰代尔夫特地区在1720—1740年，也曾根据其陶瓷收藏以釉上彩软质瓷制作完成相似的弥勒佛像，高度在19.5厘米，瓷塑具有典型的东方式样，也可能受到荷兰旅行家约翰·尼尔霍夫（Johan Nieuhof）出版的到访中国旅行版画的影响。[2]约翰·尼尔霍夫曾在1655—1657年随荷兰使团拜访大清顺治皇帝，完成了从广州到北京2000余公里的旅程，于1665年有《荷兰东印度公司使节初访大清帝国记闻》出版，并在1666年出版德文版。[3]1680—1685年的代尔夫特釉陶还曾有以其版画中和尚谒见佛祖的礼佛图场景作为绘画装饰的粉本。[4]随着欧洲陶瓷生产技术的不断进步，麦森等欧洲瓷厂还相应创新出一系列具有欧式风格的弥勒佛等释道人物形象，并应用在瓷塑和瓷绘中（图8-13）。宗教人物与其他中国帝王、官员等形象同作为具有东方情趣的组合图样，迎合市场需求。

三、普龙克瓷器中释道宗教人物图像及转义

在借鉴欧洲流传的明清释道人物形象的创新图式中，普龙克的图式中不仅运用到相关释道人物形象，颇具异域情调，又在人物组

[1] Ulrich Pietsch, *Meissener Porzellan und seine Ostasiatischen Vorbilder*, Leipzig: Edition Leipzig, 1996, p.62.

[2] Jan van Campen, Titus Eliens, eds., *Chinese and Japanese Porcelain for the Dutch Golden Age*, Zwolle: Waanders Uitgevers, 2014, p. 246.

[3] Johan Nieuhof, John Ogilby, *Die Gesantschaft der Ost-Indischen Geselschaft in den Vereinigten Niederländern an den Tartarischen Cham und nunmehr auch Sinischen Keiser*, Amsterdam: Buch-und Kunst-händlern alda, 1666.

[4] Jan van Campen, Titus Eliens, eds., *Chinese and Japanese Porcelain for the Dutch Golden Age*, Zwolle: Waanders Uitgevers, 2014, p. 243.

图8-13　瓷塑佛像　麦森瓷厂藏

合和场景设置中，巧妙地结合了欧洲本土审美理念。

17世纪以来，随着荷兰东印度公司的成立，荷兰在中欧贸易中具有重要的主导性。普龙克曾在1734—1738年受聘于荷兰东印度公司，并专门设计了四款纹样，分别完成于1734年、1735年、1736年、1737年。四款纹样样稿被荷兰东印度公司带到亚洲，在景德镇、广州等地以青花、粉彩及中国伊万里等多种装饰手法绘制完成，少数由日本有田窑烧制，完成后再销往欧洲。尽管这些特制的商品只占据出口的小部分，但在荷兰及欧洲其他地区颇受欢迎，争相收藏，成为从真实的明清释道人物瓷器出发，经由设计师改造与欧洲"中国风"主题结合的成功案例。

四款纹样以字母A—D分类：A.持伞仕女，于1734年完成，并在1735年送至荷兰东印度公司在亚洲的贸易枢纽地雅加达地区，1736年被荷兰东印度公司分别带至中国和日本；B.博士（图8-14），也称为博士觐见皇帝，于1735年完成设计，1737年才抵达中国广

图8-14　博士纹样　考纳利斯·普龙克
格罗宁根博物馆藏

州，待第一批订单制作完成后，在1738年将这一图样再次送到中国，这个图像用于碗、盘、杯、碟等多种器型，1739年，这一主题的简化版设计稿再次被寄送出；C. 目前已遗失待考；D. 亭台妇童，于1737年完成，并在1738年送往广州。四款纹样是根据东方人物形象，结合巴洛克风格而完成的设计图样。①

普龙克在1734—1738年为东印度公司设计的一系列经典瓷器样式之一。博士纹样常以青花或粉彩装饰盘、碗、瓶等器型，画面描绘花园中三或四位男性形象围坐在桌边，桌上多放有此期盛行的中国外销青花瓷盘，也曾被认为是几位学者觐见皇帝之情境（图8-15、图8-16）。尽管画中人物五官皆为西方人物形象，但画面内容来自中国释道人物，如人物穿着接近佛教和尚装扮。当然，这样的人物场景设置与荷兰此前收藏的法华瓷罐有相近之处，该罐制于16世纪明代中期，上面有道教"三星对弈"图像及西王母，被推测为普龙克四博士图像的一种参考。② 此外，画面内容或可追溯到宋话本《三酸图》，辗转由日本传入欧洲，即以北宋苏东坡与黄庭坚、佛印同品"桃花酸"分别代表了儒释道三教对人生的态度。儒以酸，需教化正形；释以苦，道以甜，只是自寻烦。③ 此外，儒释道组合的人物题材在明代的绘画中也曾出现，如现藏

① C. J. A. Jörg, *Pronk Porcelain: Porcelain after Designs by Cornelis Pronk*, Groningen: Groninger Museum, Haags Gemeentemuseum, 1980, p.26.

② C. J. A. Jörg, *Pronk Porcelain: Porcelain after designs by Cornelis Pronk*, Groningen: Groninger Museum, Haags Gemeentemuseum, 1980, p.31.

③ 倪亦斌推论此图来自《三酸图》，详见杨桂梅：《明清外销瓷装饰图像的题材——以英国两大博物馆所藏中国瓷器为中心》，载吕章申主编《瓷之韵：大英博物馆、英国国立维多利亚与艾伯特博物馆藏瓷器精品》，北京：中华书局，2012年，第54页。

图8-15 清乾隆粉彩博士纹样瓷盘 格罗宁根博物馆藏

图8-16 清乾隆青花博士纹样瓷盘 格罗宁根博物馆藏

于故宫博物院明成化帝朱见深所作的《一团和气图》等,内容则来自"虎溪三笑",以晋朝儒者陶渊明、高僧慧远、道士陆修静的典故阐释明代"三教合一"等宗教政策。当然,在普龙克纹样中并没有强调其人物的身份,且无特指,僧人形象与其他具有中国风的人物相组合,辅以青花瓷、庭园等东方元素构成其特定的场景,成为颇受欢迎的图样。此类图样不仅在荷兰地区深受欢迎,在英国维多利亚等地的博物馆都有相关藏品。在荷兰东印度公司的清单记录中,这种图样送到中国生产,由于制作费用昂贵,随后在1740年开始停止定烧,至1741年共有60套(371件餐具)绘此类图样的瓷器被运至荷兰。①

年轻的仕女形象也被广泛运用在普龙克绘制纹样中,主要有亭台妇童和持伞仕女两类主题,均在花园场景之中。"亭台妇童"式样的命名体现了其突出的画面建筑特征。这里出现的亭台建筑式样与18世纪欧洲"中国风"建筑"华埠"相关,如1730年前后在荷兰西部人口众多的城市哈勒姆花园中的"中国风"茶亭(图8-17),成为普龙克纹样的参考对象,而后麦森瓷厂也应用了这样的图式。②这类的茶亭建筑尽管是"中国风"式样,但体现的是典型的巴洛克建筑风格。如图8-18,图像中呈现的是两位(三位)中

① C. J. A. Jörg, *Pronk Porcelain: Porcelain after Designs by Cornelis Pronk*, Groningen: Groninger Museum, Haags Gemeentemuseum, 1980, p. 29.

② Richard Valencia, *European Scenes on Chinese Art*, London: Jorge Welsh Publisher, 2005, p. 51.

图 8-17 荷兰哈勒姆花园"中国风"茶亭

图8-18 清乾隆青花亭台妇童瓷盘 格罗宁根博物馆藏

国仕女在茶亭前赏花的场景，通常还会和两三个男童组合，这类图像仅出现在青花和粉彩的瓷盘定制中。持伞仕女同样来源于中国瓷器图像的母题（图8-19）。特别是有侍从持伞（华盖）的绘画组合，曾被认为是西王母图像的典型装饰元素。[1]事实上，明清外销瓷上的女性宗教人物形象如何仙姑、麻姑、西王母等也都以年轻的仕女形象绘画，和早期文本描述形象较远，特定人物的设定增添了其异域风情和文化渲染。这些图像也成为欧洲画家借鉴的样式，如法国宫廷画家弗朗索瓦·布歇（Francois Boucher）也在其"中国风"仕女形象创作中借鉴了外销瓷中的麻姑形象。[2]宗教人物的特指最终在普龙克图式中成为泛指的东方美人图像，并在中国和日本结合当地的绘画风格完成不同特色的系列瓷器。

总体来说，明清时期瓷器中的释道人物形象以立体瓷塑和平面瓷绘两种形式呈现。目前欧洲收藏的明清释道人物瓷器包括两方面来源，一部分是欧洲17—18世纪的外销瓷，以日用瓷器上的青花、粉彩等释道人物图像装饰居多，弥勒佛和观音等也有相应的小型瓷塑销往欧洲。在表现中既有单独的主题呈现，也不乏组合性装饰图像。另一部分是19—20世纪后续传入欧洲的相关收藏。对比

[1] C. J. A. Jörg, *Pronk Porcelain: Porcelain after Designs by Cornelis Pronk*, Groningen: Groninger Museum, Haags Gemeentemuseum, 1980, p. 25. 中央美术学院的李军教授指出，该图像和欧洲盛行的"圣方济各向小鸟传教"绘画主题在构图表现中也有相似处，图式有可能借鉴了欧洲传统绘画风格，加以本土化变迁，特此致谢。

[2] 李军：《焦秉贞、冷枚传派美人图与弗朗索瓦·布歇的女性形象》，《中国国家博物馆馆刊》，2020年第9期。

图8-19 清乾隆青花持伞仕女纹样瓷盘 格罗宁根博物馆藏

明清时期国内市场中常见具有宗教供奉功能、祥瑞寓意的释道人物瓷器，欧洲瓷器中的释道人物形象更以独特的风格而被偏好，用于宫廷日常及室内装饰，脱离了其原来的宗教含义及特征。欧洲陶瓷生产中对释道人物图像也有所仿制和创新，曾供职于荷兰东印度公司的普龙克制作完成的持伞仕女、博士、亭台妇童等四款纹样，在东亚地区作为定制瓷器的粉本，完成后再销往欧洲，人物图像受到明清瓷器中释道人物形象的影响，又结合欧洲盛行的"中国风"及巴洛克式样等风格，成为独具特色、中西兼具的创新式样，影响深远。

参考书目

一、中文文献

1.古籍

（夏）伯益撰，（东晋）郭璞注：《山海经传》，清乾隆嘉庆间镇洋毕氏刻经训堂丛书汇印本

（东周）屈原撰，（西汉）刘向编集，（西汉）王逸章句：《楚辞》，明隆庆五年豫章夫容馆重雕宋本

（西汉）毛亨传，（东汉）郑玄笺，（唐）孔颖达疏：《毛诗注疏》，清嘉庆二十年南昌府学重刊宋本十三经注疏本

（西晋）郭象注，（唐）成玄英疏：《南华真经注疏》，明正统刻道藏本

（宋）吴自牧：《梦粱录》，清嘉庆十年虞山张氏照旷阁刻学津讨原本

（元）脱脱：《金史》，清乾隆四年武英殿校刻本

（元）脱脱：《辽史》，清乾隆四年武英殿校刻本

（元）佚名辑：《古今杂剧》，日本大正三年京都帝国大学文科大学丛书影刻红印罗振玉藏覆元刻本

（元）张宪撰：《玉笥集》，清道光二十九年至光绪十一年南海伍氏刻粤雅堂丛书汇印本

（明）孔贞运辑：《皇明诏制》，明崇祯七年刻本

（明）谢肇淛：《五杂组》，明万历四十四年潘膺祉如韦馆刻本

（明）徐学聚：《国朝典汇》，明天启四年徐与参刻本

（明）严从简：《殊域周咨录》，明万历刻本

（明）严嵩：《钤山堂集》，明嘉靖二十四年刻增修本

（明）俞汝楫编：《礼部志稿》，清乾隆文渊阁四库全书

（明）余之祯：《吉安府志》，明万历十三年刻本

（清）陈浏：《匋雅》，民国七年排印静园丛书本

（清）方以智：《通雅》，清光绪十一年刻本

（清）冯询：《子良诗存》清同治十年刻本

（清）顾嗣立辑：《元诗选》，清康熙三十三年至五十九年顾氏秀野草堂刻雍正印本

（清）俞樾：《茶香室丛钞》，清光绪二十五年刻春在堂全书本

（清）纪昀：《阅微草堂笔记》，清嘉庆五年北平盛氏望益书屋刻本

（清）刘凤诰：《存悔斋集》，清道光十七年刻本

（清）阮元修，陈昌齐纂：《（道光）广东通志》，清道光二年刻本

（清）沈季友：《檇李诗系》，清文渊阁四库全书本

（清）汪启淑：《水曹清暇录》，清乾隆五十七年汪氏飞鸿堂刻本

（清）佚名：《粤海关志》，清道光广东刻本

（清）朱琰述：《陶说》，清乾隆五十九年石门马氏大酉山房刻龙威秘书本

（民国）许之衡：《饮流斋说瓷》，民国二十五年上海神州国光社铅印美术丛书本

2. 著作

北京画院编：《笔砚写成七尺躯：明清人物画的情与境》，南宁：广西美术出版社，2017年

冯小琦主编：《古代外销瓷器研究》，北京：故宫出版社，2013年

广东省博物馆编：《惊艳"中国风"——17—18世纪中国外销瓷》，广州：岭南美术出版社，2020年

贺西林：《读图观史：考古发现与汉唐视觉文化研究》，北京：北京大学出版社，2022年

李军主编：《跨文化美术史年鉴1：一个故事的两种讲法》，济南：山东美术出版社，2019年

李燕：《古代中国的港口——经济、文化与空间嬗变》，广州：广东经济出版社，2014年

梁嘉彬：《广东十三行考》，广州：广东人民出版社，1999年

故宫博物院古陶瓷研究中心编：《故宫博物院八十华诞古陶瓷国际学术研讨会论文集》，北京：紫禁城出版社，2007年

吕章申主编：《瓷之韵：大英博物馆、英国国立维多利亚与艾伯特博物馆藏瓷器精品》，北京：中华书局，2012年

裴光辉：《克拉克瓷》，福州：福建美术出版社，2002年

彭勇、潘岳：《明代宫廷女性史》，北京：故宫出版社，2015年

上海市历史博物馆编：《白色金子·东西瓷都——从景德镇到梅森瓷器选》，上海，上海书画出版社，2019年

上海博物馆编：《东西汇融——中欧陶瓷与文化交流特集》，上海：上海书画出版社，2021年

上海博物馆编：《故宫博物院上海博物馆藏明清贸易瓷》，上海：上海书画出版社，2015年

石守谦：《风格与世变：中国绘画十论》，北京：北京大学出版社，2009年

天津博物馆编：《青蓝雅静——馆藏明清青花瓷器陈列》，北京：文物出版社，2013年

谢明良：《陶瓷手记4：区域之间的交流和影响》，上海：上海书画出版社，2021年

许倬云：《中国文化的发展过程》，北京：中华书局，2017年

碗礁一号水下考古队编著：《东海平潭碗礁一号出水瓷器》，北京：科学出版社，2006年

王宗英：《中国仕女画艺术史》，南京：东南大学出版社，2009年

余英时：《士与中国文化》，上海：上海人民出版社，1987年

张福康：《中国古陶瓷的科学》，上海：上海人民美术出版社，2000年

中国社会科学院考古研究所、澳门特别行政区政府文化局编著：《澳门圣保禄学院遗址发掘报告（2010~2012）》，北京：科学出版社，2021年

（德）吉乐：《海上丝绸之路的陶瓷：外销瓷如何塑造全球化的世界》，北京：中国科学技术出版社，2022年

（德）雷德侯著，张总等译：《万物：中国艺术中的模件化和规模化生产》，北京：生活·读书·新知三联书店，2005年

（德）约阿希姆·布姆克著，何珊、刘华新译：《宫廷文化：中世纪盛期的文学与社会》，北京：生活·读书·新知三联书店，2006年

（法）艾田蒲著，许钧、钱林森译：《中国之欧洲》下卷，桂林：广西师范

大学出版社，2008年

（法）帕特里斯·万福莱著，施云乔译：《销往欧洲的宜兴茶壶》，杭州：西泠印社出版社，2015年

（荷）凯蒂·泽尔曼斯、威尔弗莱德·范丹姆主编，刘翔宇、李修建译：《世界艺术研究：概念与方法》，北京：中国文联出版社，2021年

（加）卜正民著，刘彬译：《维梅尔的帽子：从一幅画看全球化贸易的兴起》，上海：文汇出版社，2010年

（美）罗伯特·芬雷著，郑明萱译：《青花瓷的故事：中国瓷的时代》，海口：海南出版社，2015年

（美）孟德卫著，江文君、姚霏译：《1500—1800：中西方的伟大相遇》，北京：新星出版社，2007年

（美）W.J.T.米切尔著，陈永国、兰丽英、杨宇青译：《元图像》，北京：中国民族文化出版社，2021年

（美）尼古拉斯·米尔佐夫著，倪伟译：《视觉文化导论》，南京：江苏人民出版社，2006年

（美）H. W.詹森著，艺术史组合翻译实验小组译：《詹森艺术史》，北京：世界图书出版公司，2013年

（英）柯玫瑰、孟露夏著，张淳淳译：《中国外销瓷》，上海：上海书画出版社，2014年

（英）罗森著，孙心菲等译：《中国古代的艺术与文化》，北京：北京大学出版社，2002年

（英）迈克尔·苏立文著，赵潇译：《东西方艺术的交会》，上海：上海人民出版社，2014年

（英）塔妮娅·M.布克瑞·珀斯著，张弛、李天琪译：《茶味英伦：视觉艺术中的饮茶文化与社会生活》，北京：北京大学出版社，2021年

（英）休·昂纳著，刘爱英、秦红译：《中国风：遗失在西方800年的中国元素》，北京：北京大学出版社，2017年

3.论文

陈昌全：《玉壶春瓶考》，《文物鉴定与鉴赏》，2010年第11期

冯先铭、冯小琦：《荷兰东印度公司与中国明清瓷器》，《江西文物》，1990

年第2期

胡新地：《梅森瓷器装饰艺术中的"红龙纹"考略》，《艺术百家》，2017年第4期

金国平、吴志良：《流散于葡萄牙的中国明清瓷器》，《故宫博物院院刊》，2006年第3期

李军：《焦秉贞、冷枚传派美人图与弗朗索瓦·布歇的女性形象》，《中国国家博物馆馆刊》，2020年第9期

宋广林：《麦森窑早期瓷器的中国装饰艺术风格初探》，《装饰》，2011年第9期

单国强：《古代仕女画概论》，《故宫博物院院刊》，1995年第S1期

孙琳：《麦森瓷洋葱图案（Onion Pattern）源流考》，《中国陶瓷》，2017年第10期

王才勇：《从18世纪梅森仿中华与东洋瓷看中欧、日欧及中日美术文化》，《学习与探索》，2021年第5期

王健华：《明初青花瓷发展的原因及特点》，《故宫博物院院刊》，1998年第1期

王冠宇：《复古创新：晚明外销瓷所见"春水秋山"题材》，《美成在久》，2016年第6期

唐宏峰：《从全球美术史到图像性的全球史》，《美术》，2024年第2期

叶文程：《郑和下西洋与明代中国陶瓷的外销》，《南方文物》，2005年第3期

赵宪章：《语图传播的可名与可悦——文学与图像关系新论》，《文艺研究》，2012年第11期

赵琰哲：《明代中晚期江南地区〈桃源图〉题材绘画解读》，《艺术设计研究》，2011年第4期

（德）弗里德里希·冯·博泽著，康丽、郝晓源、李晓宁译：《柏林洪堡世界文化博物院的建立：地方历史与文化政治的磋商》，《民间文化论坛》，2015年第4期

（美）高居翰著，杨思梁译，孔令伟校：《中国山水画的意义与功能》，《新美术》，1997年第4期

二、外文文献

1. 外文图书

Anette Loesch, Ulrich Pietsch, Friedrich Reichel, *State Art Collections: Dresden Porcelain Collection*, Dresden: Dresden Porcelain Collection, 1998.

C. J. A. Jörg, Alessandra Borstlap, J. van Campen, eds., *Oriental Porcelain in the Netherlands*, Gronigen: Groniger Museum, 2003.

C. J. A. Jörg, *Porcelain and the Dutch China Trade*, Hague: Uitgeverij Martinus Nijhoff Press, 1982.

C. J. A. Jörg, *Pronk Porcelain: Porcelain after Designs by Cornelis Pronk*, Gronigen: Groninger Museum, Haags Gemeentemuseum, 1980.

C. J. A. Jörg, Rijksmuseum, J. van Campen, *Chinese Ceramics in the Collection of the Rijksmuseum, Amsterdam: The Ming and Qing Dynasties*, London: Philip Wilson in association with the Rijksmuseum, 1997.

C. L. van der Pijl-Ketel, *The Ceramic Load of the "Witte Leeuw"*, Amsterdam: Rijksmuseum Press, 1982.

C. R. Boxer, *Dutch Merchants and Mariners in Asia 1602-1795*, London: Variorum Reprints, 1988.

Catherine Hess, eds., *The Arts of Fire: Islamic Influences on Glass and Ceramics of the Italian Renaissance*, Los Angeles: J. Paul Getty Museum, 2004.

Colin Sheaf, Richarf Kilbum, *The Hatcher Porcelain Cargoes, the Complete Record*, Oxford: Phaidon, Christie's Limited Press, 1988.

Craig Clunas, *Pictures and Visuality in Early Modern China*, London: Reaktion Books Ltd, 1997.

D. F. Lunsingh Scheurleer, *Chinese Export Porcelain*, London: Farbe and Farbe Limited, 1974.

D. Syndram, U. Weinhold, *Böttger Stoneware: Johann Friedrich Böttger and Treasury Art*, Berlin: Deutscher Kunstverlag, 2009.

David Howard, John Ayers, *China for the West*, London and New York: Sotheby Parke Bernet Press, 1978.

Donna R. Barnes, Peter G. Rose, *Matters of Taste: Food and Drink in Seventeenth-Century Dutch Art and Life*, Albany and Syracuse: Albany Institute of History & Art and Syracuse University Press, 2002.

Eldred Hitchcock, *Islamic Pottery from the Ninth to the Fourteenth Centuries A.D. (3rd to 8th centuries a.h.) in the Collection of Sir Eldred Hitchcock: Catalog of Ceramics Victoria and Albert Museum*, London: Faber & Faber, 1956.

Eva Ströber, *"La Maladie de porcelain", East Asian Porcelain from the Collection of Augustus the Strong*, Leipzig: Edition Leipzig, 2001.

Eva Ströber, *Symbols on Chinese Porcelain*, Leeuwarden: Keramiekmuseum Princessehof Arnoldshe Art Publishers, 2011.

Friederike Ulrichs, *Die Ostasiatische Porzellansammlung der Wittelsbacher in der Residenz München*, München: Bayerische Schlössverwaltung, 2005.

Friedrich Reiche, *Chinesisches Porzellan der Ming Dynastie 14. bis 17. Jahrhundert: Staatliche Kunstsammlungenen Dresden, Porzellansammlung im Zwinger Ausstellung vom 18. Mai bis 31. Dezember, 1987*, Dresden: Staatliche Kunstsammlungen Dresden, 1987.

Haellquist, Karl Reinhold, eds., *Asian Trade Routes: Continental and Maritime*, London: Curzon Press, 1991.

Hans Belting, Heinrich Dilly, Wolfgang Kemp, eds., *Kunst Geschichte: Eine Einführung*, Berlin: Dietrich Reimer, 2008.

Herbert Brunner, *Chinesisches Porzellan im Residenzmusem München*, München: F. Bruckmann KG Muenchen, 1966.

J. M. Addis, *Chinese Ceramics from Datable Tombs and Some Other Dated Material: A Handbook*, London and New York: Philip Wilson Publishers Ltd, 1978.

Jacques Dumas, *Fortune de Mer a l'ille Maurice*, Paris: Atlas films Press, 1981.

Jan van Campen, Titus Eliens, eds., *Chinese and Japanese Porcelain for the Dutch Golden Age*, Zwolle: Waanders Uitgevers, 2014.

Jean-Paul Desroches, Gabriel Casal, eds., *Die Schätze der San Diego*, Berlin: Museum für Völkerkunder, 1997.

Jessica Harrisson-Hall, *Catalogue of Late Yuan and Ming Ceramics in the British Museum*, London: British Museum, 2001.

Jiena Huo, Adele Schlombs, *Weisses Gold: Porzellan und Baukeramik aus China 1400 bis 1900*, Köln: Verlag der Buchhandlung Walther König, 2015.

Johan Nieuhof, John Ogilby, *Die Gesantschaft der Ost-Indischen Geselschaft in den Vereinigten Niederländern an den Tartarischen Cham und Nunmehr auch Sinischen Keiser*, Amsterdam : Buch-und Kunst-händlern alda, 1666.

John Carswell, *Iznik Pottery*, London: British Museum, 1998.

Jonathan Hay, *Sensuous Surfaces: The Decorative Object in Early Modern China*, Honolulu: University of Hawai'i Press, 2010.

Joo E Khoo, Dawn Rooney, *Kendi Pouring Vessels in the University of Malaya Collection*, Oxford: Oxford University Press, 1991.

Julie Emerson, Jennifer Chen, Mimi Gardner Gates, *Porcelain Stories-From China to Europe*, Seattle: Seattle Art Museum and University of Washington Press, 2000.

Karina H. Corrigan, Jan van Campen, Femke Diercks, eds., *Asia in Amsterdam: The culture of luxury in the Golden Age*, Amsterdam: Peabody Essex Museum, Salem, Massachusetts, and the Rijksmuseum, 2015.

Kerr Rose, Nigel Wood, *Science and Civilization in China: Chemistry and Chemical Technology Part XII, Ceramic technology, Vol. 5*, Cambridge: Cambridge University Press, 2004.

Little Stephen, *Chinese Ceramics of the Transitional Period, 1620-1683*, New York: China House Gallery and China Institute in America, 1983.

Lothar Ledderose, *Ten Thousand Things: Moulde and Mass Production in Chinese Art*, Princeton: Princeton University Press, 2000.

Luise Vinhais, Jorge Welsh, eds., *Kraak Porcelain: The Rise of Global Trade in the Late 16th and Early 17th Centuries*, London: Graphicon Press, 2008.

Martina Müller-Wiener, *Islamishe Keramik*, Frankfurt: Museum für Kunsthandwerk Frankfurt am Main, 1996.

Maryam D. Ekhtlar, Claire Moore, eds., *Art of the Islamic World: A Resource for Educators*, New York: The Metropolitan Museum of Art, 2012.

Maura Rinaldi, *Kraak Porcelain: A Moment in the History of Trade*, London: Bamboo Publishing House, 1989.

Meissen Museum of Meissen, eds., *Jubiläumskollektion 300 Jahr Manufaktur*

Meissen, Meissen: Manufaktur Meissen Staatliche Porzellan-Manufaktur Meissen GmbH, 2010.

Michael Barry, *Colour and Symbolism on Islamic Architecture Eight Centuries of the Tile-Maker's Art*, London: Thames and Hudson Ltd Press, 1996.

Michael Vickers, Oliver Impey, James Allan, *From Silver to Ceramic: The Potter's Debt to Metalwork in the Greco-Roman, Oriental, and Islamic Worlds*, Oxford: Oxford University, Ashmolean Museum, 1986.

Monique Crick, *Chinese Trade Ceramics for South-East Asia from the 1st to the 17th Century*, Milan: 5 Continents, 2010.

Nigel Wood, *Chinese Glazes: Their Origins, Chemistry and Recreation*, London: A & C Black, 1999.

Olaf Thormann, *Früchinesische Keramik Bestandskatalog Sammlung Heribert Meurer Grassi Museum für Angewandte Kunst Leipzig*, Stuttgart: Arnoldsche Art Publishers, 2017.

Oliver Impey, *Japanese Export Porcelain: Catalogue of the Collection of the Ashmolean Museum, Oxford*, Amsterdam: Hotei Publishing Press, 2002.

R. L. Hobson, *The Wares of the Ming Dynasty*, Rutland, Vermont, and Tokyo: Charles E. Tuttle Company, 1973.

Regina Krahl, Nurdan Erbahar, John Ayers, *Chinese Ceramics in the Topkapi Saray Museum Istanbul: A complete Catalogue*, *Vol. 3*, London: Sotheby, 1986.

Regina Krahl, *YUEGUTANG Eine Berliner Sammlung Chinesischer Keramik in Berlin*, Berlin: G+H Verlag, 2000.

Richard M. Barnhart, James Cahill, eds., *Three Thousand Years of Chinese Painting*, New Haven: Yale University Press, 1997.

Richard Valencia, *European Scenes on Chinese Art*, London: Jorge Welsh Publisher, 2005.

Rita C. Tan, *Zhangzhou Ware Found in the Philippines: "Swatow" Export Ceramics from Fujian 16th-17th Century*, Manila: Artpostasia, 2007.

Robert Beer, *The Handbook of Tibetan Buddhist Symbols*, Boston: Shambhala Press, 2003.

Rudolf Arnheim, *Art and Visual Perception: A Psychology of the Creative*

Eye The New Version, Berkeley, Los Angeles, and London: University of California Press, 1974.

Siegfried Ducret, *Meissener Porzellan: Bemalt in Augsburg, 1718 bis um 1750*, Braunschweig: Klinkhardt & Braunschweig, 1971.

Soame Jenyns, *Ming Pottery and Porcelain*, London: Faber, 1988.

Staatlichen Schlösser, Gärten Baden-Württemberg, eds., *Die Blau-Weißen Asiatischen Porzellan in Schloß Favorite bei Rastatt*, Baden-Württemberg: Band 1, K.F.Schimper-Verlag,1998.

Stacey Pierson, *From Object to Concept: Global Consumption and the Transformation of Ming Porcelain*, Hong Kong: Hong Kong University Press, 2013.

Susan Bush, Christian Murck, eds., *Theories of the Arts in China*, Princeton: Princeton University Press, 1983.

Sven Frotscher, *Dtv-Atlas Keramik und Porzellan*, München: Deutscher Taschenbuch Verlag, 2003.

T. Misugi, *Chinese Porcelain Collection in the Near East: Topkapi and Ardebil*, Hong Kong: Hong Kong University Press, 1981.

T. Volker, *Porcelain and the Dutch East India Company: As Recorded in the DAGH-REGISTERS of Batavia Castle, Those of Hirado and Deshima and Other Contemporary Papers 1602-1682*, Leiden: Brill Press, 1971.

Teresa Canepa, S*ilk, Porcelain and Lack: China and Japan and their Trade with Western Europe and the New World 1500-1644*, London: Paul Holberton Publishing, 2016.

Timothy Brook, *Vermeer's Hat: The Seventeenth Century and the Dawn of the Global World*, New York, Berlin, and London: Bloomsbury Press, 2008.

Ulrich Pietsch, *Meissener Porzellan und seine Ostasiatischen Vorbilder*, Leipzig: Edition Leipzig, 1996.

Ulrich Pietsch, Peter Ufer, *Mythos Meissen: Das Erste Porzellan Europas*, Dresden: Sächsische Zeitung, 2008.

Ulrich Schmidt, *Porzellan aus China und Japan: Die Porzellangalerie der Landgrafen von Hessen- Kassel Staatliche Kunstsammlungen*, Kassel and Berlin: Dietrich Reimer, 1990.

Von Kjeld Folsach, *The David Collection Islamic Art*, Denmark: Copenhagen Press, 1990.

Walter B. Denny, *Iznik: The Artistry of Ottoman Ceramics*, London: Thames & Hudson Ltd, 2004.

Walter Leonhard, *Das große Buch der Wappenkunst*, München: Callwez Verlag, 1984.

Wendy M. Waston, *Italian Renaissance Ceramics: From the Howard I. and Janet H. Stein Col- lection and the Philadelphia Museum of Art*, Philadelphia: Philadelphia Museum of Art Press, 2001.

Werner Eichhorn, *Die Religionen Chinas*, Stuttgart: W.Kohlhammer Gmbh, 1973.

2.外文论文

Clare Le Corbeiller, Alice Cooney Frelinghuysen, "Chinese Export Porcelain, The Metropolitan Museum of Art Bulletin", *Winter*, Vol. 60, No. 3, 2003.

Linda Merrill, "Whistler and the 'Lange Lijzen'", *The Burlington Magazine*, Vol. 136, No. 1099, 1994.

Mark Hirschey, "How Much is a Tulip Worth?", *Financial Analysts Journal*, Vol. 54, No. 4, 1998.

Maura Rinaldi, "Dating Kraak Porcelain: Summary of a Lecture", *Oriental Ceramic Society*, No. 54, 1989−1990.

Maura Rinaldi, "Dating Kraak Porcelain: Kraak Begeerlijk Porselein uit China", *Vormen uit Vuur*, Vol.180−181, No.1−2, 2003.

Michael Sullivan, "Kendi", *Archives of the Chinese Art Society of America*, Vol. 11, 1957.

后记

　　回首往昔，与瓷结缘，已有二十余载。在此期间，我从景德镇到上海、海德堡、德累斯顿、柏林、天津……游走于不同的城市，接触那些曾在中西文化交流中留下深刻印痕的明清陶瓷，观看那些不同文化下的文字记载和图像再现，讨论那些在跨文化背景下的器物与藏者、装饰和风格，努力在岁月的痕迹中追寻这些曾跨越万水千山，来自东西方之间的一场以物为载体的相遇。

　　16—18世纪，大航海时代的到来开启了中欧的直接贸易，也进入全球物品交换和图像流动的频繁时期。相较于宋元时期内外销瓷器风格相近，在明清时期贸易沟通的影响下，被出口到海外的瓷器具有更多元的表现。作为中西文化交流的重要载体，中国陶瓷曾是历史的在场者，见证了中西方在不同时期跨越地域的交流和发展。中国陶瓷不是故步自封的历史沉寂品，而是在一次次文化碰撞中不断发展的艺术变革者，具有重要的时代意义和文化价值。

　　完成此书时，距离我第一本书的出版已然十年。本书是我的第一本中文专著，书中包括了近十年一些零星思考、陆续发表的相关论文。希望能在全球史的宏观视角下，系统梳理远销欧洲的中国明清瓷器，探寻其所呈现出的一部交融图像渐变史。这既不是传统中国陶瓷图案式样的简单挪用，也不是欧洲图像的直接复制，而是在一件器物上中国和西方装饰元素、构图技法、艺术特质、审美旨趣等的综合体现。

　　感谢一路走来帮助我、支持我的亲友们。本书是对过去十年研究的一次回望与总结，又或者说，是一个起点和展望。那些在大航海时代背景下的东西方交流，远不止此，路漫漫其修远兮……

2024年7月
于南开园